高职船舶系列教材
GAOZHI CHUANBO XILIE JIAOCAI

船舶工程专业

舱室设计

CANGSHI SHEJI

主编 孙庭秀
主审 彭 辉

哈尔滨工程大学出版社

内容简介

本书重点介绍了船舶类型、船舶美学基本理论、舱室环境设计、船舶防火基本原则、舱室绝缘、舱室甲板敷料设计、舱室通风系统、船用梯道和舱室内装材料及结构型式等知识介绍。

本书既可作为船舶高职院校相关专业的教材,又可作为船厂技术培训教材,还可提供给有关技术人员参考。

图书在版编目(CIP)数据

舱室设计/孙庭秀主编.—哈尔滨:哈尔滨工程大学出版社,2005

ISBN 978-7-81073-782-1

Ⅰ.舱…　Ⅱ.孙…　Ⅲ.船舶舱室—设计
Ⅳ.U663.8

中国版本图书馆 CIP 数据核字(2005)第 140233 号

出版发行 哈尔滨工程大学出版社
社　　址 哈尔滨市南岗区东大直街 124 号
邮政编码 150001
发行电话 0451-82519328
传　　真 0451-82519699
经　　销 新华书店
印　　刷 黑龙江省地质测绘印制中心印刷厂
开　　本 787mm×1 092mm　1/16
印　　张 11
字　　数 233 千字
版　　次 2008 年 2 月第 2 版
印　　次 2008 年 2 月第 1 次印刷
定　　价 19.00 元

http://press.hrbeu.edu.cn
E-mail:heupress@hrbeu.edu.cn

前言

船舶内装是一门内容十分丰富的专业，它涉及到船舶建造学、美学、心理学、生理学、人机工程学等多学科。船舶内装好与否，在许多方面直接关系到船舶的安全性、适用性、居住性和经济性。在现代造船业中，船舶内装越来越被业内人士所重视。

船舶舱室设计是指船舶舱室的区划、舱室空间设计、舱室内色彩、灯光、家具、陈设、设备等设计与布置。船舶舱室设计同船舶的类型、用途、人员数量等情况有密切的关系。在现代船舶上，舱室内装设计不仅应满足人的生活、学习、工作等物质方面的基本需要，还应满足人们心理、生理和审美观点等精神方面的需要。

近十几年来，造船技术得到了迅猛发展。造船新的理论、新工艺、新材料也得到了大发展，舱室内装采用了新的材料、新的结构型式、新的设备，特别是有关的国际公约(规则)、法则、规范、标准不断更新和补充，对舱室内装在防火阻燃、保温隔热、吸声防噪等方面提出了更严格的要求。这些因素也促使船舶内装材料和结构型式的变革。因此，编写了《舱室设计》一书。

本书最大的特点是，实用性强，理论结合实际，采用的技术和工艺比较先进。力求反映现代船舶舱室的特点。

《舱室设计》一书由渤海船舶职业学院孙庭秀副教授担任主编，赵艳杰和周丹担任副主编，彭辉教授担任主审。第一、二、三章由渤海船舶职业学院周丹编写；第四章由渤船重工有限公司高百见编写；第五、六章由渤海船舶职业学院副教授孙庭秀编写；第七、八章由渤海船舶职业学院赵艳杰编写。

本书在编写过程中尽管做了很多努力，但是由于编者水平和经验有限，不足和不妥之处，敬请读者批评指正。

编　者

2007年11月

目录

高职船舶系列教材 GAOZHI CHUANBO XILIE JIAOCAI

舱室设计

第一章 船舶造型与舱室设计概述

第一节 船舶造型与舱室设计的目的和任务

船舶舱室和整体造型设计是对当前或未来设计的船舶所进行的满足功能要求的美学构思和设想,是设计师的智力活动,是通过文字、图样、模型或者综合表达方式,使所设计的船舶在外观形态、内部空间、装饰美化和人机关系等方面更适应船舶性能特点,更符合人类心理和生理需要而进行的构思过程。它涉及船舶工程、造船工艺、社会学、经济学、心理学、生理学、美学和人机工程学等多门学科。

舱室设计实际上是室内空间和环境的设计,是对船舶方案设计进行深化,是为了构成预想的舱室生活、工作、学习等必须的环境空间而进行的设计工作。通常所提到的船舶舱室装饰与装修,仅仅是实现舱室内部空间环境设计与控制手段及其局部设计工作而已。舱室设计的主要工作包括舱室系统设计和舱室空间环境设计等内容。

舱室设计是一门复杂的综合学科,它不仅要考虑舱室空间六面体问题,而且需运用多学科知识,综合地进行多层次的空间设计和环境的控制。通过舱室系统设计和舱室空间环境设计,最终获得良好的舱室效果。

一、造型和舱室设计的目的

(一)全面提高船舶的外观和内在质量

现代船舶工业历经数百年的发展与变革,各种类型的船舶,无论是结构形态,还是建筑风格,都已基本定型。从技术入手,提高质量的竞争力所需要的人力、物力相当巨大,每取得一定的进展都要付出艰辛的劳动。而造型设计是全方位的,除了明显的提高外观质量以外,还包括内部环境和人机关系的优化与协调,内在质量(即控制人的心理变化,影响人的工作情绪,提高生产率,保证安全性等)的提高。与技术改进相比,其经济性之好是显而易见的。

(二)有效改善人机关系,提高安全性

船舶的人机关系在现行的规范中已有考虑,但主要从技术上和物质方面加以要求。相对而言,人机关系的另一主要方面即人的影响因素还不可能全面考虑。实际经验和教训证明,不良的造型,包括不良的环境设计、不合理的色彩设计、缺乏逻辑的显示控制和操作系统给人的心理和生理造成的后果,往往是导致降低生产率和安全保障失效的重要原因。而舱室和整体造型设计的主要任务之一,就是协调人机关系,保证人机系统的合理运转。

(三)有利于抢占市场,扩大企业影响

船舶舱室和整体造型设计是以船舶建筑造型、环境艺术造型和人机关系协调为对象,将科学、艺术美、经济性统一于船舶这一特定的对象中,在设计构思、方案确定、设计意图表达等方面具有一定的超前性和广泛的适应性,具有参与市场竞争的优势。能够树立设计形象和刺激船东的求购欲望,达到在众多竞争对手中脱颖而出的战略效果。

二、造型和舱室设计的主要任务

(一)船舶建筑的外观造型

船舶造型设计就是运用船舶美学理论,结合船舶本身的功能特点,进行船舶外观造型与色彩的设计。船舶的造型以水线为界面主要由两部分组成:水线以上的船型(TYPE)和水线以下的船型(FORM)。船型(FOEM)是根据船舶水动力学而设计的,它以实现船舶根本的运动功能为主旨。我们这里研究船舶造型设计的对象为船型(TYPE)。船型(TYPE)主要由船舶干舷及船舶上层建筑构成,它们除了实现基本的建筑功能外,还必须注重审美功能。

船舶的造型反映了船舶本身的风格和特性,体现了时代特征,并越来越得到了人们的重视,主要内容包括(图 1-1):

1.船舶外观轮廓造型(平面、立面);

2.上层建筑造型(型线比例、虚实布置);

3.主船体造型(船艏、船艉、舷弧);

4.舾装造型与布置(烟囱、桅杆、舷墙、救生艇、起吊柱等)

5.船舶外装色彩、文字、图案等。

外观造型要求整体统一协调,风格完整突出,色彩和谐美观,满足变化之中有统一、统一之中有变化的美学法则。

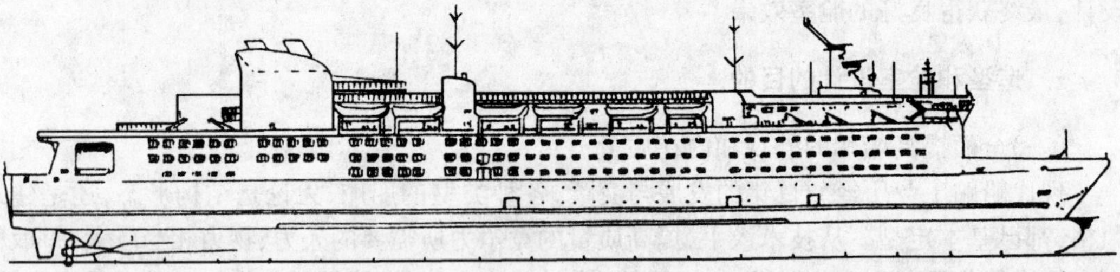

图 1-1 "Finnjet"号客船的外观造型

(二)交通路线与舱室的规划和布置

这项内容影响船上人员的合理流动,生活与工作的规律性、逻辑性、合理性,同时也影响空间的合理利用和生活的方便舒适。

船舶上层建筑有了区域舱室的规划,接下来的问题是如何通过通道、楼梯等将它们有机地组合起来。这里不能简单地将它们看成是一个划分内外走道和平均分配主次楼梯的问题,而是要将其理解成一个布局的序列。如何通过这种不同的序列设计,让船上的各区域舱室发挥最大的功能效用,并使人们在流通的过程中得到美的享受。

船舶建筑布局的序列从入口开始。对大型客船或客货船,在入口处均设置有进厅;对小型的客船,往往会将进厅压缩成较宽敞的过道厅或主楼梯口,然后沿着两条流动的路线将人流分散到全船各处。

1.进厅的设计

作为旅客的交通枢纽,进厅的位置一般设在全船的中心。大型船舶可以按不同旅客居住舱室的等级而分设几个厅,其中有一个为主厅。

进厅的作用及设计原则：

(1)进厅是人流上下船时的主要疏导处，因此它的大小应依据船舶功能、载客量的多少来设计。它的形状和组成各厅的部件的布局，应能十分明显地引导不同去向的人流，以便使人流均衡而方便地到达全船各处。进厅内部布置的气氛应能使旅客愉快，起到热情地迎送旅客的作用。

(2)旅客由陆地到水上旅行，有一系列问题亟待解决，所以进厅还要布置一些辅助舱室，专门为解决旅客的这些问题，如客运办公室、电话间、客运服务室等。

(3)在进厅，由于上下船旅客流量大而集中，故相应要求进厅有较大容积。但在船舶航行期间，这种流量大而集中的现象就不存在了。为了充分利用这一空间，有的船将其设计成福利和服务中心，如增设商店、理发间、整容室、小餐厅等。但必须注意，这些福利和服务中心不能像序列设计那样搞得引人注目，要局限在航行期间使用，上下旅客时停止开放。如果把它设计成序列中的高潮那样引人入胜，则人流在这里通过时必然会延缓甚至停顿下来，这将造成滞流，影响上下船旅客通行速度。

图 1－2 所示的是某船上几种进厅的设计方案，其中图 1－2(b)所示的为对称式(较端正)；图 1－2(a)所示的为半对称式(较生硬)；图 1－2(c)所示的为不对称式(较灵活)。

2.水平方向的人流路线设计

在船舶的不同甲板上，可以根据具体的需要设计出形式不同的各种人流路线。其布局的序列是选择规则式的还是不规则式的、如何形成高潮、在哪里形成高潮等都因船而异，因功能需求而异。实质上，人流路线的设计也就是布局序列的设计。

(1)布局规则的序列

这种序列的整个形式端庄、大方、整齐、统一、紧凑，一般用于船的总体平面布局和居住舱、工作舱的规划区域的布置。依据船舶的大小、内河及海运的不同，其布局形式有以下几种。

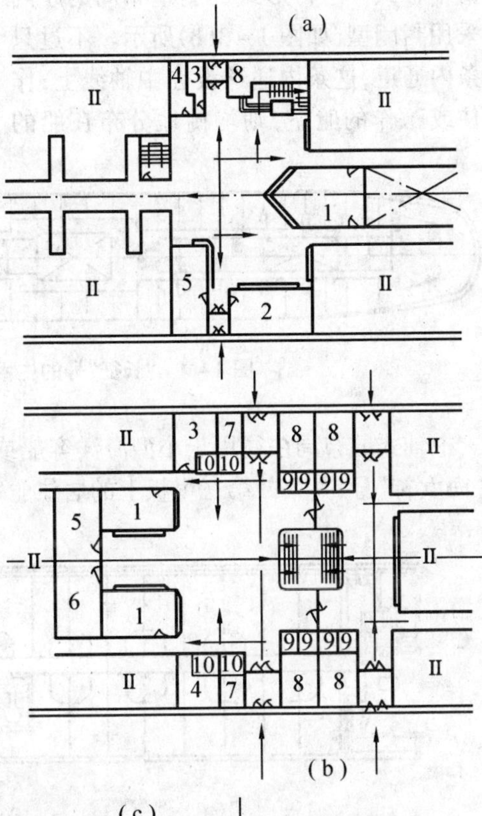

图 1－2　某船几种进厅设计方案

1—客运办公室；2—商店；3,4—男女厕所；5,6—理发、整容；7—辅助用间；8—客运服务员室；9—电话间；10—电梯；Ⅰ—小餐厅；Ⅱ—居住单元；↑人流方向

①双列式　这种形式如图 1－3(a)所示，全船是封闭型，有两条内通道，舱室并列排在两舷侧或中轴线上。该形式多用于大型海洋客货轮上。在远洋客货轮“凤凰号”的初步设计的总布置中，A 甲板就采用了这种形式，它布置了船员居住区、二等舱旅客居住处、食品库等。我国沿海客货轮“长征”号的主甲板也采用了这种双列式的布局，如图 1－4 所示。

②中轴式　这种形式的舱室布局的序列也是采用封闭型，如图 1－3(b)所示。不过只有一条内通道，这条内通道设在中轴线上；作为居住或工作的舱室，则均衡地分布在船的两侧。中轴式的布局往往用于小型海洋客船或大型海洋客船的高层甲板上，如图1－5所示的为“海女神”号，其第二第三甲板上的居住舱室的布置就是中轴式的。

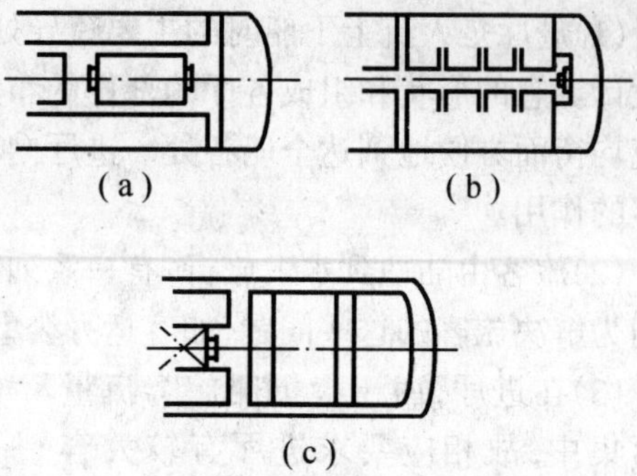

图 1－3　规则的布局序列

(a)双列式；(b)中轴式；(c)周边式

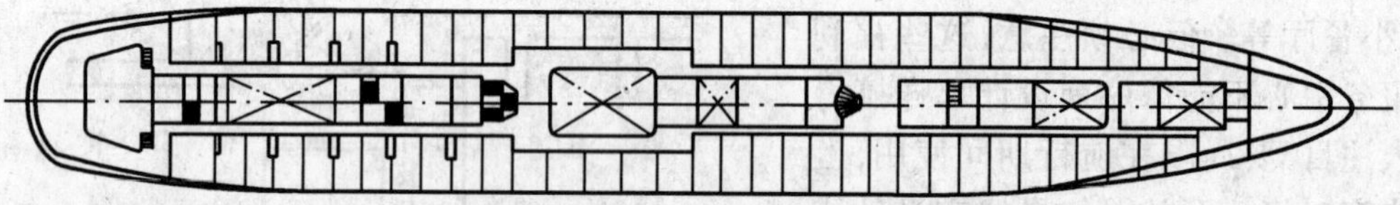

图 1－4　“长征”号的主甲板双列式的布局示意图

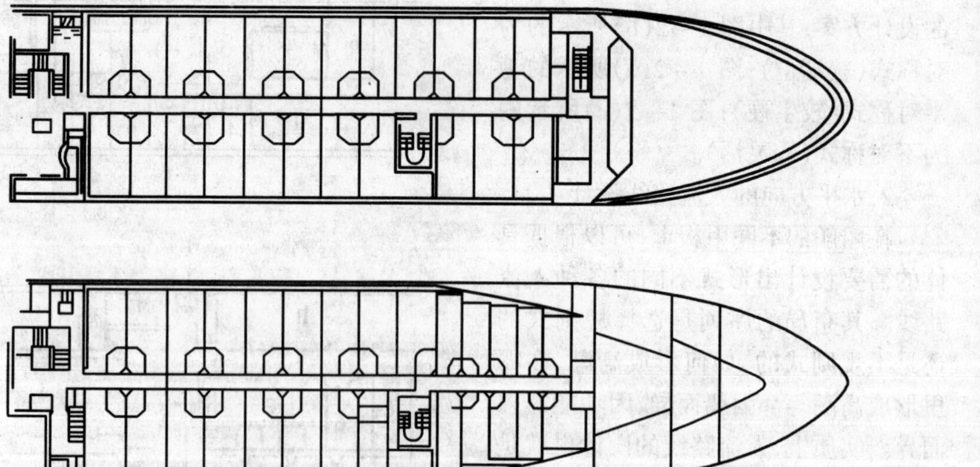

图 1－5　“海女神”号二、三层甲板艏部居住舱中轴式布局

③周边式　这是一种开放式的上层建筑的平面布局方式，如图 1－3(c)所示。这种方式大量地运用外部走道和遮阳甲板，上层建筑的舱壁并不达到弦侧，沿舷侧布置有全船通道，可供旅客在船舶航行时散步和通行。由于在内河船舶及游览船上的旅客需要欣赏航线两侧的风景，而内河和港口的风力、流速小，因此这种布局比较多地用在内河客船及游艇上。

图 1－6 为三峡旅游船“扬子江 1”号上甲板、游步甲板的布局，图 1－7 为“长征”号遮阳甲板及游步甲板的舱室布局，均是周边式的。

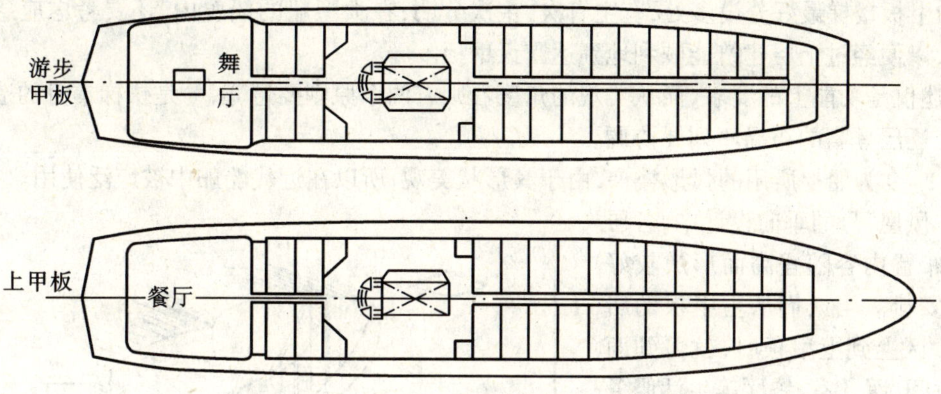

图 1－6 “扬子江 1”号旅游船周边式甲板布局

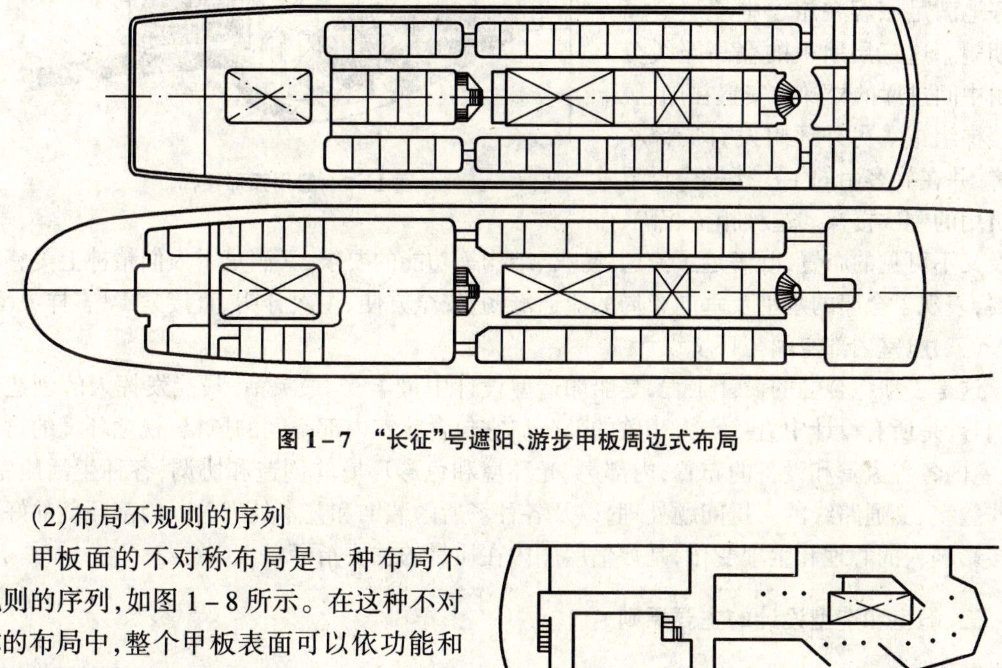

图 1－7 “长征”号遮阳、游步甲板周边式布局

(2)布局不规则的序列

甲板面的不对称布局是一种布局不规则的序列，如图 1－8 所示。在这种不对称的布局中，整个甲板表面可以依功能和美感的需要布置得灵活多变，其中既有简洁方便式的，又有灵活有趣式的；既有热闹大街式的，又有清静花园式的。这种序列一改那种千篇一律的单调生硬布置方式，被全甲板或半甲板的公共舱室布置所广泛采用。

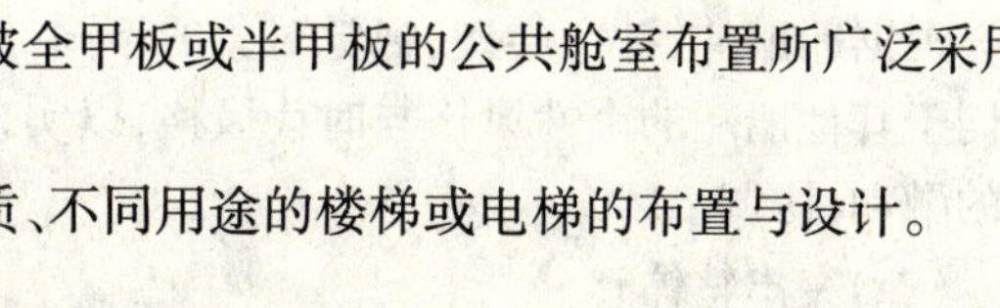

图 1－8 不规则序列的布置

3.垂直方向路线设计

垂直方向路线的设计，主要是指不同性质、不同用途的楼梯或电梯的布置与设计。

楼梯布置的原则：

(1)路线必须均衡地分布于每一个防火区域内；

(2)路线相互之间必须有紧密和直接的联系；

(3)旅客与船员的二个垂向交通系统不要交叉干扰，但要相连合作；

(4)楼梯形式除个别处外，一般不宜太不规则，以避免结构上的不稳和制造上的困难；

(5)甲板楼梯最好分设多处，有主有次，主次分明；在大型船的船舱内，还要考虑应急式的简梯，以便经过上层建筑能顺利地到达露天甲板。

上述仅是功能上的要求，而从美观的角度看则有两个原则要遵守，一是扶梯本身的造型美；二是逐层登高的布局序列要协调。

图 1－9 为船上所用的弧形楼梯，由于其形状美观，所以在近代船舶中被广泛使用。

在“凤凰”号的垂向设计中，各层甲板的布置内容随登高而形成较好的序列安排。当人们从主甲板的居住、饮食区上到上甲板时，就可到商店、理发间、医务室、餐厅等生活服务区，再上到游步甲板，则可到娱乐大厅、咖啡馆、棋牌室、音乐大厅、花园游泳池等高级娱乐区。这种安排能较好地满足旅客在旅途中逐层登高的期望。这三层甲板的登高路线分别由中间进厅的楼梯和安置在艏、艉的楼梯组成。另外还附设有局部小楼梯，并在旅客用的主次楼梯旁设置船员用的主次楼梯。这种相依相隔、可及又不可见的布置，既满足了流通、防火、结构等功能的要求，又满足了人们精神上美感的需要，表现了全船的水平及垂向布局的流通舒畅、安全方便、主次分明、直接紧凑、多样灵活。

图 1－9　船用弧形楼梯

(三)舱室内部空间与环境设计

这是一项综合性的设计工程，是船舶造型设计中最丰富、最灵活、最能发挥人的创造性的内容，是所有设计中直接与人相关的部分。它包含舱室内部空间的风格，视觉环境的再创造；室内各种家具和设备的布置；内部声、光环境和色彩环境的创造和协调；各种生活舱室、工作舱室、交通路线的人机问题处理，以及各种场所的装饰和艺术处理等。内部环境的好坏直接影响人的心理和生理变化，是评估船舶内在质量的主要指标。

三、舱室和造型设计的主要原则

舱室和造型设计的原则因船舶种类不同而不同，但总体上应遵循以下一些基本的共同原则。

(一)具有船舶个性风格

根据船舶的航区、类型、视觉对象的不同，给人的心理感受不尽相同，每艘船因此应具有不同于其他船舶的个性风格与时代风格，以实现设计的船舶与客观环境、民族习惯及时代背景的融和，协调。

(二)突出整体感

舱室和造型设计应轮廓鲜明、完整，总体布局均衡，突出重点。各个局部服从于整体，变化之中有统一。

(三)必须满足功能要求

离开功能的设计是失败的设计,其对象再美也是没有生命力的。因此舱室和造型设计必须满足其功能要求。

(四)必须遵循一定的美学规律

利用形态、色彩、质地等各种造型要素进行协调的组合和创造,突出速度感、稳定性、舒适性,以产生与功能相统一的美的形式。

第二节 船舶造型与舱室设计的主要特征

一、船舶舱室设计的主要特征

(一)船舶内装与建筑内装的相似性

从近代国外定期客轮内装风格的演变过程,我们可以清楚地想像盛行欧洲的文艺复兴式、巴洛克式和洛可可式等建筑艺术风格和流派对它的影响。世界豪华客轮所展示的高大空间,装饰讲究的立柱,浮雕式的壁画,采用大理石装饰材料,使人难以区分船舶舱室与陆上建筑。陆上星级宾馆装潢材料和设施在船上被广泛采用,并得到了发展。

(二)船舶建筑与陆上建筑的差异性

1.航运中的船舶要求具有浮性、稳性、抗沉性、快速性。

2.船舶舱室设计对质量分布的均衡性、对称性的要求。

3.船舶作为水上运载工具,安全性越来越受到人们的重视,并受“国际海上人命安全公约”(以下简称“公约”)和“法规”的限制,因此具有严格的防火措施。

4.船舶舱室的功能性要求比陆上建筑更高一些。船舶舱室设计中每一个舱室具体的家具、设备布置都应非常明确合理。

5.对船舶的强度、空间的有效性、经济性都提出了很高的要求。船舶建筑的制约条件在船舶空间设计中必须充分考虑。船舶建筑与陆上建筑相比,空间小、投资大,尤其是现代大型豪华客船。客船单位面积造价是陆上建筑物的10倍。

二、船舶整体造型的特征

(一)实用性

制造船舶的目的是为了交通运输、工程作业和安全防卫等,因此不同目的受到不同的功能因素的制约。造型设计的着眼点首先应保证功能良好,操纵、维修方便和高效安全,保障人的身心健康。运用各种造型技巧与方法可促进和提高这些基本指标;同时给人以精神上的愉悦,保持人与机械的协调,人与自然的紧密接触,即美的感觉。造型设计不单是设施和运用规范,而且还涉及心理学、生理学、人机学等领域,是保证船舶功能与形式统一的有效方法。

(二)技术经济性

船舶造型设计受材质和技术条件的影响。现代的钢质船舶与过去的木质舟船相比,由于新材料和新技术的不断涌现、发展,使其具有更优越、更灵活的造型条件和手段,能更加充分地表现造型对象的特点,体现时代风貌,如舰船的威严快速、游船的豪华舒适和货船的坚实稳定等。

随着社会的进步和人们生活水平的提高，尽管许多船舶的功能仍能满足要求，但因形式上的不"时髦"而在设计领域被淘汰。造型设计还应充分考虑结构、工艺、焊接方法等许多技术条件对造型形象的影响，应符合先进技术和生产水平的要求。

(三)艺术性

船舶虽然不是艺术品，但是优秀的造型设计也能创造具有艺术美的形象。船舶在航行中具有随波而动的起伏韵律美，造型处理上应保持与这种运动状态的视觉一致性，使得航行于水天之间的船舶犹如融会在大自然中，浑然一体，同时为船上的乘客创造一种动中有静、平稳安全的静态美感。这种动与静的协调是船舶区别于其他造型的特点之一。

艺术性的另一方面就是创造生动而有独特的典型船舶形象，既突出船舶的功能属性，又表现设计对象与众不同的特殊性。运用美学法则，可创造出具有本民族风格和现代精神的美的船舶。

总之，决定船舶整体造型的主要因素是功能、技术与审美观。

第三节　船舶美学基本理论

船舶美学是从科学的船舶美学观出发，综合应用美学、造船学、建筑学等基本理论，研究船舶美的规律的一门学科。它将指导船舶造型、甲板布置、舱室空间划分、舱室色彩选用等。它与"人机工程学"、"规范与公约"一起成为船舶造型与舱室设计的依据，设计人员据此结合船舶具体情况，完成船舶的造型与室内设计等工作。

船舶美学作为一门新学科，从纵向层次来看，有自己的观念、理论和应用系统；从横向专业范围来看，它是以船舶学与建筑学为主而派生出来的边缘学科。

一、船舶形式美的基本原则

(一)统一和变化的规律

统一和变化是宇宙中的普遍规律。

统一是一种秩序的表现，它通过发挥物质和形式中的种种因素的一致性，形成视觉上的和谐，达到美感。统一的手法一般借助于稳定、均衡、调和、呼应等形式法则，而这些形式法则普遍存在于自然界。

变化是一种智慧、想像的表现，它通过发挥物质和形式中种种因素的差异性，形成视觉上的跳跃，产生新颖感。变化主要借助于对比的形式法则。

统一和变化在每一个审美对象中都是互相联系的，寓变化于统一，造成和谐；寓统一于变化，体现多样。

对于船舶建筑，无论对其造型、构图、布置，还是对其色彩等各方面的考虑都离不开这个原则，都要在统一中求变化，在变化中求统一。

(二)节奏和韵律的规律

节奏和韵律是宇宙中的又一普遍规律。

节奏是构成物体的有关因素，以有规律的重复形式出现，代表了事物的共性，如火车运行中的音响、心脏的跳动、行星运行的轨迹等。

韵律是一种节奏美，即在节奏中注入了修改，形成美的因素，如音乐。

在设计或构图中运用节奏和韵律，就是将组成审美对象的一些基本单元(线条、门窗、支柱……)在平面或空间有规律地进行安排，形成节奏，并在有节奏的重复中加上不同组件的变化，从而产生不同的韵律。通过节奏和韵律的运用(渐变、对比、变异……)，将产生不同的形式，达到与现代人类意识相符合的目的，形成节奏、韵律美。

(三)比例和尺度

比例和尺度是反映客观世界中物体的变化及人与物之间关系的一种普遍规律。

研究比例的美，实际是着重研究物体各部分之间的各种比例安排，形体和形体之间一定数值关系的比率与联系。

尺度其实质是物体与人的关系方面的一种要素，它与比例密切相关。设计者的首要任务之一是如何运用自然规律去选择正确的比例与尺度。

在工程和艺术中常用的比例形式如下。

1.黄金比　从数学角度看，黄金比是一个完美的比例，它满足 $a/b = b/(a+b)$ 或 $a = 0.618b$(a 和 b 为分割后的两部分长度)的关系式，具有这种关系的形态和分割方式称为黄金分割。黄金比之所以美，是由于它体现了"变化统一"的美学规律。长短不同表现了变化，长边与长边和短边相加之比，与短边和长边之比一致。

2.整数比　整数比的形式如1:2,2:3,…因为整数比包含了内在的正方形，给人以庄重之感，所以正方形的类似形也有类似的美感。

3.平方比　$1:\sqrt{n}$这种比例接近黄金比，所以有一定的美感。

除了上面提到的比例外，还有等差数比、等比数比、相加级数比等，它们都是工程中常用的比例。

(四)单纯化原则

在工业设计中，单纯化是一个原则。所谓单纯化，就是用最简单的构造去认识并创造形态，从而达到使物体简洁明朗的目的。所以单纯化构成要素少，结构简单，形象明确。

单纯化原则对构成形式美来说具有许多优点。这是因为单纯的形状最便于记忆，最醒目，因此它适于外观的整体设计，尤其适于从远距离来观赏的物体的设计。其次，单纯的形状最便于加工和批量生产，可以提高经济效益。再者，单纯的形状也能构成比较丰富、含义深刻的形态。

(五)功能与形态的关系

"形式服从功能"、"形式服从自然法则"，这是在设计过程中决定形式美时必须认真考虑的原则。形态如果脱离功能，虽空有其外表却无实用的内容，也与人们所要求的现实美格格不入。形态如果背离自然法则，由此形态构成的物体也许可以满足经济适用等工业设计的要求，但却是一种杂乱无章的构思，支离破碎的组合，不可能给人以美的享受。

总之，对于船舶建筑美，重点要在设计过程中考虑形式美的问题，也就是说造型必须美。形式美的美感是各种关系综合以后产生的一种感觉，将这种感觉、心理因素，建立在功能、构造、材料加工及生产技术等物质基础上，就成为适应现代化工业、科学技术和民族意识的美学原则。这些原则在今后的船舶设计中将成为人们如何实现船舶建筑美的重要途径。

当今船舶正在成为一种实用与审美相结合的建筑，具有自然美、社会美和艺术美的共同属性。这些属性通过船舶形态、船舶材料的合理运用、船舶的比例关系、色彩装饰和与环境的协调性表现出来。

二、船舶建筑美的基本特征

船舶建筑属于建筑艺术的一种，因此它具备了建筑艺术的基本特征，但它的水上移动性和处于动态平衡状态，又有别于陆上的一切建筑物，由此决定了人们对船舶建筑艺术的态度。船舶建筑艺术的特征有以下几个方面。

（一）实用性

对于船舶建筑，它的存在首先并不是作为审美对象供人欣赏，而是在社会历史发展中，人们从交通、运输、考察、旅游、采掘、战斗等各种生产和斗争的实际需要中形成与发展的，因此实用性是船舶建筑的目的，它的形式完全取决于客观实际的需要，并让使用者和观赏者得到快感。例如由武汉开往上海的客轮，其首要任务是将乘客安全地运送到目的地，所以船舶建筑的价值首先是由它要达到的功能程度来决定的，而不是由任何纯粹的"审美"考虑来决定的。在考虑和设计船舶建筑的时候，决不能单纯从审美的观点来考虑。

（二）技术性

船舶建筑从功能到外形能否达到设计的要求，很大程度上取决于设计者所处时代的科学技术水平。

在古代，由于船舶建筑材料局限于木材，船舶动力局限于人力、畜力及风力，因此船舶不可能做得太大，无论是在性能、使用上，还是在舒适、美观上，都不能提出高标准的要求。

在现代，新材料的出现给材质美开辟了广阔的天地。精巧的加工工艺，为实现船舶建筑的外形美提供了极大的可能；各种先进的设备和现代化的生活设施，为满足船舶的各种功能、性能，满足人们使用和美感上的要求提供了优越的条件。技术性是船舶建筑艺术的又一大特征。

（三）动与静的统一

船舶建筑的形式美有其独特之处，它是航行在水上的建筑物，有着动与静的结合。就船舶建筑的本身，与陆上建筑物一样，有其静止形式美的一面，但按船舶建筑功能的要求，又有整体运动的一面。由于它的功能决定了其形式美的基础是建立在动态的平衡上，所以在它的形式美中，美感要素包含着许多动的因素。舱内的布置、设备的取舍、家具外形的设计、光线的明暗都要考虑到船体运动过程中所出现的变化给舱室美带来的影响。

综上所述，在进行船舶建筑设计时，就要充分考虑使上层建筑和船体外形表现出它的"动"的"速度"的特性，以取得动的均衡与稳定，确保动与静的统一，千万不能使一条具有相当速度的船舶造型让人感觉是一只浮在水上的"趸船"或"浮码头"。

（四）整体效果

对于船舶建筑，不能单纯追求外形的美，而要在注意外形美的同时满足船舶功能的需要，并考虑环境的变更对其带来的影响。任何一个严格的设计都要讲究整体效果，让船舶建筑所处的环境、外形与内部布置、外形与功能及其他所有因素互相协调一致。

（五）客观性

无论是货船、工作船，还是军舰、游览船、客船，它们都是为某一社会目的而建造的。有许多人在其上面生活、工作、休息，因此它是一个公共生活的区域，是客观存在的。这就是船舶建筑艺术不同于其他艺术的最后一个特性——客观性。

既然船舶建筑的美具有客观性，那么它不仅局限于当时的科技发展水平，其外形和内部布局的设计还必须符合客观的科学规律。在船舶建筑的艺术中，主观主义的形式是很难被人们理解和接受的，只有极少数人才会有兴趣把船舶建筑看作是设计者个人情感的东西。

那些只凭个人情感所形成的脱离或违背科学规律的外形设计，必将会闹出“雕弓”式的笑话而被历史淘汰。如果说船舶建筑有表现的特征，那也只能是表现一种民族的风格或一定阶级的感情，而决非是任何个人的情感或表征某个人的精神状态。

三、船舶形式美的基本要素

船舶形式美包括精神和物质两方面要素，可通过功能、工艺结构、材质、色彩、舒适性等要素体现。

(一)功能美

科学的发展，船舶基础理论和船舶工艺研究的新成果，要求不断开发新船舶种类和提高船舶性能。因此，要求设计师及时提供美的形态、美的色彩来进一步体现船舶的功能美。如果船舶的形态、色彩与功能不协调，将使游客从心理上丧失愉快感，甚至安全感，则该船舶就丧失了美感功能。

(二)工艺结构美

不同船舶具有不同的结构形式，造型效果各不相同。力学新成就为船舶形态结构美提供了途径。结构有限元计算能将船舶的各种不受力的或应力很小的构件艺术性地削弱，而不影响强度和刚度。另外，数学放样和自动加工工艺的采用，保证了船舶加工精度和外观的光顺和平整，有效地体现了工艺美。

(三)材质美

材料工业的发展是科学进步的必然。新型建筑材料的品种很多，各种天然材料和人工合成材料的使用，使船舶的外观造型、表面机理和内部环境有了很大的改进。民用船上层建筑部分或大部分采用玻璃钢、铝合金，能使船舶自重下降，稳定性增强。这些材料具有优良的表理化性能，轻巧、悦目。另外，各种高性能表面涂料、塑料及喷涂工具的运用，使得船舶外观造型丰富、新颖，充分表现了材质美、机理美。

(四)色彩美

色彩造型是给人印象最深的造型之一。色彩对人的生理和心理影响有时甚至超出船舶形态；色彩造型体现了现代光学的研究成果和新型表面材料的美学效果，是造型设计中最生动、最有效的要素。好的环境色彩不仅能充分体现船舶的功能，创造协调的人机关系，满足人们对色彩的要求，而且能提高船舶的商品价值和美学价值。

(五)舒适美

舒适美即新颖的人机关系，是体现船舶建筑美精神因素的重要方面。现代船舶的自动化水平在不断提高，人机关系在某些场合变得更复杂也更密切。虽然船舶操纵，控制和通讯变得简单、方便，但人的因素，即人们心理生理的美感需求、最佳工作状态的保持、劳动效率的提高和安全问题等对人机关系的要求也更高。处理好这一关系，人们将生活和工作在一个有秩序、有节奏、舒适宜人的环境中。

船舶造型和舱室设计与时代特征紧密相关，不同时代有不同的风格。当今，由于人们工作、生活节奏的加快，新的宇宙观、消费观影响和改变着人们的思维方式和行为方式，使得各种工业产品(包括船舶的造型形态)都在趋向单纯、简洁、和谐。船舶各部分的比例和尺度更应符合数学逻辑，以产生赏心悦目、新颖美观的效果。简洁、流畅的线条能很好地体现船舶的功能，体现速度感和运动特征，是现代人将复杂事物简单化、单纯化的形象表现，体现了高速发达的科学技术与艺术所产生的和谐美。

第二章 船舶舱室内部环境设计

船舶长年航行于海上,变化多端的海洋气候和海况对船舶内部环境的影响极大,船舶本身的特点也对营造适宜的内部环境带来很大影响。与陆上建筑相比较,船舶的工作和居住环境是比较差的。与人能够承受或感到比较舒适环境条件相比较,船舶内部环境如果不加以控制和改造,则对长期工作居住在船上的船员和旅行休息的旅客都是不合适的。因此,改善船舶的适居性,提高船上的工作和生活环境条件,消除不良影响是一项非常重要的工作。

船舶舱室内部环境设计在总布置设计阶段进行,它是船舶建筑内部设计中最具艺术成分的内容,也是与人关系最密切的造型设计。环境设计涉及内装材料、工艺、色彩、灯光、空间布置及防火分隔等。

船舶舱室是船舶建筑的内部空间。在这些内部空间里,人们通过不同的感官,将看到、听到和感觉到由色彩、光线、声音、材料所构成的环境。这种环境不仅要满足人们对物质功能的要求,还要满足人们的精神文明的需要。

船舶舱室按其使用功能分为船舱(机舱、锅炉舱、燃料舱、货舱等)、工作舱(驾驶室、海图室、报务室、理发室、广播室、雷达室、电罗经室、应急发电机室等)、居住舱(船员舱、旅客舱等)、公共舱(卫生处所、饮食处所、娱乐处所等)、战斗舱(指挥中心、弹药库等)。本节重点介绍如何对居住舱和公共舱内部空间进行设计,以达到完美、紧凑、提高工作效率的目的。

舱室内部环境的设计又与舱室所反映的主题思想密切相关。也就是说,舱室内部空间通过环境设计,应表达明确的主题思想,以突出该舱室的存在与功能相符的鲜明特征。实际上这种主题思想和性格是根据各舱室的功能需要,运用正确的审美观点和丰富的物质材料,以及各种形体知识来体现的。

船舶舱室内部环境设计包括:

(1)室内空间处理,即空间尺度的控制、形体分割等;

(2)家具的选材、配色、配置和布置;

(3)室内的装饰、装潢、艺术处理等。

第一节 舱室空间设计

一、空间概念

造型空间是指某一特定的活动区域。船舶建筑的空间由甲板、舱壁、顶篷、家具和设备组成。构成空间的必要条件是具有顶界,如天篷、天花板;底界,如甲板、地板;侧界,如围壁、栏杆这样三个界面之一。

二、空间类型

具有三个界面的空间为内部空间;有一个或两个界面的空间为外部空间。例如舱室为内部空间,外走道、露天甲板为外部空间。内部空间的分类如下。

1.固定空间

固定空间是指船舶建造时齐备三个界面，并且是难以改变的空间。固定空间又称一次空间。

2.可变空间

建造时缺少某一个界面，完工后可以调整、移动(对固定空间的再划分)而形成的空间。一般缺少的是侧界面，通过室内家具、隔断、设备、绿化带改变布局，构成空间。可变空间又称二次空间。

3.实体空间

实体空间是指三个界面齐全、界面明确的空间。

4.虚拟空间

虚拟空间是指二个界面不封闭、界面不明确的空间，如家具分割而形成的空间。

一般舱室的面积和层高均以技术设计规范和人机设计基准为依据，造型设计中视其为不可更改的数值。这里所指的空间设计，实际上是通过各种造型手段变幻空间的视觉形象和分割形式，家具设施的再设计与布置，以达到扩大视觉空间，影响船员和旅客的心理和生理感觉，用以满足和弥补实际空间的压抑和狭窄感。由于实体空间的局限性，设计时不宜选用过高的家具；配色时勿将室内当成调色板，最多采用两种主色调，并且充分利用色彩的视觉效应改变狭窄感。忌在墙面安装钩、架和在顶上吊装物品。

三、影响空间感的因素及改变方法

人在海上与陆地隔离，局限于船体内部有限空间中，这一客观物质环境势必引起特殊的心理反映。所谓空间感是指人通过视觉，将自身尺度与实际空间尺度进行比较而产生的舱室空间的大小感。船舶为实体空间，由于总布置条件、甲板层高所限，客观上存在以下几个特点：

1.缺乏水平的地平基线，甲板的各向都由曲线组成；

2.船体内部到处都是不规则墙面，并有许多倾斜面；

3.甲板和天花板面积较大，显得舱壁特别矮，因此有较强的封闭感和压抑感。

除了客观条件之外，空间感的大小还受到下面一些因素的影响。

(一)空间类型的影响及改变方法

三个界面的实体空间(机舱、集控室、厨房以及一些低等级的居住舱室等)不如二个界面的虚空间(大面积窗户的驾驶室、观景室等)明亮。由于六面围壁挡住了视线，视野范围局限于本来就不宽阔的实体空间内部，阻碍了人与自然保持接触的本能欲望，心理上产生的空间感是狭小压抑。这类舱室作为工作舱室，可对船员产生不良的心理影响，使船员不能保持愉快、稳定的心理状态，易于疲劳、厌倦。造型处理上，主要通过色彩设计、调整尺度和设备布局来改善。如用顶、壁、地面的色调，来增大心理上的空间感；利用金属或油漆表面光滑的反光效果，来提高舱室内的亮度，也可以适当扩大视觉感。色彩及装饰处理时，注意避免横向分割，避免降低视觉高度增加压抑感。高大设备尽可能不要居中放置，以消除空间的再次分割，以免造成高度对比而增加压抑感。

各种舱室应该尽可能不取封闭形式，可借助玻璃窗、漏窗甚至装饰图，使视线向实际的或虚幻的外界延伸，以增大空间感。

结构上，尽量保证内走廊和舱室围壁处于纵桁下，主通风管装在走道内或者从舱室的两侧纵向贯通,支通风管道则夹在横梁之间,最大限度地屏蔽在视线之外。

(二)人的视觉经验对空间感的影响

人类大部分长期生活、居住在陆地上,习惯于陆地建筑内部的空间尺度,往往将自己所熟悉的环境尺度与船舱室尺度进行比较,结果产生了狭小低矮的空间感。在设计中,要尽量使室内环境符合人们的正常生活习惯。具体做法上,可以采取室内陈设和布置的家庭化、生活化设计;运用对比手法,在规范允许的范围内,采用适当小尺寸的家具和器物,与整体空间形成对比,以小巧的家具衬托"宽阔"的室内空间。另外,突出视觉焦点,吸引注意力。例如在较大面积的墙面上装饰精巧、醒目的灯具和装饰画等(图 2-1),渲染气氛,减少人们对空间具体尺寸的注意力和比较。

图 2-1 焦点作用

(三)内部环境条件的影响

内部环境条件指舱室内部分割和陈设方式,以及家具的尺度,灯光、色彩配置等客观条件。

利用隔断进行合理的分割,可以调整空间尺度比例,改变空间形式,改善空间感。船上大面积场所,如俱乐部、餐厅、会议室、观景室等,由于甲板间的高度限制,空间显得低矮,产生压抑感。采用虚拟空间的分割创造,例如改变局部的高度,舞厅、歌厅抬高,或降低舞台、舞池,将原有的空间分割成几部分,以产生对比,可以使局部空间感加大。

另外,改变照明方式也可以达到一定效果。图 2-2 通过顶光照射中心区,使其亮度大大高于周边,形成一块独立的虚拟空间,加上四周的单元式家具布置,形成一个个小的虚空间,改变了竖直和水平方向的尺度比,使空间感加大。

同样一个空间,由于装修方法、家具尺寸及摆设方案的不同,给人的空间感觉也将不同。如图 2-3 所示,有六幅舱内侧壁与顶棚的色彩、花纹装饰图。图(a)与图(b)相比,前者顶棚的颜色比侧壁深,因而有空间较低的感觉;反之,顶棚的颜色比侧壁浅,则有空间较高的感觉。图(c)与图(d)相比,对侧壁花纹为水平线条者,会有空间较低的感觉;对垂直线条者,会有空间较高的感觉。图(e)与图(f)相比,侧壁花纹大的有迫近感,会有空间较小的感觉;侧壁花纹小的则有延伸感,会有空间较大的感觉。

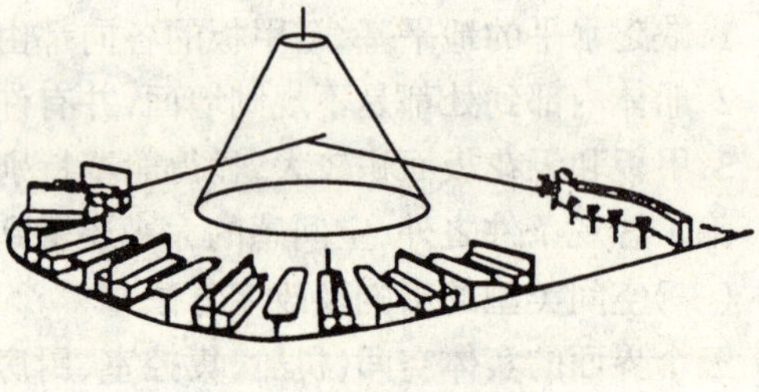

图 2-2 对空间的改变

利用材料的质感,也可以改变对空间的感觉。装修材料的表面如果质地粗糙,会使人有向前靠的感觉,因而空间也有相应变小的感觉;如果质地光滑,似乎离人较远,从而感到空间扩大,增大了空间感。

灯具的装修方法也十分讲究,装修方法的不同将直接影响到人们的空间感觉。例如吸顶灯、嵌入式顶灯,能使顶棚"往上提",有增加空间高度的作用,故可以增强空间感。吊灯,尤其是枝形吊灯,会使顶棚"向下降",有降低空间高度的作用,形成压抑,从而减弱空间感。

在船舶的居住舱室内,空间一般都较小。为使旅客及船员在空间感觉上不致太压抑和太局限,室内家具包括电器设施的尺寸往往采用比陆上建筑的室内家具要小的尺寸(但必须在人体活动的范围之内），以求达到舱室的上部空间和周围空间相对的宽阔，增强空间感。

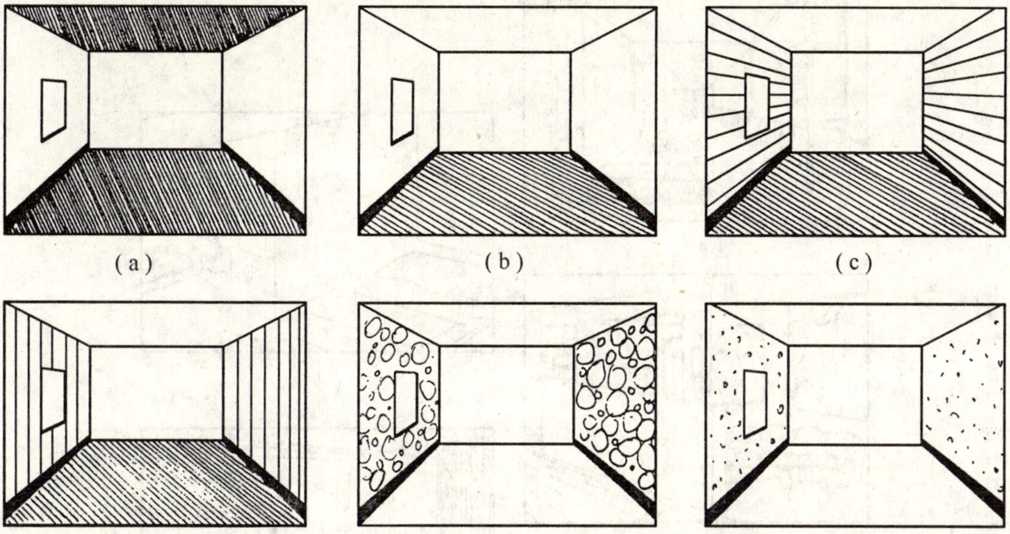

(a)　(b)　(c)　(d)　(e)　(f)

图 2－3　空间感觉与装饰方法有关

国内外客船、旅游船的设计，是将客舱是否设置专用阳台作为现代高水平设计的一项指标。分析其主要原因，一是通过阳台沟通人与自然的直接联系，满足人们向往自然的欲望；二是营造居家氛围，创造独特的个性特点；三是通过空间变化延伸视觉空间。例如日本"水晶·和谐"号旅游船和国内"扬子江乐园"号旅游船，都是这方面成功的设计实例。相比之下，全封闭玻璃围幕的设计就显得不足。

利用家具对空间进行隔断，分成虚拟子空间，使各个局部之间既独立又相互融合，增加了空间层次，改善了气氛，创造了活力，最终降低了压抑感。图 2－4 为几种隔断的实例，空透式隔断（玻璃、博古架）；移动式隔断（顶屏风、帐幕）；半壁式隔断（半墙、盆景）。

第二节　环境布置设计

一、居住舱室布置

舱室的布置是舱室内部设计中的一项十分重要的内容。它布置的好坏，不仅直接影响人们的工作、生活，而且对舱室分隔、组织空间、美化舱室环境、创造舒适宜人的气氛也有重大作用。因此，室内陈设的布置在满足基本功能的前提下，还必须遵循形式美的一般原则，形成良好的环境和意境，给人以美的感受。

舱室的布置包括家具、织物、工艺品和日用品的布置。

家具是一种实用工艺品，它既有使用功能又有美学功能。

在实用上，家具除了用于工作、学习、休息、睡眠和存放衣物之外，还在空间环境中起着分隔空间、组织空间、填补空间的作用，达到增加空间层次、扩大空间感觉、形成多功能空间的目的。

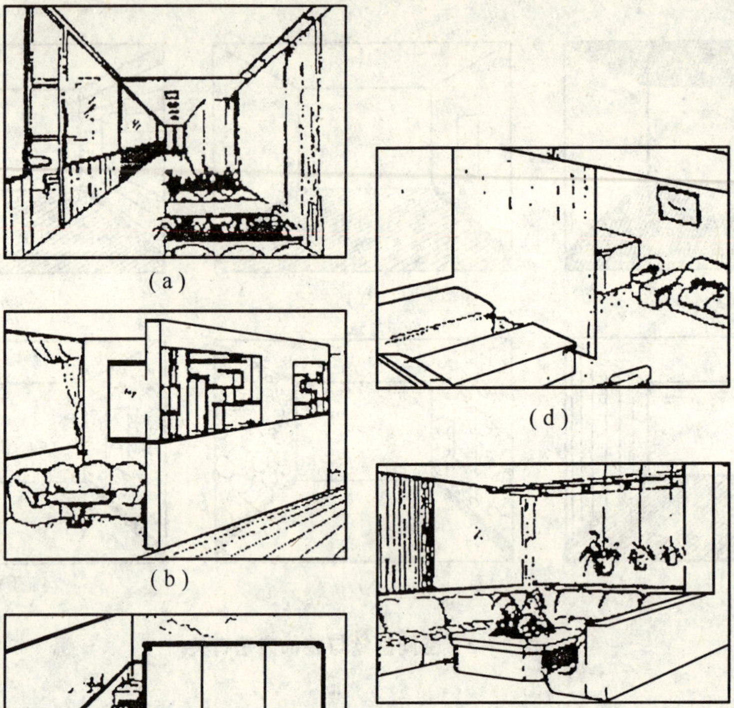

(a) (b) (c) (d) (e)

图 2-4 隔断的实例

(a)玻璃(空透式)隔断;(b)博古架(空透式)隔断;(c)屏风(移动式)隔断;

(d)幕帐(移动式)隔断;(e)半壁式隔断

在艺术上,家具本身作为一个审美对象,有其优美的造型。优美的家具外形与布置,可以陶冶人们的精神情趣,形成舱室特定的意境与气氛;家具还反映了民族文化传统。

在船舶舱室内,家具的配置应具备以下原则。

1.家具的选择和布置一定要符合统一与变化的原则。家具作为整体环境中的一个组成部分,它应该与墙壁、地板、天花板和窗户等协调配合,以确切地反映船舶舱室的不同主题思想。

2.在数量上,要根据使用的要求和面积大小而定,根据空间来衡量它的地位,切忌过多过大,阻塞空间。

3.在布置家具时要讲究序列,考虑人流路线,力求有较多的活动空间与活动面积。要将室内性质相似、功能相当的家具组织在一起,形成不同的功能角落,以求统一、协调,避免杂乱无章。规则式的布置有明显的对称轴线,显得严肃端庄,多用于会议室、接待室;不规则的布置无明显的轴线,显得自由、活泼,富于变化,常用于休息室、客舱、游戏室、舞厅等。

4.在款式上,既要考虑不断翻新与变化,又要讲究实惠、方便,有益于提高经济效益和工作效率。组合家具和多功能的家具逐渐代替单件和单功能的家具已是当前家具款式变化的趋势。

5.在体量上,家具的造型与尺寸应适合人的体型、生活习惯和不同环境要求,其外形、结构和尺寸还应具备"船用"的特点。如设置沙发床、壁式床,以及多用途、折合式的专门家具。

6.材料的选用应因时因地制宜,既注意新材料、新工艺的选用,又注意发扬我国的民族风格与国内现有材料之长。根据材料分别采用不锈钢管及铝制家具,木制、竹、藤家具,塑料制品等。

7.家具的造型、质地、色彩、尺度、比例等要结合舱室的主题思想和船舶总体性格,分别反映出不同的家具风格(比如豪华富丽、端庄典雅、奇特新颖或浓郁的乡土气息等风格)。当前流行于国际上的有中国风格、东方风格、地中海风格、农舍风格和国际风格。我们应认真研究其发展变化,并以空间的用途和性质为依据,以创造美好室内环境为目的,不断学习、借鉴和创新。

舱室布置与家具陈设是舱室建筑平面构成的基本内容,是影响室内空间感和造型效果的关键。居住舱室布置应参考有关规范的要求和建议,结合船舶性能,综合设计。室内主要家具、设备的尺寸选取,应符合《船舶起居舱室尺度协调》(GB7386 1-5-87)中关于家具设备的协调尺寸要求。根据人机学要求,协调尺寸的选择应将模数限制在优选系列中:

(1)$n \times 100$;

(2)$n \times 50(n = 1,2,3,\cdots)$。

船舶起居舱室中,主要舱室设备经常重复出现,设备的长、宽、高可根据需要进行组合。为了避免因横摇而引起的不适,海船床铺最好纵向布置。此外,除少数豪华客船外,铺位均应靠壁布置。其他家具也应尺度协调,排列有序,并考虑人们活动路线,以保证尽量大的活动面积。部分家具(尤其是公共场所的家具)可在一定条件下根据舱室要求不同进行组合、编排,以获得满意的视觉效果和与使用目的相协调的气氛。

二、驾驶室布置

驾驶室内主要布置各种操纵、控制和通讯仪器、仪表,布置形式根据船舶大小及功能要求预定,常见的布置形式是一字布置和凹形布置。一字布置的特点是操作方便,视野开阔;凹形布置主要适应小船,特点是结构紧凑。

三、通道及狭窄空间的造型处理

船舶建筑的尺度限制比较严格。由于通道狭长,部分封闭,为保证人流畅通且使人心理感觉比较舒畅,在满足规范的前提下,应精心造型设计,充分运用造型技巧来改善心理感受。

(一)视觉迁移

在通道侧壁上布置一些简单、抽象、直观的装饰艺术品和标志,以转移人对建筑空间的注意力。如图2-5所示,通道采用一定宽度的垂向色条,将狭长的通道分割成几段,缩短了通道的视觉长度;侧壁上有几幅现代画,使单调的大平面壁有了活力;通道尽头,放置了一件盆景,似在召唤通道内的过客。

这里特别说明,侧壁上的装饰物和字画不宜复杂和过多文字说明,也不宜开设服务窗口,以免延长乘客预留时间,阻碍交通。通道尽头不宜布置时间表、导游图等,也不宜安装大面积玻璃镜,以免加长通道的视觉长度。

(二)镜面效应

在有条件的情况下,通道的顶部和侧壁上部装饰反光材料,通过镜面反射,加大空间的高度和宽度;侧壁上安装美观、明亮的系列壁灯,通过排列节奏、亮度的变化,可改善视觉效果。

图 2-5 视觉迁移实例

接近船舶首、尾端,由于船体型线的变化,以及设计梯道和不对称布置形式,会产生一些局部狭小空间和死角。这些部位的有效利用,不但能够提高空间的实际利用率,而且使整个内部建筑体系连贯、协调、统一。图 2-6 是楼梯间布置形式,通常楼梯下做小卖部和小型储藏室。按规范,艏、艉端主甲板以下不布置居住舱,这部分空间可设置存放物品、工具的柜子和格架或做库房,但要注意整体感。设计相邻两舱的卫生间时,要注意局部相互依存的整体感,保证舱室环境的统一性。图 2-7 是某船卫生间的设计图,采用折形舱壁,水池设在凹面内,池下是卫生品柜兼管道布置区域,整个卫生间是个完整的矩形,没有外露的管线,既充分利用了面积,避免了死角,又保证了卫生间的协调和整体感。

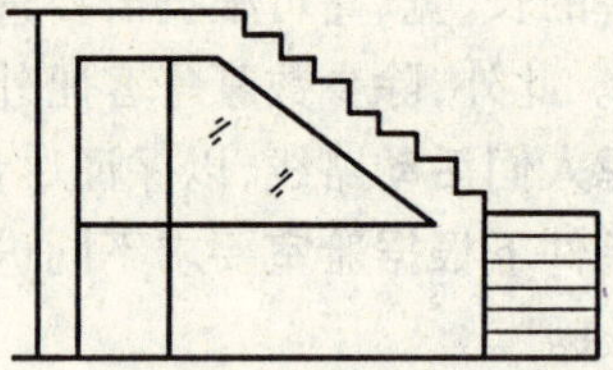

图 2-6 楼梯间布置形式

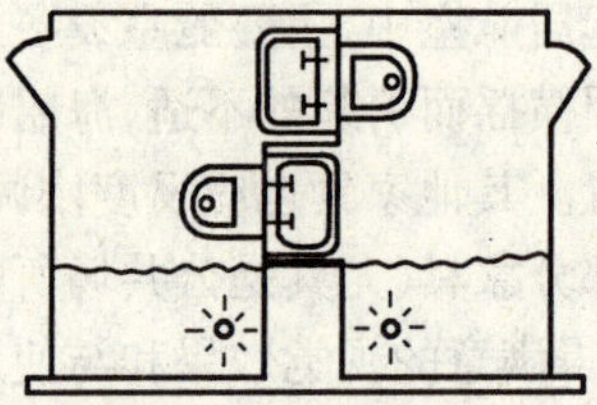

图 2-7 卫生间布置

四、公共舱室环境布置

这是对建筑艺术性很高、很能吸引人的文化娱乐中心进行设计。它要在有限的空间内尽量来满足旅客的要求,丰富、充实航行生活。公共活动舱一般可分为静区、闹区。它们的共同要求是布局生动,流向明确而有变化。

静区(如休息厅、会议室、阅览室等)宜布置在次要人流线路上,空间形式和家具、装饰等布置应自然协调。根据功能的不同,可考虑整体布局或分割布局。装饰要简洁、清爽,以素雅、柔和为主调。各方面细部应统一于稳、静、朴素与平和。

闹区(如娱乐厅、舞厅、健身厅、儿童游戏室等)在建筑形式上可以采用变化、丰富的结构形式,构成适度的刺激。家具布置灵活多样,但切忌杂乱无章。色彩与装饰可以效仿自然,使人产生切合实际的联想,以丰富生活。在光线处理上,宜用较低的亮度,不干扰航行。

服务舱室环境设计应与功能要求相适应。橱窗应简洁、整齐,组合应有规律,人员流动应畅通,色彩要协调合理。

第三节　舱室色彩环境设计

一、船舶色彩功能与特点

造型与色彩是构成船舶建筑艺术的两大要素，二者相互依存。造型即空间形式塑造，它构成船舶躯体，舱室界面。色彩则是外衣，装饰其表面。就现代船舶设计而言，所有造型设计要素被本质性的机能所决定，造型由繁琐趋向简化，代之而起的是色彩由简单趋向丰富，船舶造型设计把从纯造型时代为主导演变为以色彩为主导的设计。许多设计者把色彩称作“最经济的奢侈品”，即通过最佳色彩设计，同样可以用普通材料创造出装饰豪华的室内环境气氛。

（一）船舶色彩功能

船舶色彩包括外包装色彩与内装色彩。船舶色彩功能是船舶外装色彩与内装色彩的综合表现。船舶色彩具有美学和使用双重功能，一方面可以表现美感效果，另一方面可以加强环境效用。船舶色彩的主要功能有以下几点。

1.表现性格

色彩是一种象征性的形式媒介。现代旅游客船外装色彩大多选择高明度、低彩度色彩。上层建筑选择白色为主体色，因为船舶航行在海洋上，人们从远处观望，白色的船容与蓝色背景的海洋和天空形成对比效果，既有谐调性，又有注目性。

从内装色彩看，根据不同的舱室功能，应用不同色彩塑造不同舱室形象，表现不同性格。原则上把色彩划分为积极色彩、中性色彩和消极色彩三部分。舱室色彩必须根据这些心理因素，最大限度地满足人们对色彩的偏爱，并反映船东的性格特点。

对于不同舱室，可应用色彩表现，塑造其性格，尤其是公共活动舱室，多采用积极色彩，塑造性格鲜明的活动环境。当然，色彩的象征并无理论上的绝对性或必要性，除了必须根据观念、情感和想像力等概念因素，以及性别、年龄、职业和教育等实际因素外，同时必须注意时代、地域、民族的差异等综合条件，才能在环境、性格的表现上获得正面积极的效果。

2.调节气氛

色彩对于调节气氛、活跃情绪具有直接而强烈的影响。在原则上，动态环境（公共娱乐场所）选择积极色彩；静态环境（居住舱室）选择消极色彩。其中积极色彩表现以暖色、高明度和高彩度为主。暖色具有兴奋作用，高明度具有开朗性质，高彩度具有刺激效能。消极色彩表现以冷色、低明度、低彩度为主。冷色具有镇定作用，低明度具有安定性质，低彩度具有沉静效能。从色彩搭配上，单纯统一色彩适于静态私密空间，表现为温柔、抒情；鲜明对比色彩适于动态群体空间，表现为强烈、主动。

3.调节光照

船舶舱室窗口朝向有内外之分，舱室光线强弱也不同，因为色彩明度不同对光线的反射率不同，所以可以通过色彩明度来调节光照效果。为加强舱室明视性，必须注意室内光线调节。

通过色相调节光照，按反射率从小到大顺序是黄、黄绿、黄红、红、绿、紫、红紫、蓝、蓝绿、蓝紫，但调节能力较弱。

通过彩度调节光照，原则上彩度愈高，反射率愈大，但必须与明度相配合，才能决定反射性能。而且,由于彩度的刺激性强,居室多数采用中低度以下色彩。

对于自然采光系统,由于各舱室光线射入量、射入方向不同,光线调节主要原则是调节色彩反射率,以调节光线对于视觉和心里的刺激。一般来说,窗口内向型舱室,趋向沉闷与阴暗,采用暖色时,可以使光线转为明快。相反,窗口外向型舱室以采用明调中性色或冷色为宜。

4.调整空间

色彩由于本身性质与所引起的错觉作用,对于室内空间具有面积或体积的调整作用。舱室空间特别狭小,调整时采用后退性色彩,家具设备宜用收缩性色彩或单纯统一色彩。同时,色彩又具有质量感的特性,所以天花板应采用较轻的上浮色,地板应采用较重的下沉色,还必须使天花板与地板色彩单纯,而不应变化太大。

5.调节温度感觉

色彩具有调节温度感觉的效能,因而必须使舱室色彩适应地域性不同气候的特点。原则上,寒冷地区船舶舱室色彩应以暖色调为主,明度宜略低,彩度应偏高;温暖地区船舶舱室应以冷色调为主,明度宜较高,彩度宜偏低。另一方面,亦可将背景色处理成中性色调,变换不同色调,以适应季节变化的需要。

(二)船舶色彩的特点

1.船舶外装色彩的特点

注目性　作为水上运输工具,船舶必须有鲜明的对比,且引人注目。

协调性　船舶色彩与海洋、天空色彩应保持协调,形成美感。

轻快性　船舶是浮动在水上的建筑,明度高具有质量感轻。

快速性　船舶处于运动中,船舶色彩条纹应采用水平,体现速度感。

时代性　船舶风格具有鲜明的时代性,色彩占主导地位,现代船容多采用明快色调。

标志性　船舶是国家、公司能力与水平的表征,因此通过色彩文字涂写,就可以预知该船国别、航运公司。

2.船舶内装色彩的特点

功能性　内装色彩与舱室功能密切相关。

民族性　不同民族有不同的喜好色。

时代性　不同时代有不同的风格,也有不同的流行色。

二、船舶安全色

船舶舱室是特殊的建筑环境,空间狭小,人员相对拥挤;管道电路纵横,火灾隐患随处存在,所以采取必要的安全措施,是造船规范的一项严格要求。所谓安全色,就是在这一认识基础上,利用色光与颜色引起人们注意和产生心理联想的效应,来警示人们,以保障正常的工作和生活。

船舶内部各安全通口、防火装置、逃生口和有安全目的的指示与指令性标志,都要使用符合国际和国家标准规定的安全色。

容易产生危险事物的部位、部件,如起重设备吊钩和某些尖角、突出部分及可能诱发危险的地方,都相应的使用安全色。

船上管道识别色、环形标码色和各种设备均应按照不同性质,根据 GB248－78 进行色彩管理区别。

另外，对桅、吊杆、烟囱等高大突出的建筑和构件分割用色时，要注意与安全色及其标志有一定区别，如黑黄、红白、蓝白、绿白相间的条纹一般不宜采用。还有，要熟悉一般国际港口通用各种标志、航标和信号的色彩标准，以免造成用色混淆引起误会。

三、室内色彩的构成

在舱室环境中，空间内部的所有陈设包含了各种类型与颜色的物品和构件（合称物件）。从色彩设计的角度来看，可将组成室内色彩的物件归结为以下四类：

1.室内建筑构件，包括地板、天棚、墙壁、柱列、屏罩、门窗、楼梯、走廊等；

2.室内设备，包括各类家具、机具、设备设施、管（线）路系统等；

3.室内陈列品，包括各类工艺品、灯具、琴棋书画、器皿、盆景、壁挂等；

4.室内纺织品，包括地毯、窗帘、帷幔、床罩、台布、靠垫、坐垫等。

这四类色彩物件各自有着不同的形体、尺度、纹饰、材料和质地。在舱室空间可形成不同空间位置、不同面积、不同状态和不同质地光泽的色彩大汇合，它们还往往相互渗透、交融成组合体。如家具与舱壁形成的家具壁、画面与壁面形成壁面、纺织品与家具的一体化形成软家具、壁面与染织品的一体化成为墙纸与墙布。

那么在室内环境中，究竟哪类物件是构成色彩的主体呢？这不能简单地定论，而要由各舱室本身的功能与主题思想来决定。如居住舱室，可能由大面积的家具或大面积的纺织品构成色彩的主体；而在大型公共活动舱室，建筑构件的色彩往往上升为主体；对于像机舱一类的工作室、机械及设备的涂饰，很可能成为引人注目的主要色彩。除此以外，光照——日光、各类灯光、室内环境的反射光等都参与了室内色彩环境的构成，因此室内色彩的协调，不仅要考虑各类物件自身的协调，还要考虑各类物件之间的总体协调。

四、室内色彩的分类

（一）背景色与物体色

在舱室内存在着各种各样的背景色和物体色，以及由这两者形成的组合色，如墙壁、地板、门窗、床柜、桌椅、沙发、壁灯、壁挂、陈列品、靠垫等，它们自身所具有的色彩为物体色。

相对门窗、床、桌椅、沙发、壁灯、壁挂而言，墙壁和地板的色彩为背景色。相对靠垫、陈列品而言，沙发和陈列柜的色彩则变为背景色。背景色与物体色常呈现出多重组合，如墙壁、陈列柜、列品，地板、地毯、沙发、靠垫，形成多层次的复合背景。

（二）主导色、调节色和重点色

在用三色相组合色彩的设计中，室内的色彩一般可分为主导色（或称基调色）、调节色或重点色。

主导色反映室内主题思想，是形成色彩协调的主要而又基本的组成部分。恰当地运用调节色或重点色，往往能产生鲜明的色彩对比，使色彩统一而又有变化，协调又不致单调。同时，正确地协调好背景色、物体色、主导色和重点色之间的关系，将有助于突出空间的主从关系、隐显关系，也有助于表现空间的整体感、协调感、深远感、体积感、浮雕感。

天棚、墙壁、地板是室内空间界面，通常作为背景色，有时也选作主导色的涂饰画，但不排斥为了强调某个墙面色彩而饰以重点色。当大面积的纺织品和大面积的家具的物体色成为室内的色彩主题时，这些物体色也可作为主导色纳入室内色彩的设计体系。但要注意，主导色要有广泛适应性，以便陪衬不同色调的物体色或重点色。

(三)固有色和条件色

若将室内的建筑构件、家具、设备、陈列品、纺织品等单独置于日光之下,则它们都能反映物体本身的固有色彩,这种色彩称之为固有色。一般来说,这些物体若放置在室内空间时,它们不仅带着本身的固有色,而且受到不同光照和光的反射的作用,在各种环境色的陪衬下,还必然会呈现出复杂的条件色。也就是说,在许多制约条件下,原固有色经变化所呈现的色彩称为条件色。因此,室内环境色彩的协调,既涉及到挑选各类物体固有色的问题,又涉及到各类物体的组合所带来的条件色的问题。

选择固有色时,因为室内尺度比起所设计的图纸来要大许多,必须谨慎地考虑色彩的"面积效应"。所谓色彩的"面积效应",是指设计图上的色块一旦放大到实物上,因面积的增大会加强色彩感,看上去彩度、明度都将增强而觉得色彩更鲜艳。这是室内色彩协调中不可忽视的一个主要问题。

选择条件色时,要注意以下两点。

1.对于色彩具有"同时对比"与"连续对比"现象

所谓"同时对比",是指视线同时接触相邻的不同物体色与背景色时所产生色相上的"补色效应",即物体色将会向背景色的补色方向变化而形成明度、彩度的增高或降低。所谓"连续对比",是指眼睛长久注视某色块后再移向其他色块时的视觉流动而形成的色彩对比。

2.注意室内光源的显色性

室内各物件的色彩由于光源照射、室内外环境反射光的作用,形成物体色与光色的混合,引起色相、明度、彩度的变化,如在高压汞灯的作用下,室内的粉红色变成紫色,蓝色变为蓝紫色。因此,在对室内光源设计时,对变色视觉要求高的必须选用显色指数较高的光源,避免色彩的失真。对于某些特定的室内环境,也可以有意地利用某些光源使室内色彩产生良性失真。目前,国际照明委员会(CIE)正在研究这种使物体真实色彩转换成人们喜欢的色彩的光源"喜爱指数",并设计出各种荧光灯,照在人脸上,看起来更加红润健康,照在肉食上显得更加新鲜。不仅如此,在选择室内背景色、基调色和白昼窗帘时也应考虑它们的反光、透光作用。

五、室内色彩的选择

用色彩来装饰船舶建筑是21世纪以来逐渐形成的一种美化方法。对船舶舱室内部,设计者做不同的色彩处理,以形成不同的色彩空间环境。这些空间的色彩环境将使舱室内部各个部分清清楚楚,极易辨认出各个舱室空间及它们之间的联系,使人们心中形成特有记忆。但舱室内部色彩的选择,不只是建筑物本身的色彩选择,还应包括室内所有设备的色彩选择。因此,整个内部空间的用色,必须根据舱室的使用功能,所表达的主题思想,人们的生活习惯和整个的环境气氛等加以选择,而不宜定出统一的规格。同时,各个舱室之间的色彩还须适当调节,色彩的选用必须与舱室内部布置、家具造型艺术等相互联系起来,相互配合。总之,各部分色彩相配要做到协调、实用、美观,使人感觉舒服。

下面结合船舶建筑各舱室,依据部分船舶选择色彩的方案,具体地提出一些选择建议。

(一)居住舱室

1.舱室壁面以明调浅色者为多,常用的有白色、浅黄、浅绿、浅蓝,亦有用蟹青和淡紫的。

2.地板色彩应以耐脏为主,而且比舱室壁面用色要深,以形成重心低、有稳定感的效果,故除腊克拼花地板以外,常用绿、蓝、紫、赭等较深的颜色做成的塑料地板或油地毡,一般不宜用大红或鲜红。在高级舱室内还应考虑选用深色地毯。

3.天花板色彩一般选用比舱室壁面还要浅的颜色,以便扩大室内的空间感,消除压抑感。考虑到光线的反射,常用白色,亦有用浅灰色或浅黄色。

4.家具的色彩应特别注意与整个舱室的色调协调。沙发面的色彩不宜与地毯一致,以免显得呆板、单调。如在深绿色的地板上配衬绿色的沙发面会显得气氛单调,若改用奶黄色则效果较好。

5.窗帘的色彩应与壁面的色彩协调,一般选用比壁面稍深的色泽,但不宜过深。如淡绿壁面衬以大红窗帘就不适宜,若改用橄榄绿就好。

(二)工作舱室

1.机舱内温度较高、噪音大、采光差,因此舱壁颜色应以清、净、冷色为宜,故机舱内用青色素,而机舱棚用白色较好。

2.驾驶室内壁多采用浅色调,但也有习惯用本色清漆及深褐色的。海图室一般采用暖色系。

3.无线电室采用青绿色系,使之有沉静感。假如无线电室较为狭长,若采用冷色有阴郁之感,这时可改用暖色系。

(三)公共舱室

1.俱乐部、娱乐室要求轻松愉快,热闹活跃,适于用浅暖色。

2.阅览室、休息室要求安静雅致,常用浅色色调,浅蓝、淡黄均可。

3.会议室要求庄重大方,宽敞舒畅,采用中腊克壁面为好。

4.厨房、配餐厅、洗衣室等处,采用青色系较多。

5.餐厅用色必须能增进食欲。有人提议用绿色和白色作为餐厅的主调,以形成清爽、新鲜、美观、令人愉快的气氛。

(四)其他部分

甲板部分应采用光线反射率较小的颜色,以免影响驾驶,但不可用黑色,它吸热较快,会使人不舒服,起货时还易发生事故。

船舶上所有的设备,根据各自不同的性质,可用不同的颜色作标志,使操作、管理和维修都很方便。

第四节 舱室光照环境的设计

船舶内部的天然采光是极不理想的。主船体由于有水密要求,只能设置投光面积较小而且数量有限的舷窗,白天舱内光线昏暗,不得不依靠灯光照明来补充。上层建筑则要好一些,但与陆上建筑相比采光窗小、采光效果差,尤其是部分远离舷侧的中部舱室,没有面向外部空间的壁面,无法使窗获得天然光照。

船上的人工照明,由于受到船舶电站功率的限制,无法按照陆上照明设计的标准进行。在紧急情况下的应急弱视照明,通常由蓄电池和应急电站供应,供电量有限,光照条件也不理想。

如何从人的视觉特性出发,合理设计光环境,改善船内光环境条件,也是改善船舶适居性,提高工作效率的重要方面。

舱室内光照环境分为天然采光和人工照明两种。

一、天然采光

窗的设计主要用来采光，有时兼备眺望、自然通风。在大、中型船舶上，还要求公共舱、居住舱、办公舱室等人员逗留场所的窗兼作应急逃生口。

从上述功能要求看，窗面积愈大愈好。然而，窗太大，取暖空调的能耗势必大，航行于热带或严寒地区的船，尤其应注意这点。

设在干舷甲板以下船壳上及封闭上层建筑内的舷窗还应保证水密和结构坚固的要求，规范对舷窗的大小也有规定。这里主要从采光的角度讨论窗的设置问题。

(一)窗的类型

船上的窗按其设置部位、形式、结构、材料和功能等有多种分类。

窗分类
- 侧窗
  - 舷窗(side scuttle)
  - 矩形窗(square window)
- 甲板窗
  - 甲板(采光)窗(deck light)
  - 天窗(sky light)

舷窗有固定式和活动式两种，前者不能开启，后者可开启，按水密承压能力分重型、轻型。在水密区域里的窗，设有防爆盖，这样的窗在风暴天气时无法保持采光。舷窗为圆形，规格以透光玻璃直径 ϕ 表示，通常有 ϕ200，ϕ250，ϕ300，ϕ350，ϕ400 几种，视船大小(肋距)选用，兼作逃生口者必须在 ϕ350 以上。从采光角度看，窗数量愈多、直径愈大愈好，但往往受限制。

矩形窗用于无水密要求的上层建筑内，透光尺寸愈大承压愈低。

甲板采光窗与甲板齐平，透光面用棱形玻璃，使甲板下的空间接受的不是直照阳光，而是均匀柔和的散射光，通常作公共舱、通道等顶部采光用。

天窗窗盖可开启，盖上圆形或矩形透光玻璃除采光外还兼作自然通风之用，一般在机舱、炉舱、厨房或小船舱室顶上设置。

上层建筑或甲板室内设窗往往受结构强度限制。各区域舷窗设置要求如表 2-1 所示。

表 2-1　各区域舷窗设置要求

舷窗位置	设窗区域	舷窗急防暴盖			窗功用
		窗形式	窗盖形式	航行中窗关闭情况	
干舷甲板以下船壳	在载重水线以上至 $\delta\Delta_1 = B/40$ 水线	固定式重型窗	水密铰链式	永久关闭	仅采光用
	在 $\delta\Delta_1 = B/40$ 水线以上至 $\delta\Delta_2 = B/40 + 1.4$ 水线	活动式重型窗	同上	关闭，加锁(港内可开)	同上
	在 $\delta\Delta_2 = B/40 + 1.4$ 水线以上至 $\delta\Delta_3 = B/40 + 3.7$ 水线	活动式普通型窗	同上	关闭，加锁船长允许可开	同上
	在 $\delta\Delta_3 = B/40 + 3.7$ 水线以上至干舷甲板边线		水密可移动盖	关闭，可开	同上

表 2-1(续)

舷窗位置	设窗区域	舷窗急防暴盖			窗功用
		窗形式	窗盖形式	航行中窗关闭情况	
围壁上层建筑	前、后壁和侧壁	同上	水密有窗盖	关闭	同上
其他上层建筑和甲板室	同上	活动式轻型窗	无窗盖	可开	采光可兼自然通风

窗形及其位置排列的设计必须注意以下几点。

1. 窗户的采光面积以及窗户的数目应根据室内光照所需而定。

2. 当窗户横向排列时,从船舶结构的功能条件出发,应尽可能少地切断横向肋骨,以免影响船舶局部强度。

3. 不同形状的窗户给人以不同的情感气氛。必须结合总体外形及舱室主题思想给予合适地选择。例如水平方窗可以使人感到舒展、开阔;垂直方窗可以取得条屏挂幅式的景观扩大了面积的实面;圆形的水密舷窗,在海轮中给人以封闭、稳定、安全感;大型落地窗在小型的旅游客船中可以获得亲切的感觉,以及从舱室向外延伸与室外紧密联系的感觉;前倾的矩形窗给人一种运动感,适于在内河快速客轮和游艇上使用;透过天窗,可以看到天光云彩,并提供时光信息,消除了置身于六面体盒子结构中的窒息感觉;至于在游船的公共舱室中的各种漏窗、花格窗,由于光彩交织,似透非透,虚实对比,投射到舱壁地面上的更是变化多端、生动活泼。

(二)窗的配备

一般船员舱设一扇窗,高级船员起居室设二扇窗的较多。餐厅、吸烟等公用舱室视外舷壁的地位设 2~4 扇窗。若结构强度不受限制,则界线以下的人员居住舱应设采光舷窗,只是数量应减到最少。

舷窗,小船一般用 ϕ300,最小 ϕ250;大中型船多用 ϕ350 以上方窗,同样根据肋骨间距大小配合适的窗,另考虑水密承压要求。在上层建筑内的一般舱室之窗,大规格的窗用于要求视野广阔的驾驶室。

(三)窗的布置

窗的设置和布局对室内采光、舱室布置及船的外观都关系极大。

首先,窗布局应有利于室内较合理而均匀地采光。天然光照度沿室进深的分布如图 2-8 所示,近窗口处照度高,室中却已降低较多,到室内进深尽头已极弱。因此,若舱室相邻两壁都是外壁时,同时在两壁上都开窗,并偏离于两壁交角,有利于整个室内照度的均布。实际上相对两壁开窗能使光分布较为理想,但船上除大厅室

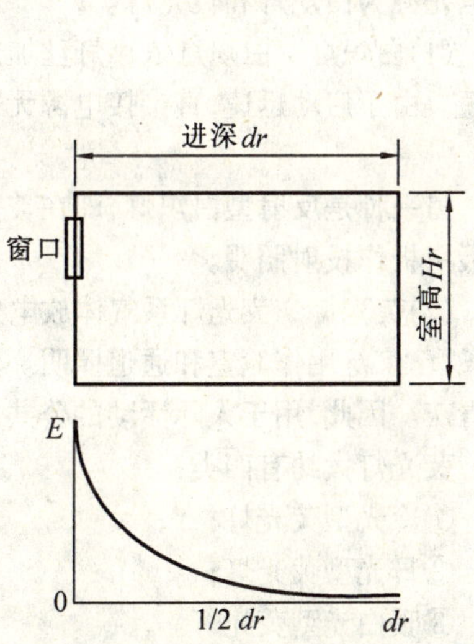

图 2-8 日光照度沿室进深分布

或统舱外，一般空舱或居室这样设置的可能性较小。而且相邻两壁都能开窗的室也不多。窗仅能一侧布置时，一扇窗最好在室长中部；两扇窗应适当拉开，使两侧也能有一定光照。

其次应配合室内的布置。窗口附近的照度较高，一般总是把需要光照条件好的家具(如写字台)布置在靠窗处。有时室内布置难以变更时，也可适当移动窗的位置，以便照顾部分采光的需要。

最后还应审视全船门窗的设置对船外观美的影响，每一层甲板的窗大小、高低、形式要尽可能统一，窗高连线应平行于弧线，使窗的间隔分布富有韵律感。

人站立时，眼睛高度范围为 1 300 ~ 1 700 mm。一般舱室窗的中心线高度可设在 1 500 mm或 1 650 mm 处，游览船要求坐在坐位上也能观赏外景，此种情况除外。

二、人工照明

舱室人工照明按不同功能可分为：舱室照明(一般分为明视照明和艺术照明)和应急照明。舱室设计所关注的是舱室照明，关心在明视照明下室内照度是否充分，视感是否舒适。而艺术照明在船上，特别是客船上已成为美化环境所不可忽视的手段之一。

应急照明涉及船舶遇难时人员安全逃生的问题，因此应急照明的设计还应充分考虑到逃生线及登艇场所等。

人工照明与自然采光不同。自然光线的光谱中光色是固定的，由红、橙、黄、绿、蓝、紫等色彩组成。人工照明光的冷暖、强弱，光的色相均可以随需要而选取，随时间而变化。倘若配之以色彩的感情象征意义，则在室内可以创造出丰富多变的光照环境。然而，在船舶舱室中不可能像城市建筑那样广泛地运用人工照明去创造室内的环境气氛，但是某些陆地上建筑的室内光照环境的设计方法还是可以借鉴和学习的。

(一)舱室照明

1.电光源

人工照明采用的电光源有白炽灯、荧光灯、高压汞灯和高压钠灯等，船舶舱室照明常用的电光源为白炽灯和荧光灯。

(1)白炽灯　白炽灯依靠灯丝加热后辐射发光呈暖色调，显色性较好，但光效低，有效寿命短。由于启动迅速，直接接电源无需附件，故船上使用较多，特别是启闭频繁处及应急照明。

另一种是反射型白炽灯，即在玻壳内表面金属形成反射面，能聚光或反光，用于室内或露天甲板作投射照明。

(2)荧光灯　荧光灯系气体放电发光的光源。由于其光效比白炽灯高 3 ~ 5 倍，且寿命较长，已广泛用作舱室和通道照明。然而，不足之处是，在荧光灯照亮下，物色失真，人脸色呈青灰。因此，用于人际活动的公共舱是不理想的。

荧光灯大约有四类：

①冷光型荧光灯；

②日光型荧光灯；

③暖白光型荧光灯。

对照人或暖色调的舱室用暖白光荧光灯或白炽灯较好，冷色调舱室用冷光荧光灯较佳，而要强调视觉清晰时用日光型为宜。

④新型三基色窄带荧光灯，这种灯的灯管比普通荧光灯灯管细，最大的特点是光效高和

显色性好。

另外，常用的还有几种节能小型荧光灯，如H型、U型、双D型荧光灯。这类灯的特点是色温接近白炽；显色性好；光效为白炽灯的4~6倍；寿命为白炽灯的5倍；启动和镇流附件组装成一体，可像白炽灯泡那样插在普通灯座上使用。但目前生产的这类灯功率较小，不宜作大面积的舱室照明，但可用于台灯、床头灯、梳洗灯等局部照明。

2.照明灯具

照明灯具是指灯与灯罩的组合。灯罩的作用除保护灯泡，遮挡光源眩光和用来装饰外，更重要的在于控制配光，提高光通利用率。

灯具类型按安装方式分为吊灯、吸顶灯、嵌入式灯、壁灯、落地灯、台灯等，其中船上受高层限制，吊灯一般不用。舱室的一般照明多用吸顶灯、嵌入式灯、台灯等。壁灯、台灯、落地灯仅作局部照明，兼装饰和调节环境气氛。嵌入式暗灯大都结合室顶结构构成艺术照明。

3.照明装置

以灯光与舱室内结构和家具组合的照明方式，将光源隐蔽在构件中即成为照明装置。其发出的光照度均匀，光线柔和，无眩光和带阴影的光带、光环或光面，并将光扩散到室内各处，从而改善光环境。

船上常用的照明装置有反光顶棚、反光柱、反光梁等反光式照明装置，以及发光带、反光槽之类的透光照明装置。

反光顶棚在船上一些公共舱室用得较多，灯隐装在四周檐槽内，光照亮整个顶棚再反射到室内，光线淡雅柔和，可形成和谐平静气氛。室内大面积亮顶尤如头顶天空，有自然光感，光环境效果极佳。槽光灯布置合理可以比用单个筒接灯具效率高。缺点是容易积灰。采用这种照明装置时，应注意光源的绝对隐蔽，不可被视见；提高顶棚反光系数；灯具布置要避免产生明暗不均的亮斑。灯具布置还与顶棚高度及顶棚大小有关。当舱室大而室顶空间有限时，可分设二个以上面积较小的顶棚更合适。

在一些面积大的公共舱室内，往往设有很多支柱，若采用反光柱式照明，则既提高了支柱装饰性，又解决了照明装置的安装，且光环境效果也不差。

反光梁也是一种充分利用结构空间的照明方式。对有些船，由于甲板间高较低，采用大面积发光顶棚是不适宜的。对有一定光照要求的环境，可采用光带或光片式发光顶棚。如光带式顶棚用于坐席客舱，顺沿着座位间走道顶上安装入光带，既重点照明了走道，又成了醒目的导向标志。光片尤如把光带切断拉开成间断布置或分散组成的图案，这对希望室内各处都散布光照的餐厅、娱乐室等处可采用这种形式。光带或光片式发光顶棚是将灯隐藏在天花板之内，在天花板平面上装漫射光玻璃或棱镜透光玻璃，或用格栅片(有金属的塑料的，构图有圆孔、六角孔、万孔等多种网孔状格板)，灯槽内设反光材料。

此外，运用一定数量的吸顶灯，或嵌入暗灯散布在天花板上，构成闪闪繁星状或形成由中心向四周辐射的光芒或光环，也可以创造良好的大厅照明氛围。

4.明视照明

(1)明视照明的任务

舱室明视照明的任务主要是确保室内工作面有足够的照度，以便清晰地识别对象，了解环境，并使室内形成一个亮度适宜、视感舒适的光环境。

工作面，对卧室、休息室、通道、梯道等处是指地面，对会议室、餐厅、办公室、乒乓室、弹子房等是指桌面。这种以照亮大面积工作面为主的照明称一般照明，仅局限于小范围的特殊照明称局部照明，如海图桌、书写桌、镜前、床头等处的专用照明。

明视照明包括一般照明和局部照明。明视照明和局部照明的共同的特点是都以工作面或照明对象的照度为主。有的舱室仅设一般照明，有的舱室兼备两种照明方式(称混合照明方式)，视各类舱室用途的需要而定。

(2)明视照明的设计要求

为达到视觉清晰、视感舒适，照明应满足量和质两者要求，即配备一定数量的配光合理、光效高的灯具，并能得到合理的布局，以求得：

①工作面有足够的照度，且照度稳定而均匀；

②视野范围内亮度差不宜过大，无耀眼的眩光；

③特殊场合，如技术台、桌球台等工作面上还要求无阴影；

④光色柔和，显色逼真。

5.艺术照明

艺术照明是利用灯具的选型、光线的强弱、光色的调配和光影的变幻使室内形成一种视感特殊的光环境。艺术照明更丰富了室内的装饰效果，给环境增添美感和气氛。

(1)功用

①体现装饰效果　壁灯、雕塑坐地灯、蜡烛灯等灯具照明作用不大，主要在于灯具造型的装饰效果。此外，还可运用投向壁面的光斑光色、投向物体的光影造型来装饰室内空间。

②突出室内视觉中心　利用投射光可突出室内的大幅壁画、艺术摆设，或利用投射光束作背景衬托展品。

③改变空间感　反光顶棚或发光顶棚可使顶面明亮，给人以空间增高感受，若光色运用恰当还会形成头顶青天之感。同理，利用发光壁有扩大空间感。

④组织室内虚拟空间或小区　在一些多功能厅室里可以运用不同照明方式组合成不同功用的小区。例如，光线柔和的淡雅咖啡座；光束强烈色彩缤纷的表演台；光色和谐而迷人的酒吧等，使大厅功能多而不乱，使各小区各得其所。

⑤渲染室内气氛，强调室内特征　利用艺术顶棚和吸顶灯的结合给大厅增添豪华感；五彩旋转灯给舞厅带来变幻、迷离、激情和富有生气的气氛；用淡雅微暖的漫射光或嵌入式暗灯或散落数处的落地座灯，会给休息室增添安详、宁静和温馨的感受。

(2)特点

①注重灯具本身的装饰性及灯具组合的艺术性。

②重视光的投射方向、光束的分布、光影的形成及造型立体感。

③照度不受标准约束，某些场合需要照度，有时出现低照度，有时还会利用闪烁的眩光来改变气氛。

④光色运用是艺术照明的一大特色。光色与环境色的配合可突出显色特性，光色可增加空间层次，调节室内气氛，改变心理感受，构成幻觉的意境。

设计艺术照明应注意：根据舱室的性质和用途考虑艺术照明；结合舱室装修特点；室内(四周平面和立面、家具、织物等)用色的基调、光色与物色的协调；选一种或二种照明方式为主调(避免繁杂)，在具体手法上多下工夫。

(二)应急照明

当船舶发生海难事故时，往往主电源中断，需提供应急电源供应急设备运转和应急照明。

应急照明包括航行灯、信号灯、通讯灯、机舱;控制站、消防装备处所的照明;通道、梯道、出入口的照明;公共场所及超过 16 人居室的照明;停放救生艇、救生筏场所、登艇甲板、舷外放艇入水处的照明。

关于应急照明,海上人命安全公约和各国规范都有规定,只是在具体要求上有差异。

我国海规要求客船及 500 吨以上货船应设独立的应急电源。应急电源可以是发电机组或蓄电池组。舱室设计更关心的是应急发电机室或蓄电池室的设置问题。

规范规定,客船的上述舱室应急电源应设在防撞舱壁之后,舱壁甲板以上,机舱棚以外的最上层连续甲板上。蓄电池室还应远离生活区。总之,不要因机舱发生火灾或其他事故影响应急供电。在总布置设计中应予注意。

总之,鉴于船舶建筑的特点,在人工照明的设计中应注意以下几点。

(1)研究不同场合人的心理状态,创造与其相适应的宜人气氛,是舱室内人工照明设计中需要解决的一个重要内容。例如在安静、高雅的舱室内就不宜将人工照明搞得光怪陆离,珠光宝气;在该有亲切的地方,不要搞得空旷、呆板,缺乏生活气息。

(2)研究不同舱室的空间条件,可以利用人工照明形成虚拟空间,以增加空间层次,扩大空间感或在大空间内创造出局部令人亲切的光照空间。例如在一般客舱内可以通过一个桌子和一个台灯形成的一个光照空间与整个客舱的分隔来组成一个学习或工作的功能角落,从而丰富了客舱的空间层次。

(3)注意人工照明与室内空间各种环境设计的统一、协调。灯具类型的选择,要注意与空间环境协调。在舱室内是选用吸顶灯、镶嵌灯,还是选用吊灯、壁灯、台灯;是选用白炽灯,还是选用荧光灯,是有一定限制条件的,一定要考虑空间环境和色彩环境的要求,切忌追求形式。例如在不大的餐厅或酒吧间内,如果搞枝形吊灯,必然会使人产生压抑感;而在采用暖色系统的舱室内选用白炽灯,则较易让人接受。

灯具外形的选择,要注意与舱室的主题思想相协调。反映热烈愉快气氛的娱乐舱室,灯具外形变化可以多一些;反映民族特征的舱室,可适当采用民族形式的灯具进行装饰。

灯具的尺寸必须与功能相协调。一般陆上建筑所用灯具尺寸都较大,把它选为船用往往不适合,因此一般建造单位都是依据船舶特点自己设计灯具外形及尺寸,用于装饰室内,效果良好。

灯具的光色应与舱室内色彩的选择相协调。室内是暖色系的,光色就不宜用冷色。光色要作为室内色彩协调的一个重要组成部分参与设计。

(4)充分运用人工照明的光导作用,使不协调的各类舱室向和谐的气氛转换。

(5)充分利用人工照明表现材料质感。一般室内装修时,高反光性能材料的应用可以大大加强室内的热烈气氛。用得较多的高反光性能材料有镜面、抛光不锈钢和铝合金。运用这些材料配合人工照明,一方面可以在有限的空间中扩展空间,另一方面可以利用光面金属材料对光色的反射作用,使室内色彩灿烂夺目。与此同时,舱室内人工照明应该明确地显示家具、设备和各种陈设的轮廓,灯光的角度要有助于体现家具、设备和各种陈设的立体感。

第五节 舱室陈设设计

一、织物

室内织物包括窗帘、床上用品、沙发蒙面、台布、靠垫、地毯、挂毯等。

(一)织物的艺术感染力来自于材料的质感与纹理

毛、麻、棉、丝、人造纤维等不同原材料纺织的织物,其质感有粗糙的、细腻的、挺括的、柔软的;其纹理有曲有直、有正有斜。这些为形成不同的环境气氛创造了十分有利的条件。质地粗糙的,不易反光,看起来阴暗,让人有种逼近感和温暖感;质地细腻的,容易反光,看起来明亮、轻快,有种后退感和凉爽感;对于纹理垂直的条纹可以使空间显高,水平条纹可以是空间显得舒展。

(二)织物的艺术感染力来自于色彩与图案

印染、织花、提花、抽纱、绣花等可以形成丰富多彩的色彩与图案,是增强空间表现力的有效手段;小型的图案显得文静、典雅,可扩大空间感;大型的图案醒目、活泼、抢眼,给人以强烈的印象,但又缩小了空间感;简洁明快的几何图案很容易与现代流行的陈设相协调;动植物的图案则可以体现某种特定的情感,能反映民族特色和风格。

(三)织物的艺术感染力来自于款式与布置方式

如窗帘的悬挂方法及开启后的形态,床单与台布、沙发面的铺法,地毯有挂毯的装点空间,这些对空间环境的都有着强烈的艺术感染力。不同的款式和不同的布置方法其气氛也不同。有的显得自由活泼、热烈愉快,有的显得素静、典雅、别致;有的显得庄重、质朴、大方,有的却显得豪华、富丽、堂皇。例如在某些室内,采用平绒、丝绒等织物作成上下移动的窗帘,地面铺设深色毛料地毯,以锦缎蒙面的沙发陈设,必然显得庄重、豪华。如果有的室内用尼龙或浅色花布做窗帘,淡雅的床单上配之色彩较明亮的枕套点缀,就会充满肃静、文雅的情调,如图 2-9 所示。

二、工艺品

工艺品无论是实用工艺品(塑料制品、艺术灯具、搪瓷制品、竹藤家具)还是装饰工艺品(壁挂、壁画、盆景、刺绣、塑雕、陶瓷),都能美化空间,陶冶精神,是船舶舱室环境设计中不可缺少的部分。工艺品在舱室环境中有以下作用。

(一)烘托高潮区,形成景观点

由于在船舶舱室布局的序列中设置的高潮区往往是人们观赏过程中的视觉焦点处,因此,如果在这里布置许多大型的工艺品,那将成为人们观赏的一个重要部位,就会更加烘托出舱室布局中高潮区的热烈气氛,从而满足人们的心理和精神需求。

(二)调整构图,画龙点睛

为使室内构图完美,当大的布置原则确定以后,在某些部位适当地点缀一些工艺品,可以丰富立面造型,增加空间层次,在统一的环境中显现变化,达到调整构图、画龙点睛的目的。例如淡雅、素静的旅客舱室内,书桌上配置一造型别致、色泽鲜明的台灯,不仅使室内的色调不呆板,而且也丰富了整个台面的外形轮廓,形成空间的虚实对比。

(三)填补空白,充实空间

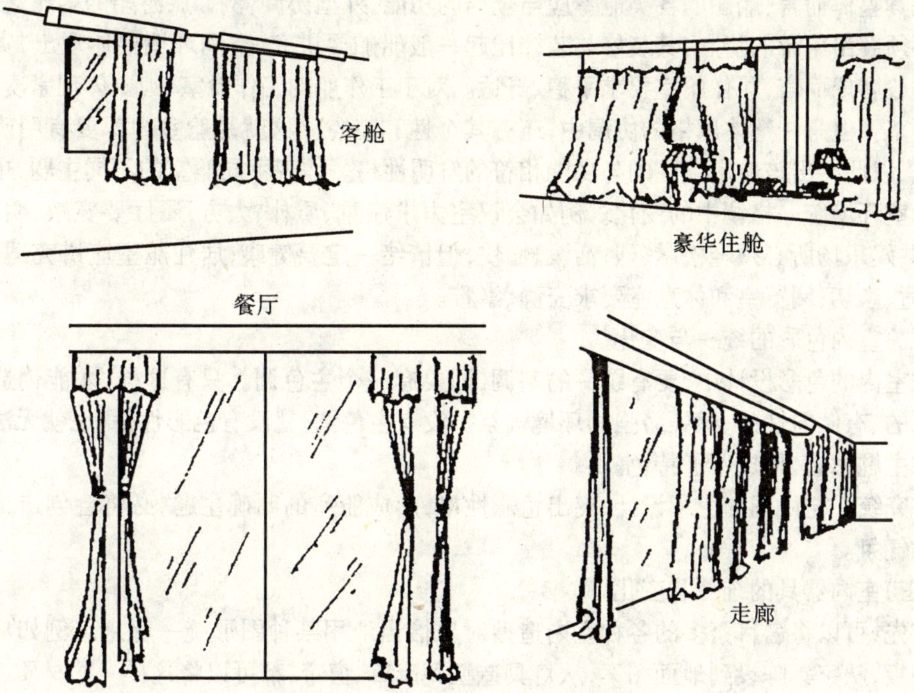

图 2－9　不同地方、不同款式的窗帘

在船舶舱室中，往往有许多空间死角和空白墙面。例如楼梯、走廊的尽头，机舱围壁、客舱床头墙面等等，这些地方有的是暗处，人们视觉难以顾及；有的是空白，显得十分空虚和单调。倘若在这些地方配置一些工艺品，则会使虚面充实，暗处生辉，整个舱室的气氛也会变动生动活泼。

（四）体现民族风格和地方特色

不同的民族和不同的地方均有不同风格、不同特色的工艺品。在舱室内，依据环境要求，妥帖地陈列些书法、国画、盆景、刺绣、牙雕等工艺品，将会大大加强该环境中的我国民族风格和地方特色，使舱室环境更加富于东方民族的特性。在室内设计中，工艺品的使用一定要掌握少而精的原则，切忌信手拈来，随意堆砌。以空间的用途、主题思想为依据，尽力挑选能贴切地反映该船舱室空间特点的工艺品。在摆设时，要讲究质地对比，色彩协调，注意视觉效果。

三、室内环境的统一与变化

船舶舱室是人们活动的主要场所，对于室内环境要考虑诸多因素，如功能方面的要求、空间关系的处理、人们的生理和心理习惯等，这些比室外要求要细致复杂的多。另外，由于室内摆设的家具、器具、小饰品，以及装修和装饰材料的品种十分繁杂，因此在设计中，如果稍不注意就会失之大调，出现罗列堆砌、七拼八凑的现象，形成格调低下的大杂烩。

要想在舱室内创造出统一而有自己特色的环境和气氛，必须注意以下几个方面。

（一）舱室设计的主题思想与总体布局的统一与变化

实质上这是一个局部服从整体，形成统一的格调问题，也就是组成船舶的各个舱室要顺从船舶整体功能所决定的性格、特色的问题。

就其整体而言，船舶的各类舱室应与全船的功能、外型协调，例如旅游船的客舱、公共活动舱必须突出旅游的特点，其装修与装饰比起一般船舶要讲究，空间环境要体现出“宽敞”。对于一般客船而言，居住舱室要求平稳、舒适。对于工作船的工作舱室，则要体现紧凑有序，讲究效率。但是在整体风格的协调中，还有其个性和特点。这就是舱室内部要有明确的主题思想，以此突出该舱室存在的与功能相符的鲜明性格。体现不同舱室的不同主题，也就体现了舱室环境统一格调中的变化。例如会议室力求庄重、质朴、大方；餐厅要宽敞、明亮、整洁；公共娱乐场所必须轻松、热烈、活泼、愉快，但情绪一定要健康；居住舱室应讲究适用、安静、舒适、亲切；阅览室和休息室要求安静、素雅。

（二）室内色彩的统一与变化

在室内的色彩设计中，要有统一的基调，即要有一个主色调。只有这样，才能创造出富有特色的、有倾向性的、感染力强的环境气氛。没有主色调，就没有色彩性格，也就无法突出舱室的主题思想，形成不了特色。

讲究统一与协调的色彩设计，突出色彩性格，形成舱室的明确主题，必将会创造出良好的环境气氛。

（三）室内器具的统一与变化

首先，可以将名目繁多的各种室内造型对象恰当地用某种图形统一起来。例如从门窗到天花板，从家具陈设到地面图案，从灯具造型到床罩、窗帘，都可以将这样一些材质、色彩、功能均不相同的物品统一在某种图形之中。这本身就是异中求同、个性中求共性、变化中求统一的一种方法。像有的舱室采用的是方形的窗、方形的家具和桌椅、方形的灯具；有的则采用圆形或多边形的，从而以某种基本图形形成该室造型的基本格调。

其次，部分室内造型对象也可以用同一种材质组成，以达到用同一材质统一室内器具形成独特风格的目的。

最后，室内环境的装修设施应该繁简适度，各舱室要大体一致，否则也不会协调。一般来说，人们现在较偏向于喜爱简洁明快，这是因为人们进入了大工业生产的时代，社会讲究效率和速度，人们追求的是空间、色彩、质感在运动中的大效果和整体概念。对于那些繁杂、琐碎的布置和装饰倒不显得那么热心。

综上所述，装饰就是在物体表面进行美观的附加处理。广义地讲，舱室内装是通过工艺技术直接处理材料的一种劳动，包括对家具和纺织物的形状、比例、色彩、机理等要素进行工艺处理。

装饰表面的物质形式（或称构成形式）有雕饰、涂饰、镶饰三种。根据不同的对象，运用这些方法创造视觉形象。

表现视觉形象主要有形、色、质三个方面，而形的构成有点饰、线饰、面饰等。点饰用以表现焦点，突出主题，如室内的装饰画、标志和主要的照明灯具。点的装饰效果给人以强刺激，形成视觉的中心。这种装饰在同一个房间不可过多，否则便没有中心，杂乱而不协调。采用较多的是用线作装饰，如金属镶边、丝织物皱折和纹理的运用，能形成舱室内部的动静效果和情调，家具轮廓的曲线形和直线形给人的时代感是完全不同的。现代风格的室内装饰讲求简洁、明快的直线，而传统仿古的风格，则以曲线条的装饰为更准确。面的装饰效果烘托出具体舱室的气氛和主体风格。

舱室内部家具装饰用表面有纹理的材料比表面光滑的材料效果更好。墙壁的装饰、沙发的表面及众多的纺织物表面,都是通过表面的纹理来树立风格形象的。例如舱壁采用大面积光滑表面给人的感觉是刺激太强,感觉抵挡,容易污染;有一定机理构成的各个装饰板、纸,表现柔和、舒适、高雅。又如仿皮、绒布和有本文机理的家具表面比用生硬的横竖线条要自然、亲切、有生气。为避免粗糙的表面给人沉闷、迟钝的感觉,可通过镶边、雕饰手法,利用线的变化来改变形象。材料的透光性有特殊的装饰效果。这是因为采用透明材料隔断实际空间,并不阻断光线和视线,舱室内的某些造型用透明或半透明的玻璃隔断,带来的是一种轻松和明快的感觉。半透明的灯罩、透明的雕塑等对视线无界限、无约束,同时产生保持内部的珍惜感。如果将透明材料与彩色光线配合运用,能表现出一种变幻莫测、诱导探索的视觉感。

选用材料与船舶整体造型效果有着密不可分的关系。材料选配应注意的方面如表 2-2 所示。

表 2-2 材料与造型效果

注意事项	要点
相称	同舱室造型的整体性质相称,如大厅内家具应选用质地光滑、流畅、光洁的面料
对比	粗糙度、光亮度、透明度的对比及层次和节奏
经济	用尽可能低的费用获取尽可能美好的视觉效果
新颖	满足人们对新事物的追求,不断发掘和创新

艺术装饰有特殊的作用,不同的形式与内容起到补充、填空、活跃气氛、烘托主题、形成视觉焦点、表现主体风格等多种作用。客船的休息室、观景室、娱乐厅和餐厅装饰的大型壁画要体现民族的风格,适应厅堂的主题。灯具、卫生器具、装饰小五金的造型都是影响整体造型效果的要素,其尺度要与舱室的尺度协调,不能过大,以消除狭小感。

船舶舱室内部环境设计是一个复杂的综合设计,考虑的因素多,与结构、性能工艺都有密切的关系。它不仅美化外表,而且是艺术、技术相结合的统一体。

第六节 船用家具设计

一、人体工程与家具尺寸的关系

人体工程学是运用现代科学的测试手段,对人体的尺寸、姿态、动作、运动能力、人体生理机能、心理效应等进行精密的测试分析,使制造的产品、生活设施及工作环境、起居条件与人体功能相适应的科学。

(一)人体工程基本要素

人体的尺度与动作域为人体功能的基本要素,与周围的环境和设施有直接的关系。

(二)人体基本要素与家具尺度的关系

家具的尺度主要取决于人体的尺度以及人在使用家具时的动作域及舒适度,同时还取决于舱室空间的大小及舱室的功能,因此家具在满足使用功能的同时应与舱室空间组成协调统一的整体。

二、船用家具的分类和特点

(一)船用家具的分类

1.按使用功能分类

坐卧类家具:凳、椅、沙发、床等;

凭倚类家具:各种几、桌、台等;

储存类家具:橱、柜、架等。

2.按构造方式分类

框架式家具:以框架为支撑构件的家具,其典型形式为榫头连接的家具;

板式家具:用板架制作的家具;

可拆装式家具:组成家具的各部件的连接面可拆装的家具。这种家具特别适合船舶上通道较窄的处所使用。

3.按组成形式分类

单体家具:单体造型完整的家具;

组合家具:按一定模数系列,由一些标准件或单元家具组合而成的家具;

固定家具:指利用室内局部不规则的围壁结构而构成的家具,使家具和结构混为一体。这种家具特别适合船舶舱室空间小、形状不规则的处所使用。

(二)船用家具的特点

船用家具与一般陆用家具相比,虽然使用功能大致相同,但有许多不同于陆用家具的要求,这是由船舶的特殊性所决定的。

1.船用家具除特殊要求外,一般采用固定形式。不同形式的家具分别固定在围壁和甲板上,以防止家具在船舶航行中移动。

2.考虑到船舶航行中的安全性,家具靠近通道处的角一般采用圆角型,床沿设防浪挡板,椅凳下面设防浪钩。

3.当家具采用管材制作时,则不可有任何开口存在,以防害虫进入。

4.当设有上、下铺时,应在上铺的下放设防尘板。

5.除特殊要求外,家具底脚一般采用围槛式,以防垃圾进入不易清除。

6.由于一般船舶舱室面积不大,高度较低,因此应十分注意家具尺寸的选择,已使家具的构成与整体空间协调一致。

7.随着船舶防火要求的不断提高,采用不燃材料制作的船用家具已经得到越来越多的使用,并将成为船用家具的发展方向。

三、船用家具的类型与规格

船用家具的规格、种类很多,因船舶的规格和类型不同,以及舱室使用功能的不同,对其要求也不同。对有特殊要求的还需要特别设计。下面介绍几种常用船用家具的类型与规格。

(一)床

船用床按形式可分为单人床及双人床。

单人床的形式如图 2-10 所示,其长度 L 通常为 2 000 mm;宽度 B 可按需要确定,常用的有 750 mm,800 mm,900 mm,1 000 mm,1 200 mm,1 400 mm 等。双层木床如图 2-11 所示,常用的规格为 1 950×750 及 2 000×800($L\times B$,单位 mm×mm)。

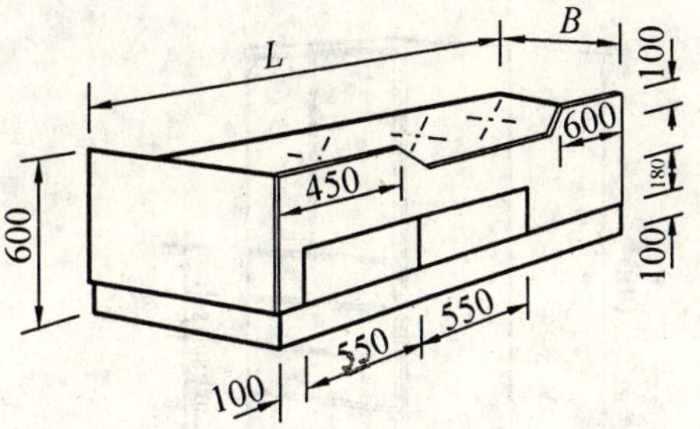

图 2－10　单人木床基本形式

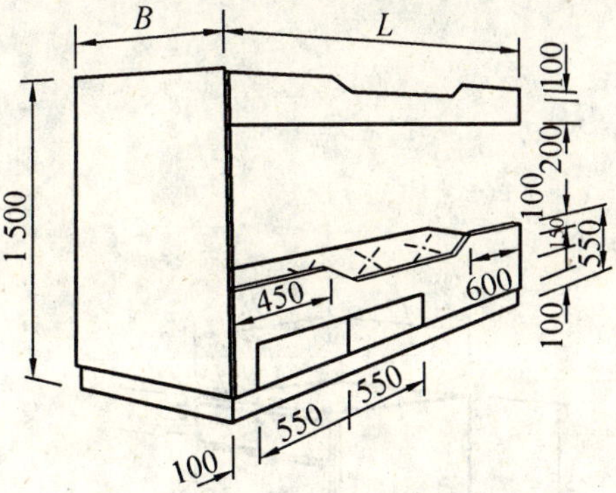

图 2－11　双层木床基本形式

小型船舶床的设置经常受到船体型线的影响，为了顺应船体型线的变化，床的形状可能是平行四边形，甚至是梯形；双层床的上、下床不必对齐，呈错开布置，但床的基本尺寸仍可参照上述木床的尺寸。

(二)几、桌、台

船用的茶几、餐桌、书桌和海图桌的形式很多，图 2－12～2－15 所示为典型的形式，船舶可根据需要确定这些家具的形式和尺寸。

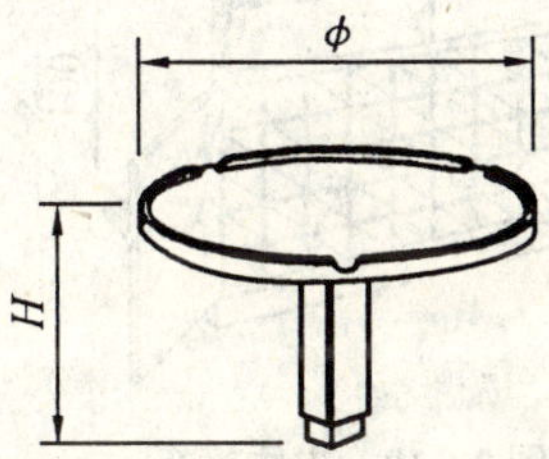

图 2－12　木质圆茶几或圆餐桌

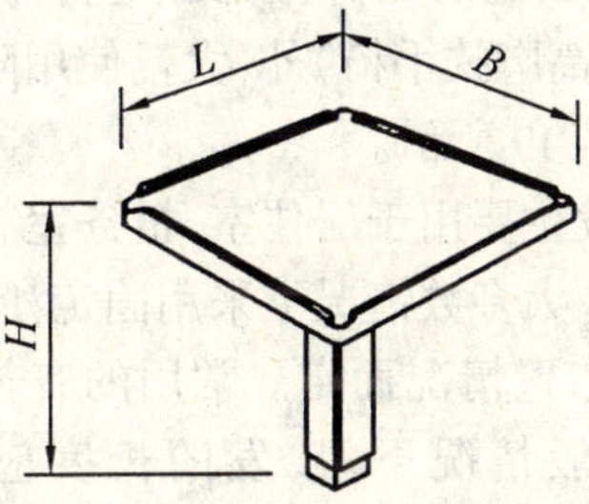

图 2－13　木质方茶几或方餐桌

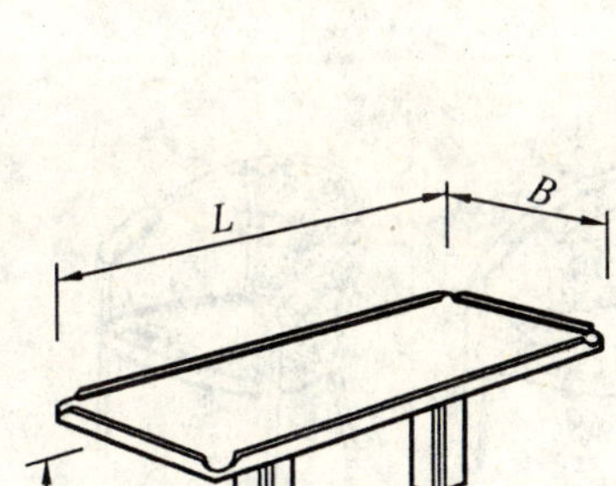

图 2－14　木质双柱矩形茶几或餐桌

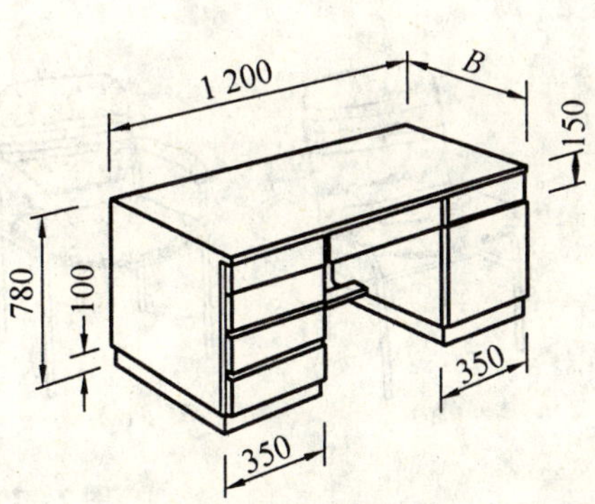

图 2－15　双墩书桌

(三)橱、柜、架

船用的衣橱、床头柜、物品柜、文件柜、医药柜、书架、旗箱、污衣柜等家具的形式繁多，图 2－16～2－18 所示为典型的形式。

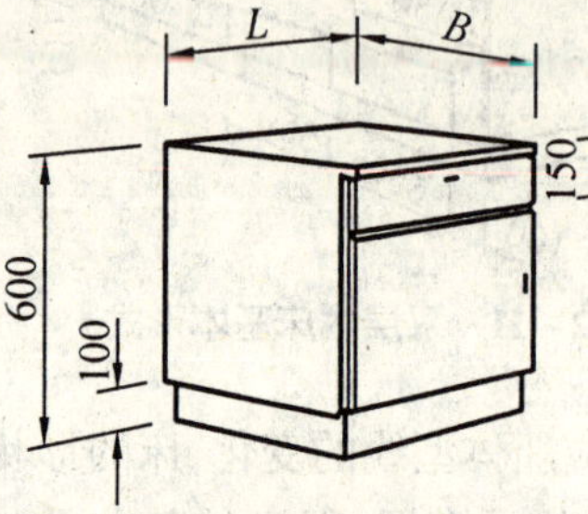

图 2-16 床头柜

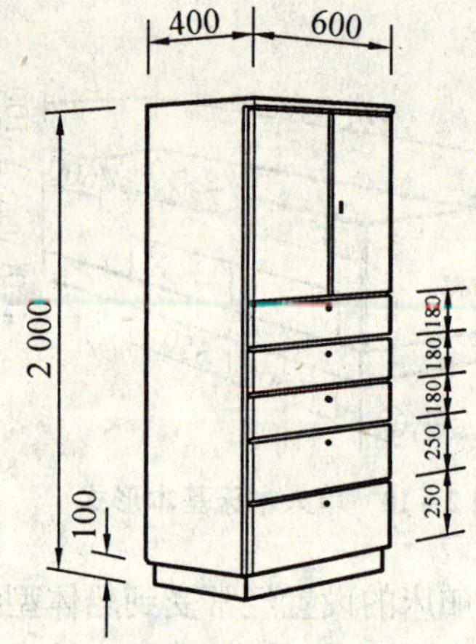

图 2-17 物品柜

(四)凳、椅、沙发

船用凳、椅的种类和形式很多,但是按其安装的方式可分为固定式和移动式。实际上在当今的民用船上,除了固定的凳、椅以及某些特殊用途的椅子(如驾驶室高脚扶手椅)外,大量使用陆用的各类椅子,如图 2-19 所示。

船上的沙发主要用于居住室、报务室、休息室、娱乐室等处所。大多数情况下采用固定沙发,其形式和尺寸依据布置情况而定。常用的有长沙发和转角沙发。一般情况下,沙发的长度应不小于 1 800 mm,宽度为 500~700 mm。图 2-20 所示为典型靠壁转角沙发。

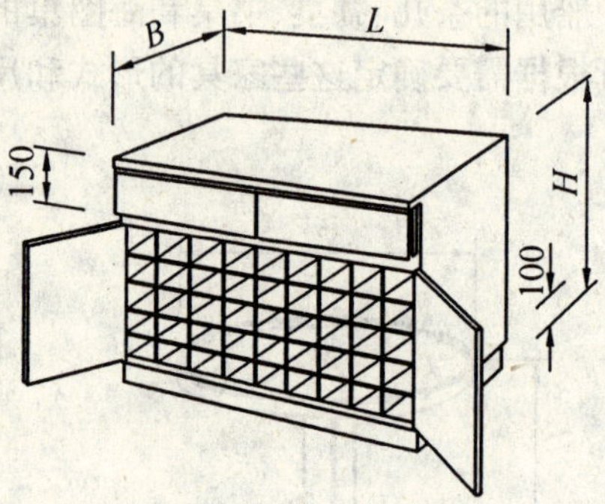

图 2-18 木质旗箱

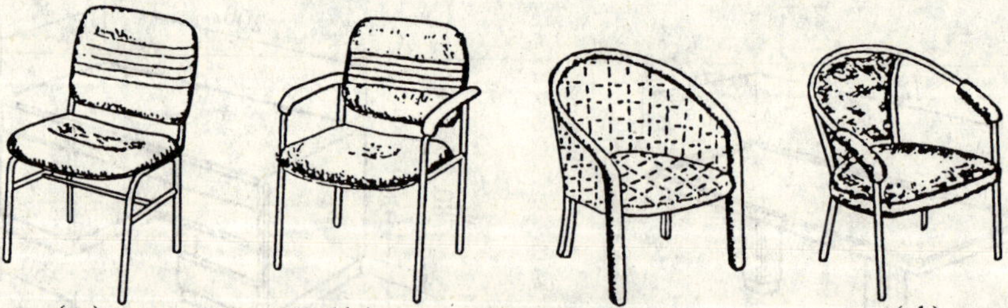

(a) (b) (c) (d)

图 2-19 靠背椅

(a)普通靠背椅;(b)带扶手靠背椅;(c)木质圈椅;(d)金属圈椅

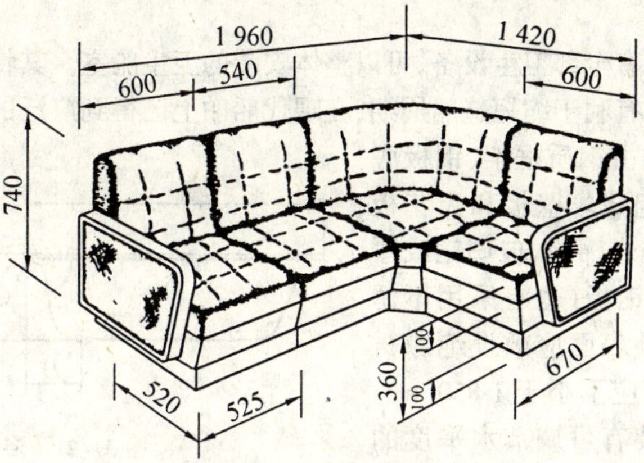

图 2-20 典型靠壁转角沙发

四、船用家具的材料

传统的船用家具材料主要以木材为主，由于船舶舱室防火要求不断提高及材料工业的发展，有不少新型材料在船舶上得到了应用。现在船舶家具主要以木材、钢材为主，根据特殊要求也使用一些铝合金材料及复合材料。

(一)木材

用于家具的木材可分为同质木材和非同质木材。

作为同质木材的木料有樟木、柚木、南柳、水曲柳等，这些木料用来制造家具具有质地好、强度高、纹理自然清晰，有较好的装饰性等特点，但价格昂贵，加工工艺复杂。

非同质木材通常指那些用一般性木材通过机械加工制成的板材，即机制板，如胶合板、刨花板、中密度板、细木工板等。这些木料用来制造家具具有成型好、变形小、制作方便、价格便宜等特点，但使用寿命短，材料表面装饰性差。

(二)金属材料

用于家具的金属材料主要有钢材和铝合金材料。根据家具造型式样的不同所采用的材料形式可分为板材和管材两种。

常用的钢材为 Q235 - A 和 Q235 - AF(GB700 - 88)。钢材用来制造家具具有防火性能好、结构强度高、不易损坏等特点，但质量大，装饰性差。

铝合金常用的板材为 LF5(GB3190 - 82)，管材为 LY12(GB3190 - 82)。铝材用来制造家具具有质量小、耐腐蚀、防火性能好等特点，但价格昂贵，加工工艺比钢质复杂。

(三)复合板材

复合板材是指两种或两种以上不同材料通过不同的物理加工形式而复合在一起的材料。常见的复合形式有黏贴和喷涂两种形式，如金属板表面贴塑及喷涂，胶合板表面黏三聚氰胺装饰板。

贴塑钢板、贴塑铝板、彩涂钢板、装饰胶合板都是船用家具常用的复合材料，其特点是提高基材的装饰性，省去了产品最后一道表面处理工序，但加工工艺比一般材料复杂。

五、船用卫生单元

卫生单元乃是具有全部卫生设备,可以整体安装的卫生舱室。其特点是整体性强,封闭性好,安装方便,从而有利于缩短造船周期,在现代船舶上已得到广泛的使用。

卫生单元的结构由钢质框架、钢板底盘及壁板和天花板组成。壁板和天花板的材料常用的有复合岩棉板、玻璃钢或厚度不小于 1.5 mm 的钢板(也有采用不锈钢薄板),但钢板的外表面应敷设绝缘材料。卫生单元的净高应不小于 1 850 mm。卫生单元下端四角装有可调节水平度的底角螺栓,并与船用的甲板焊接固定,上端四角装有可拆卸的吊环螺栓。卫生单元设有电缆、冷热进水管接口以及粪便、污水排放口,同船舶相应的电缆和管路接通。

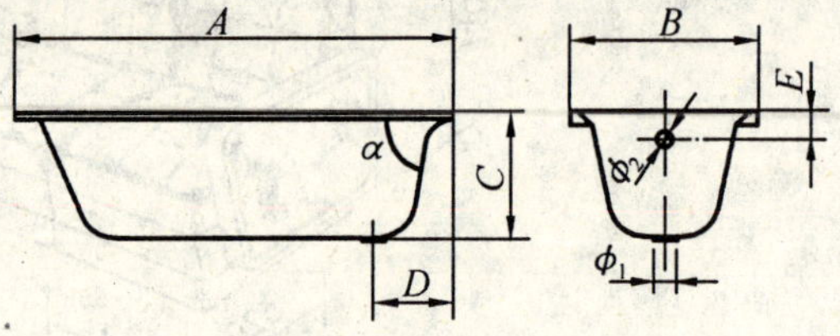

图 3-21 浴 缸

除非船东提出要求,一般船舶很少配置浴缸,但在客船上,高级的客舱卫生间可配置浴缸。在大型海洋调查船舶及工程作业船舶上,病人专用的卫生间应配置浴缸。浴缸的形式见图 2-21。浴缸的材料为铸铁、搪瓷或玻璃钢等。

第三章　船舶结构防火的基本概念

第一节　船舶火灾概论

船舶无论在港口或在海上航行，无论在营运还是在修理中都会发生火灾，随着世界商船总吨位增大、单船吨位的增大及自动化程度的提高，火灾的危险也随之增大。船舶火灾已给现代运输和海上人命安全带来了威胁，因此引起国际海事及各国主管当局严重关切。

一、船舶火灾的特点

船舶无论在港口还是在海上航行发生火灾危险性都很大，而尤以在海上航行中为烈。船舶火灾不同于陆上火灾，其特点可归结如下。

(一)难以扑救

船舶火灾的扑救远比陆地困难。尤其是在海上航行中发生的火灾，不易得到别的船救助；有时虽有邻船，由于风大和火焰的炙烤，使邻船难以靠拢，难以实施有效的救助。因此，船舶火灾从根本上讲主要应依靠船本身的力量来加以施救，船舶上灭火系统的设计正是基于这样一个单一的火灾理论。火灾开始时总是在机舱、货舱或上层建筑的某一个区域发生，只要不失时机地扑救得当，一般情况下依靠自身的灭火设施是完全可以把火扑灭的。反之，局部火灾蔓延成了全船大火，那就很难依靠本身的力量加以扑救。这里突出的问题是如何保证机舱、货舱和上层建筑的火灾不互相蔓延，这对控制火势和扑救是至关重要的。

船舶火灾难以扑救还由于船舶通道狭小，货物密集，人员难以施展；在通道被火阻断时，很难从几个方向上接近现场施救。同时，由于火灾形成的浓烟和热辐射、热对流，也往往使扑救人员无法靠近。

另外，船上的灭火剂一旦施放完毕就无法补充，不像在陆上可以得到各方面的支援而及时得到补充。

难以扑救的特点决定了船舶火灾具有更大的危险性。

(二)损失大

船舶的特点之一是货物密集，因此价值昂贵。以近几年我国船舶发生的火灾情况看，两艘远洋船的爆炸沉没，损失过 1 400 万元，这些都是特大火灾的例子，至于损失在几十万元的重大火灾就更多了。由船舶火灾引起的损失之重大，陆上建筑或仓库远远不能相比。

(三)危害大

从上述介绍可以看出，船舶火灾由于难以扑救，损失大，危害大，势必给国家财产和人民生命带来严重的危害。一艘船舶的重大火灾，不仅造成数百万的经济损失，还可能使几十人丧生，甚至堵塞航道，污染海洋。

正是这些严重的后果和巨大危害，使得各国都十分重视海上运输安全，采取一些有效措施，使火灾艘数以及经济损失都大大降低，这成为造船者、航行者所共同面临的任务。

二、船舶火灾的原因

不同类型的船舶火灾原因、起火时间、燃烧物质是不同的。就以货船为例分析一下船舶火灾的原因。

1.随着船龄增长,火灾危险增大。一方面电线老化,绝缘电阻明显下降,容易引起过载或短路;另一方面由于设备(电的或机械的)故障;第三方面的原因在于船舶建造时《安全公约》对消防的要求比较低,甚至有些消防措施考虑不周。

2.商船中,货船的火灾艘数最多。一方面由于货船在整个商船中所占比例高,数量大;另一方面,至《74 年安全公约》生效前,货船的消防要求一直很低,远低于客船、油船。

3.随着商船吨位增加,火灾危险增大,要特别注意大吨位船舶的消防措施。

4.火灾多数发生在海上,而且又大部分在夜间,这给扑救带来困难。

5.从船舶火灾艘数可以发现,发生在起居处所的火灾最多,其次是机舱和货舱,如果这些处所的火灾无法控制,将蔓延成全船大火。这些处所起火的原因如下。

(1)在起居和服务处所等处

吸烟者乱丢未熄灭的烟头是造成起居处所和服务处所失火的主要原因。

由于电气短路或使用电气设备不当也是引起火灾的重要原因。

在厨房内使用油灶不当引起火灾的事例也不少。

(2)在货舱内

装卸货时吸烟是引起火灾的主要原因。

对于可能自燃的物品,由于通风不良,舱内闷热或受潮,将导致自燃。

装卸遇水能起化学反映的物品,在货物包装破损又遇水时也会起火。

对于滚装船,因货舱通风不良,造成油气积聚,遇到电气故障或其他火花则可能引起爆炸。

在港修理冷藏货舱,因热工作业(如电焊、气割)的高温点燃了绝缘物而起火。

(3)在机舱内

机舱内由于燃油及润滑油等可燃液体的存在,且设有锅炉、发动机及电机等设备,还有排气管及过热蒸汽等灼热表面,同时因修理等的需要在机舱内进行热工作业,因此火灾危险较大,所占比例较高。

在港装油时,由于机舱双层底油舱测量管口自闭旋塞失灵,管口在开启情况下加油,油溢溅出至排气管及过热蒸汽管未绝缘或绝缘损坏的表面,从而引起火灾。这种情况也为数不少。

对燃油锅炉应特别注意锅炉油头的漏油问题,由于油头漏油,锅炉熄灭后燃油将慢慢漏入炉膛,由于炉膛内的高温使燃油汽化,点火时如果前扫气不够致使点火引爆,甚至引起火灾。

主、辅机运转中,燃油润、滑油管破裂或接头泄漏等原因溅落至排气管等热的表面而引起火灾。

电气设备过载,电缆绝缘老化也会引起火灾。

6.从引起燃烧的物质分析,最多的还是上层建筑内部的构造材料。

从上述分析和实例看,船舶火灾多数发生在海上又在夜间,增加了扑救困难。要解决这个问题,行之有效的办法有以下两个方面。

第一,提高货船的消防措施,即广泛采用耐火材料,将上层建筑、机舱和货舱相互隔离开来,按国际公约的有关要求,具体落实消防措施。

第二,要加强船员尤其是船长及负责船员的防火教育和训练,把火灾隐患消灭在萌芽之中。

三、防火规范的演变

主要介绍与船舶有关的现行各种防火规范及其应用。防火规范是维护船舶安全的最低要求,是船舶防火设计的主要依据。

一部防火规范反映了世界各国防火材料、灭火设备、火灾规律性以及扑救技术的研究和发展,尤其是反映了人们对维护海上人命和财产安全重要性的认识及其所采取的对策。同时也反映人们对客观世界认识的进步和发展,许多措施也是从火灾分析的基础上提出来的。总之,防火规范是人们对海上人命安全和船舶防火重要性、规律性的认识,是指导人们维护海上人命安全的基本原则,也是各国和各主管机关监督防火安全的基本法规。

国际海上人命安全公约是各国均应遵循的防火规范,许多国家如英国、日本、美国、德国、挪威、前苏联和我国均制订了船舶防火规范,成为《钢质海船入级与建造规范》的重要组成部分。各国防火规范都达到国际海上人命安全公约所规定的水平,有些国家则略有超出。

国际海事组织从制订《1914 年国际海上人命安全公约》(以下简称《14 年安全公约》)到《1974 年安全公约修正案》,其间经历了大约 70 年时间。中间分别出现过《1948 年国际海上人命安全公约》、(以下简称《48 年安全公约》)、《1960 年国际海上人命安全公约》(以下简称《60 年安全公约》)和《74 年安全公约》。现行的安全公约为《74 年安全公约修正案》,已于 1984 年 9 月 1 日生效,从《14 年安全公约》起,每部安全公约都有其重要的组成部分——消防(防火、探火和灭火)。就防火部分而言,安全公约的主要演变过程如下。

1.《14 年安全公约》、《48 年安全公约》曾对载客超过 36 人的客船提出结构防火的规定。

2.《60 年安全公约》完善了载客超过 36 人客船的结构防火规定,并将结构防火的规定扩大到载客不超过 36 人客船、货船和油船的一部分区域,如规定机舱围壁、走廊舱壁等部位应设置耐火分隔;对客船所用的甲板基层敷料提出了不易着火的要求。

3.《74 年安全公约》对客船、货船和油船的结构防火规定较《60 年安全公约》又有所提高,油船的结构防火增加了新的内容,且将采用不易着火的甲板基层敷料的要求扩大到货船施加保护。

4.《74 年安全公约修正案》除了进一步完善客船的结构防火规定外,对货船、油船的结构防火也作了较大的补充,增加了新的内容。该修正案对货船首次要求对“起居处所和服务处所”施加保护。

上述防火规范的演变,仅仅是从结构防火的规定上讲的。总的是关于结构防火的要求,后一个安全公约要高于前一个,并且也更加合理,今后仍有提高的趋势。至于船舶在探火和灭火方面的规定,以及通风、油类布置、油船货油舱的保护等规定也是逐步完善并更趋合理的。这些都反映了国际海事组织以及各国主管当局对维护海上人命安全的重视。今后随着现代消防科学的发展和人们对于船舶火灾成因及扑救的认识的深化会日臻完善,必将能更有效地维护海上人命安全和现代运输安全。

四、一般防火措施

船舶防火措施分一般防火措施与结构防火措施，一般防火措施涉及许多安全管理内容。

营运中的船舶搞好防火，关键在于船员。船员不仅要维护各种耐火结构、灭火设备及设施，还要建立一套行之有效的消防管理和训练制度，建立岗位责任制，使船员熟知各项消防设施的作用和功能，以便当火灾发生时正确地运用这些设施去迅速控制火灾和扑灭火灾。一般防火措施主要涉及燃油、润滑油和其他油类的油舱布置，以及通风控制、热源控制等。

第二节 船舶结构防火措施

一、防火基本原则

（一）问题的提出

由于世界商船艘数和总吨位的大幅度上升，尤其船舶自动化程度的提高及大吨位船舶的出现，以及危险货物运输量的增加，火灾危险确实增大了，严重的火灾威胁着海上人命安全。本章第一节主要叙述了货船的火灾，并且说明了结构防火是船舶防火的成功经验。对于这一经验的取得，各国都付出了巨大的代价，目前和今后也试图继续努力，将结构防火从不燃材料本身到防火的设计以及分隔完整性的维持进一步完善起来。

我国船用防火材料的科研和生产起步大约在20世纪70年代，比发达国家晚了一二十年，因此耐火材料不仅品种单一，数量缺乏，而且在性能方面距船用要求也有较大的差距。这种现状，远不能适应造船工业发展的需要。近几年来，我国建造了一批数量可观的远洋船以及出口船，为使这类船舶符合现行安全公约的要求，广大造船工作者迫切希望有关方面就防火材料的研究和应用及时对安全公约、规范结构防火规定的理解和执行提供帮助。因此本书作者也试图在这方面做出努力，使之有助于促进国内防火材料的研究和生产，有助于人们了解船用各种防火材料的技术要求和试验规则，有助于正确理解和执行安全公约和规范，从而设计和建造出具有高水平防火能力的船舶。

（二）船舶结构的防火基本原则

船舶作为海上建筑物，为了预防和抑制火灾，需从防火、探火和灭火三个方面采取措施，构成了完整的船舶消防体系。防火的措施很多，所谓结构防火则是根据船舶的类型和所涉及的潜在的火灾危险，有效地防止火灾的发生和在一定时间内扼止火灾的蔓延所采取的措施。

《74年安全公约修正案》在船舶消防方面提出了完整的文本，并将下列各点作为实施船舶防火、探火和灭火达到最充分、可行程度高的基本原则：

1.用耐热与结构性限界面，将船舶分为若干主竖区；

2.用耐热与结构性限界面，将起居处所与船舶其他处所隔开；

3.限制使用可燃材料；

4.探知火源区域内的任何火灾；

5.抑制和扑灭火源处所内的任何火灾；

6.保护脱险通道和灭火出入口；

7.灭火设备的即刻使用性；

8.易燃货物蒸气着火的可能性减至最低限度；

9.在有各种开口(如门、窗)和贯穿件(如各种管系、电缆)的情况下，有效地保持耐火分隔的完整性。

现将上述各点简述如下：

(1)主竖区的划分

船舶因航行安全、防火安全的需要，常分为若干主竖区。作为主竖区的限界面舱壁，既是钢结构又应耐热。钢结构是承受载荷、保证强度的需要，耐热绝缘能延长钢结构在火灾条件下的支撑能力。通常情况下，不隔热的钢结构(即不耐热的钢结构)在常温下具有较强的支撑能力，但这种钢结构不能承受火灾时火焰和高热的炙烤，可能在5~10 min之内就会严重变形，最终很快失去结构强度；反之，经过隔热的钢结构，可能在火灾条件下的支持时间延长若干倍，由于结构和隔热的形式不同，耐热结构在火灾中有的支撑30~60 min，有的可支持1~2 h。由此可看出，隔热材料对提高钢结构支撑能力的作用和重要性。

按规范规定，主竖区的水平最大长度不应超过40 m，据这一规定，视船舶尺度不同，主竖区有一至多个。

主竖区的限界面采用了耐热的钢结构后，就能在一定的时间内发挥阻火隔热的作用，阻止火焰蔓延，这对赢得时间，控制和扑救火灾具有明显的作用。

(2)将起居处所与其他处所隔开

船舶处所一般可分为三类，即起居处所、机器处所及装货处所，三种处所的失火危险程度各不相同。用隔热及结构限界面将起居处所与船舶其他处所隔开，一方面能在一定时间内阻止火焰从一个区域向另一个区域蔓延，防止在短时间内酿成全船大火；另一方面，防止其他处所的火焰蔓延到起居处所对人员造成危害。总之，将起居处所与其他处所隔开，既阻止了火焰的蔓延，又能形成对人员的安全保护。有时，起居处所失火，只要火焰不向机器处所蔓延，那么起居处所灭火所需的消防水的供应就能得到保证。

(3)可燃材料的限制使用

在起居处所内，因为舱室隔热、隔声以及表面装饰的需要，必须设置内装材料。传统的做法是采用大量的可燃材料，如胶合板、刨花板及泡沫塑料等，这些材料的采用，对于舱室的隔热、隔声以及提高舱室的美观无疑是有效的，但同时却增加了舱室的火灾危险性。因为所采用的此类材料以及舱室内的家具、纺织品和各种外露表面的油漆、清漆、饰面材料等，在火灾时的高热情况下会产生有害气体以及所生成的浓烟都对人命安全产生威胁。根据美国国家消防协会的统计，死于火灾的人，其中62%以上由于烟气中毒，真正被烧死的仅占26%左右。可见改革传统的舾装材料，严格限制可燃材料，广泛采用不燃材料，对维护人员安全是很重要的。另外从燃烧的三要素看，限制可燃材料本身就能抑制燃烧的发生。

(4)探火设备的应用

船舶总不可能绝对地完全不发生火灾，一旦发生火灾，如能尽早发现，对扑救和控制火灾都有利。消防行业流传的“报警早，损失小”就是这个道理。火警刚起，火灾尚处于起始阶段扑灭当然要容易得多。所谓探火，就是采用一种能发现火灾的征兆(如烟、热的气流或其他因素)的自动化设备，一旦出现这种征兆，它就能发出警报，以呼唤人员采取施救措施。探火设备要选置得当(主要依据所保护处所内的可燃物的特点)，并按安全公约的要求进行设计和安装。

(5)灭火设备即刻使用

一旦出现火情,能否使灭火设备即刻使用是至关重要的。有时,明明一点小火,由于处置不当或灭火设备不能即刻投入使用,结果延误了战机,造成不应有的损失,这种例子并很多。船上的灭火设备分移动式和固定式两类,前者施救初起小火,后者扑救达到一定规模的火灾。无论何种消防设置,它们的使用都不能错过战机,一旦失去了主动权,后果将很难预料。无论何种情况,千万不能使灭火设备成为虚设,平时要勤检查保养,一旦要用,确保即刻可用。

(6)通道的保护

船舶通道有两种,一种是平时供人员使用的出入通道,火灾时用作脱险通道,另一种则为专用的灭火出入口。前者用于人员的安全撤离,为了让逃生者能抵达安全处所,应将通道设计成不致被火灾阻断,且使逃生者通过最短的距离抵达安全处所,同时在撤离过程中能获得必要的保护。后者主要供从事灭火的人员抵达灭火场所,并在必要时安全撤离,这种通道也应具有不被火灾切断之要求。

以上几个方面,虽侧重点不同,但都从防火、探火和灭火方面体现了上述基本原则,本书主要围绕防火有关的问题进行阐述,这也是整个船舶消防的基础,体现了以防为主的指导思想。至于探火和灭火问题与本书关系不甚密切,所以不在这里展开叙述。

二、船舶耐火分隔的定义

(一)关于船舶种类的定义

1.客船　指载客超过12人的船舶。除下列人员外均为乘客:

(1)船长和船员,或在船上以任何职位从事或参加该船业务的其他人员;

(2)1周岁以下的儿童。

2.货船　指非客船的任何船舶。

3.液货船　指建造成或改装成适合于载运散货易燃液体货物的船舶。

(二)关于耐火分隔的定义

1.不燃材料　指加热至约750 ℃时,既不燃烧,也不放出足量能自燃的易燃蒸气的材料。这是按照《耐火实验程序规则》确定的。任何其他材料均为可燃材料。

2.标准耐火实验　指将需要实验的舱壁或甲板的试样置于试验炉内,加温到大致相当于标准时间—温度曲线的一种试验。试验应按照《耐火试验程序规则》规定的方法进行。

标准时间—温度曲线指下式定义的时间—温度曲线:

$$T = 345\lg(8t + l) + 20$$

式中　T——平均炉温,℃;

t——时间,min。

3.A级分隔　指由符合下列要求的舱壁与甲板、天花板、衬板所组成的分隔:

(1)它们应以钢或其他等效的材料制造;

(2)它们应有适当的防挠加强;

(3)它们应用经认可的不燃材料隔热,使在下列时间内,其背火一面的平均温度,较原始温度增高不超过140 ℃,且在包括任何接头在内的任何一点的温度,较原始温度增高不超过180 ℃:

A-60级　　60 min

A-30级　　30 min

A－15级　　15 min

A－0级　　0 min

(4)它们的构造应在1h的标准耐火试验至结束时能防止烟及火焰通过。

4.B级分隔　指由符合下列要求的舱壁、甲板、天花板或衬板所组成的分隔：

(1)它们应以认可的不燃材料制成，制造和装配中B级分隔所用的一切材料均为不燃材料，但是并不排除可燃装饰镶片的使用，只要这些材料符合有关的要求。

(2)它们应具有这样的隔热值，使在下列时间内，其背火一面平均温度，较原始温度增高不超过140 ℃，且在包括任何接头在内的任何一点温度，较原始温度增高不超过225 ℃：

B－15级　　15 min

B－0级　　0 min

(3)它们的构造应在最初半小时的标准耐火试验结束时，能防止火焰通过。

5.C级分隔　指应以认可的不燃材料制成，它们不必满足有关烟和火焰通过，以及限制升温的要求，允许使用可燃装饰镶片，只要这些材料符合有关的要求。

6.连续B级天花板或衬板　指只终止于A级或B级分隔处的B级天花板或衬板。

7.钢或其他等效材料　指凡遇到“钢或其他等效材料”的字样。“等效材料”指任何不燃材料本身或由于设置隔热保护，经过标准耐火试验规范的相应曝火时间后，在结构性和完整性上与钢具有等效性能的材料，例如设有适当隔热材料的铝合金。

8.低播焰性　指所述表面能有效地限制火焰的蔓延，这是按照《耐火试验程序规则》规定确定的。

三、世界上各类船舶结构防火措施

(一)客船的结构防火

1.防火区域的划分和耐火分隔

36人以上的国际客船，其船体、上层建筑和甲板室应以A－60级分隔划分成若干个主竖区，如在主竖区分隔一侧的处所为开敞甲板、卫生间及类似处所、极少或没有失火危险的舱(柜)、空舱及辅机处所或在主竖区两侧均为燃油舱，则该主竖区限界面可降低为A－0级分隔。

36人及以下的国际客船或500人及以上的国内客船，其用作起居处所、服务处所的船体、上层建筑和甲板室应以A级分隔分成若干个主竖区。

载客人数少于500人或航行时间不超过4 h，且未设置卧席的国内客船不要求设置主竖区。

每一主竖区在任一层甲板上的平均长度不超过40 m，如为了使主竖区一般的端壁与水密分舱舱壁相一致，或者为了提供一个大型公共处所，允许将主竖区的长度和宽度放宽至48 m，但任一层甲板上主竖区的面积不得大于1 600 m^2。

对于为特殊用途而设计的船舶，若设置主竖区舱壁将影响到船舶的预定用途时，可设置水平区作为等效措施。此种水平区限界面的耐火等级应与相应船舶主竖区的耐火等级相同。规范允许每一水平区在高度不超过10 m的前提下，包括多于一层甲板的若干个特种处所。对于其他滚装处所，也可以参照这一原则设置水平区。

除了上述主竖区和水平区界限面外，客船上的其他舱壁、甲板应按相应的“分隔相邻处所舱壁/甲板的耐火完整性”确定耐火等级。

2.保持耐火分隔的完整性

在耐火分隔上开孔安装门、窗、各种管路、电缆和其他结构件时,应采取措施保持耐火分隔的完整性。

B级舱壁一般要求从甲板延伸至舱壁,并延伸至船体外板或其他限界面。但对不是走廊舱壁的B级舱壁,若在舱壁的两侧设置连续的B级天花板或连续B级衬板,可允许其终止于连续B级天花板或衬板。对作为走廊舱壁的B级舱壁来说,能否允许其不延伸至甲板或舱壁,要视船舶类型而定。对于36人以上的国际客船,B级走廊舱壁必须延伸至甲板和舱壁等限界面;对于36人及以下的国际客船和所有国内客船,若B级舱壁两侧设置连续B级天花板或衬板,B级舱壁仍应延伸至甲板或舱壁,只是在连续B级天花板或衬板背后的B级舱壁允许开口,让各种管路、电缆穿过,对这部分B级舱壁只要求其在合理和可行的范围内保持耐火完整性;若B级走廊舱壁的两侧均为自动喷淋装置保护处所,则允许B级走廊舱壁终止于B级天花板和B级衬板。

3.限制可燃材料的使用

各类客船限制可燃材料使用的具体要求见表3-1、表3-2。

表3-1 不燃材料的使用

客船类别	要求
国际客船或载客500人及以上的国内客船	除装货处所、邮件舱、行李舱、服务处所的冷藏舱外,所有衬板、天花板、衬挡、风挡均应为不燃材料
载客100人及以上,但少于500人的国内客船	供起居处所、服务处所、控制站使用的走廊、梯道环围内的衬板、天花板、衬挡、风挡均应为不燃材料
载客100人以下或航行时间不超过4 h,且未设卧席的国内客船	对衬板、天花板、衬挡、风挡不作要求
除装货处所、邮件舱、行李舱、服务处所的冷藏舱外,隔热物应为不燃材料。用于冷却系统的隔热物连同防潮层和黏合剂,以及管路系统的隔热物不必为不燃材料,但其外露表面应具有低播焰性。 对载客100人以下或航行时间不超过4 h,且未设卧席的国内客船所使用的隔热物不作要求。	

表3-2 表面具有低播焰特性材料的使用

客船类别	要求
国际客船或载客100人及以上的国内客船	走廊及梯道环围内的所有外露表面、起居处所、服务处所、控制站内舱壁、围壁、天花板、衬板的外露表面,及其隐藏或不能到达之外的表面应具有低播焰性
载客100人以下或航行时间不超过4 h,且未设卧席的国内客船	不作要求

4.构造细节

封闭在天花板、镶板或衬板后面的空隙应以紧密安装的，且间距不超过14 m的挡风条作适当的分隔。设置挡风条时应注意梯道和围壁通道等衬板后的空隙应在每层甲板处加以封堵。天花板后的挡风条一般应与舱壁设置相对应，允许将B级或C级舱壁在天花板或衬板后面的部分作为挡风条。

5.梯道保护和围壁通道

客船起居处所和服务处所内的一切梯道应在耐火分隔构成的环围内，且环围上的门应是自闭的。除了载客100人以下和航行时间不超过4 h，且未设置卧席的国内客船，此环围至少应是B级分隔外，其他客船此环围至少应是A级分隔，但下列情况可不设环围。

(1)梯道仅连接两层甲板　此时可不设环围，但应在梯道的上端或下端用耐火分隔将该梯道所在处所分隔开来。对于载客100人以下和航行时间不超过4 h，且未设置卧席的国内客船，此分隔至少应是B－0级；对于其他客船，此分隔的耐火等级应按照规范中相应的“分隔相邻处所甲板的耐火完整性表”的要求予以确定。

对于穿过多层甲板的梯道，除可按照规范要求将其环围外，也可以将其分隔为若干个仅穿过一层甲板的梯道，在其一端用耐火分隔与所在处所分隔开来。但这样处理的梯道不能作为主脱险通道。

(2)梯道完全处于公共处所内　船员使用的处所内，若是限于各种条件设置直梯或踏步作为两层或几层甲板之间的通道，一般不要求环围。但若他们作为某处所的脱险通道，并被要求加以环围形成围壁通道，则该围壁通道应按梯道处理，围壁上的门也应是自闭门。

(二)货船的结构防火

1.防火区域的划分和分隔

对于500吨以上的国际货船，其起居处所和服务处所应采取ⅠC法、ⅡC法、ⅢC法中的任何一种方法予以保护。三种方法的主要要求见表3－3。

表3－3　ⅠC、ⅡC、ⅢC法的主要要求

类别 项目	ⅠC	ⅡC	ⅢC
耐火分隔	在起居和服务处所内以不燃的B级或C级分隔作为内部的分隔舱壁；未要求为A级或B级的舱壁，至少应为C级	除个别情况规定为C级舱壁外，其余不予限制	除个别情况为C级舱壁外，其余不予限制，但是在任何情况下，用A级或B级分隔的任何起居处所群的面积不得大于50 m^2，对公共处所面积可放宽至75 m^2
不燃材料	在起居处所、服务处所和控制站内所有的衬板、风挡、天花板、衬挡，均应为不燃材料	供起居处所、服务处所和控制处所的走廊和梯道环围中的天花板、衬板、风挡、衬挡，均应为不燃材料	供起居处所、服务处所和控制站使用的走廊和梯道环围中的天花板、衬板、风挡、衬挡均应为不燃材料

表 3-3(续)

类别 项目	ⅠC	ⅡC	ⅢC
自动喷水器、探火和失火报警系统	一般不设	除空舱和卫生处所等实际无火灾危险者外,在起居处所和服务处所均需设置	一般不设
认可型的固定式探火和失火报警系统	在起居处所的所有走廊、梯道和脱险通道设置,且必须为感烟式和手动报警按钮	在起居处所的所有走廊、梯道和脱险通道设置,且应为感烟式和手动报警按钮	在可能发生火警的所有起居及服务处所设置

对于4 000吨及以上的国内货船,要求其起居处所和服务处所采用以下两种之一予以保护:

(1)任一起居、服务处所内用A级或B级分隔的处所总面积不得超过50 m^2,对于公共处所该面积不得超过75 m^2;

(2)对起居处所和服务处所的内部分隔不予限制,但应装设固定探火和失火报警系统(留空处所、卫生处所除外)。

对于4 000吨以下的国内货船,没有类似ⅠC、ⅡC、ⅢC法的要求。

除上述要求外,船上各处所之间的分隔尚需按相应的"分隔相邻处所舱壁/甲板的耐火完整性表"确定耐火等级。

对于500吨以下的国际货船及1 000吨以下的国内货船,只要求走廊舱壁为钢质或不燃材料,其上的门应是不燃的;A类机器处所和厨房的限界面应为钢质,其上的门应用钢质或不燃材料制成,对于其他限界面没有提出要求。

2.保持耐火分隔的完整性

在耐火分隔上开孔安装门、窗、各种管路、电缆和其他结构件时,应采取措施保持耐火分隔的完整性。

B级舱壁一般要求从甲板延伸至甲板,并延伸至船体外板或其他限界面。但如果在B级舱壁的两侧设有连续B级天花板或衬板,则此舱壁可终止于连续天花板或衬板。

3.限制可燃材料的使用

国际货船按其采用的保护方法,国内货船按其吨位决定可燃材料的限制使用,详见表3-4、表3-5。

表 3-4 不燃材料的使用

货船		要求
国际货船	ⅠC法	在起居处所、服务处所和控制站内所有的天花板、衬板、衬挡、风挡均应为不燃材料
	ⅡC法	供在起居处所、服务处所和控制站使用的走廊、梯道环围内的衬挡、天花板、衬板、风挡均应为不燃材料
	ⅢC法	同ⅡC法
国内货船	4 000吨及以上	供在起居处所、服务处所和控制站使用的走廊、梯道环围内的衬挡、天花板、衬板、风挡均应为不燃材料，但经同意也可使用具有低播焰性的其他材料
	4 000吨以下	对天花板、衬板、衬挡、风挡不作要求

除装货处所、服务处所的冷藏室外，隔热物应为不燃材料。用于冷却设备的隔热物连同防潮层和黏合剂，以及管系装置的隔热物不必为不燃材料，但其外露表面应具有低播焰性。

对1 000吨以下的国内客船使用的隔热物不作要求。

表 3-5 表面具有低播焰特性材料的使用

货船	要求	
国际货船	走廊及梯道环围内的所有外露表面、起居处所、服务处所、控制站内隐藏或不能到达之外的表面，及其天花板外露表面应具有低播焰性	
国内货船	1 000吨及以上	尽量满足上述要求
	1 000吨以下	不作要求

4.构造细节的要求同客船相同

5.梯道保护和围避通道

对起居处所、服务处所、控制站内的梯道要求如下所述。

(1)对于国际货船和4 000吨及以上的国内货船，仅穿过一层甲板的梯道应至少在梯子的上端或下端用B-0级分隔将该梯道与所在处所分割开来，并用自闭门保护；穿过多于一层甲板的梯道，应至少用A-0级分隔环围，并用自闭门保护；对于4 000吨及以上的国内货船，若起居处所的居住人员等于或小于12人，则该环围可降低为B-0级。

(2)对于1 000～4 000吨的国内货船，穿过多于一层甲板的梯道，应至少用B-0级分隔环围，并用自闭门保护。

(3)对于1 000吨以下的国内货船，这些处所内的航行梯道没有环围或分隔要求。

(4)对于连接两层或数层甲板的直梯或踏步，一般不要求环围，但如果它们作为某处所的脱险通道，并被要求加以环围形成围壁通道，例如在最低开敞甲板以下的起居处所，非主脱险通道可以是梯道，也可以是围壁通道，此时围壁通道应按梯道处理，围壁上的门也应是自闭门。

(三)液货船的结构防火

液货船应按其所运载的原油和石油产品的种类确定结构防火的要求。对于运载闪点超过60℃的石油产品的液货船，其结构防火要符合货船的要求。对于运载闪点不超过60℃，且其蒸气压低于大气的原油和石油产品液货船，则应符合以下要求。

(一)防火区域的划分和耐火分隔

对于500吨及以上的国际油船，其起居处所和服务处所应采用ⅠC法予以保护。

对于2 000吨及以上的国内油船，其起居处所和服务处所内的分隔应至少是C级。对于500~2 000吨的国内油船，其起居处所内用A级或B级分隔的处所面积不得超过50 m²。

其他舱壁、甲板应按相应的“分隔相邻处所的舱壁、甲板的耐火完整性”确定耐火等级。

环围起居处所的上层建筑和甲板室，其面向货物区域的限界面及距此限界面3m范围内的侧面，应隔热到A-60级，对于2 000吨以下的国内油船，可降低到A-15级。

500吨以下的油船仅要求走廊舱壁和梯道环围应为钢质或不燃材料，其上的门亦为钢质或不燃材料制成；A类机器处所和厨房的限界面应为钢质结构，其上的门亦为钢质或不燃材料制成。

(二)限制可燃材料的使用和构造细节

对于国际油船的要求与国际货船要求相同。国内油船的要求见表3-6、表3-7。

表3-6　不燃材料的使用

油　　船	要　　求
2 000吨及以上	起居处所、服务处所和控制站(包括走廊和梯道环围)内所有的天花板、衬板、衬挡、风挡均应为不燃材料
500~2 000吨	供在起居处所、服务处所和控制站使用的走廊、梯道环围内的衬挡、天花板、衬板、风挡均应为不燃材料，也可使用具有低播焰性的其他材料
除装货处所、服务处所的冷藏室外，隔热物应为不燃材料。用于冷却设备的隔热物连同防潮层和黏合剂，以及管系装置的隔热物不必为不燃材料，但其外露表面应具有低播焰性。	

表3-7　表面具有低播焰特性材料的使用

油　　船	要　　求
2 000吨及以上	走廊及梯道环围内的所有外露表面、起居处所、服务处所、控制站内舱壁、围壁、天花板、衬板的外露表面，及其隐藏或不能到达之外的表面应具有低播焰性
2 000吨以下	除表3-6中允许用具有低播焰特性的材料代替不燃材料外，对其他表面无要求

第三节　防火分隔及典型结构

(一)防火区域划分图

船舶防火分隔通常由防火区域划分图表示，该图根据《SOLAS 公约》、各国《法规》或船级社的规范规定的结构防火的要求，表示出舱壁及甲板的防火等级及其范围。图 3－1 所示为典型的防火区域划分图。

(二)A 级分隔的结构形式

A 级分隔的基础结构是由钢板或其他等效材料(如铝板)以及适当的防挠加强材(如扶强材、横梁等)构成，通常使用的钢板厚度不小于 5 mm，铝板厚度不小于 6 mm，穿过分隔的构架的开孔，均应用同样的材料填补。通过导管及电缆穿越分隔时，应采取必要的措施。

A 级分隔的基础结构可直接作为 A－0 级分隔。

A－15 级、A－30 级及 A－60 级分隔是在 A 级分隔的基础结构上加设绝缘材料或内装材料构成。根据构造情况可分为无空气隔层和有空气隔层两种形式。前者由钢结构和敷设其上的绝缘材料构成；后者除了钢结构和敷设其上的绝缘材料外，还需设置由不燃材料(复合岩棉板或硅酸钙板等)制成的内装结构(衬板或天花板)，且在绝缘材料与内装结构之间形成一个空气隔层。除 A－0 级以外的其他各级 A 级分隔均应按规定程序经燃烧试验，并得到主管部门的认可。表 3－8～3－10 所示为无空气隔层的 A 级防火分隔典型结构，表 3－11～3－13 所示为有空气隔层的 A 级防火分隔典型结构。

表 3－8　A 级防火分隔典型结构

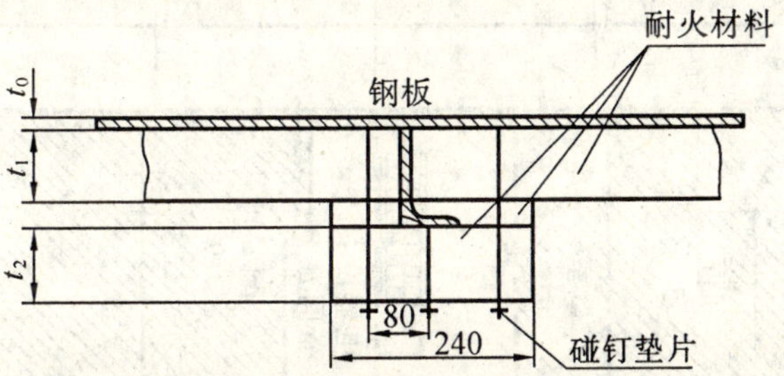

标　记	分隔部位	受火面	耐火材料	密　度 /(kg·m^{-3})	厚　度/mm		
					t_1	t_2	t_3
A15－Ⅰ	舱　壁	钢　板	岩棉板	100	50	50	—
A30－Ⅰ	甲　板	耐火材料	岩棉板	120	60	60	—
A60－Ⅰ	舱　壁	耐火材料	岩棉板	130	50	50	—
A60－Ⅱ	舱　壁	耐火材料	硅酸铝	120	20＋20	20＋20	—
A60－Ⅲ	舱　壁	耐火材料	硅酸铝	170	25	25	—
A60－Ⅳ	舱　壁	钢　板	硅酸铝	170	20＋20	20＋20	—
A60－1	甲　板	耐火材料	硅酸铝	110	20＋25	20＋25	—
A60－Ⅱ	甲　板	耐火材料	岩棉板	140	50	50	—
备　注	钢板厚度 $t_0 \geq 5$ mm						

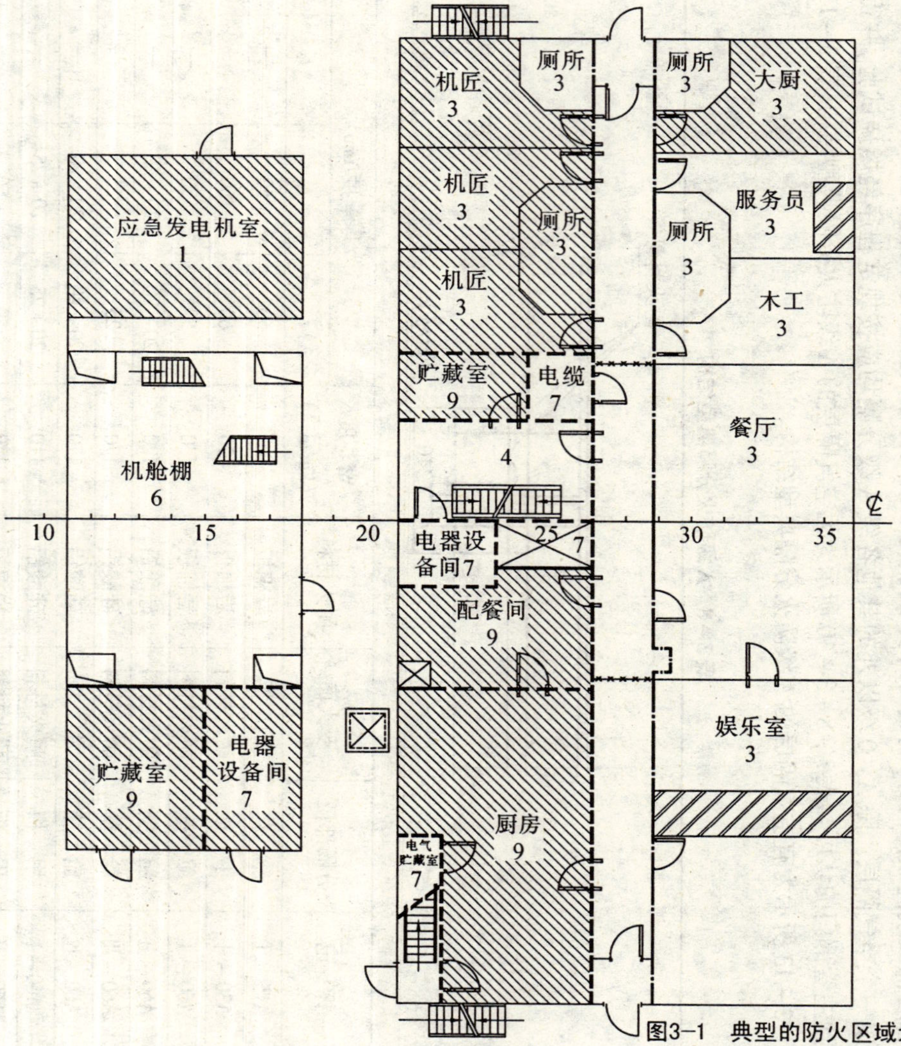

艇甲板说明

1.本图系按照《SOLAS》公约有IC法划分的防火区域。

2.图例说明

(1) A－60级舱壁

(2) A－15级舱壁

(3) A－0级舱壁

(4) B－0级舱壁

(5) 表示甲板分隔为A－60级

(6) 表示甲板分隔为A－15级

(7) 表示甲板分隔为A－0级

(8) 表示甲板分隔为钢或等效材料,但不要求为“A”级

(9) 表示挡风板

(10) 表示甲板不同防火要求的界线

(11) 表示自闭门

图3-1 典型的防火区域划分图

表 3-9 A 级防火分隔典型结构

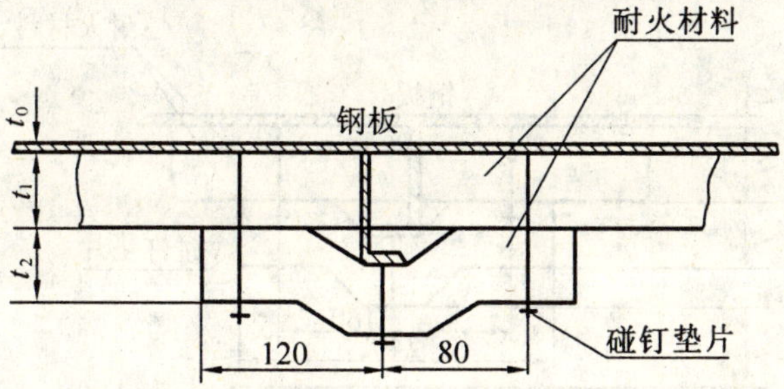

标记	分隔部位	受火面	耐火材料	密度/(kg·m^{-3})	厚度/mm		
					t_1	t_2	t_3
A30-Ⅰ	舱壁	钢板	硅酸铝	110	60	50	—
A30-Ⅱ	舱壁	耐火材料	硅酸铝	110	20	50	—
A60-Ⅰ	舱壁	耐火材料	硅酸铝	170	10+10	10+10	—
A60-Ⅱ	舱壁	钢板	硅酸铝	170	20+15	20+15	—
备注	钢板厚度 $t_0 \geqslant 5$ mm						

表 3-10 A 级防火分隔典型结构

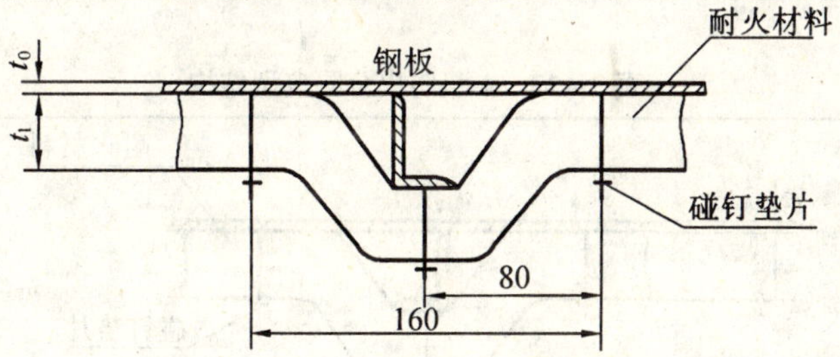

标记	分隔部位	受火面	耐火材料	密度/(kg·m^{-3})	厚度/mm		
					t_1	t_2	t_3
A60-Ⅰ	舱壁	钢板	硅酸铝	150	20	—	—
A60-Ⅱ	舱壁	耐火材料	硅酸铝	150	20+20	—	—
A60-Ⅲ	舱壁	耐火材料	硅酸铝	160	20+15	—	—
A60-Ⅳ	舱壁	钢板	硅酸铝	160	20	—	—
A60-Ⅰ	甲板	耐火材料	硅酸铝	150	25	—	—
备注	钢板厚度 $t_0 \geqslant 5$ mm						

表 3-11 A 级防火分隔典型结构

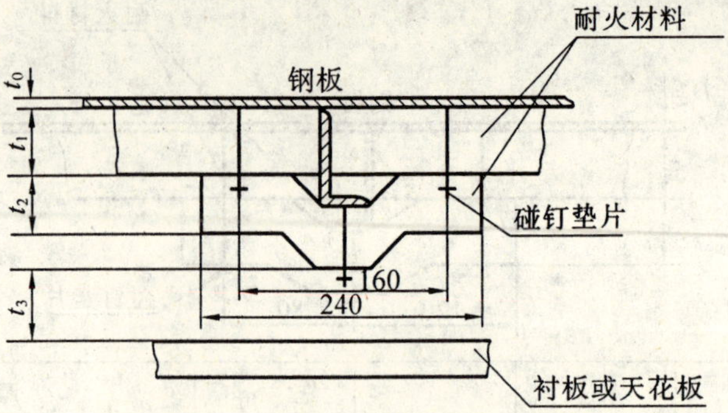

标 记	分隔部位	受火面	耐火材料	密 度 /(kg·m⁻³)	厚 度/mm		
					t_1	t_2	t_3
A60-Ⅰ	舱 壁	钢 板	硅酸铝	170	20	20	50
A60-Ⅱ	舱 壁	钢 板	硅酸铝	170	15	15	30
备 注	钢板厚度 $t_0 \geqslant 5$ mm						

①衬板：复合岩棉板厚度 30 mm，密度 160 kg/m³

②衬板：硅酸钙板厚度 19 mm，密度 640 kg/m³

表 3-12 A 级防火分隔典型结构

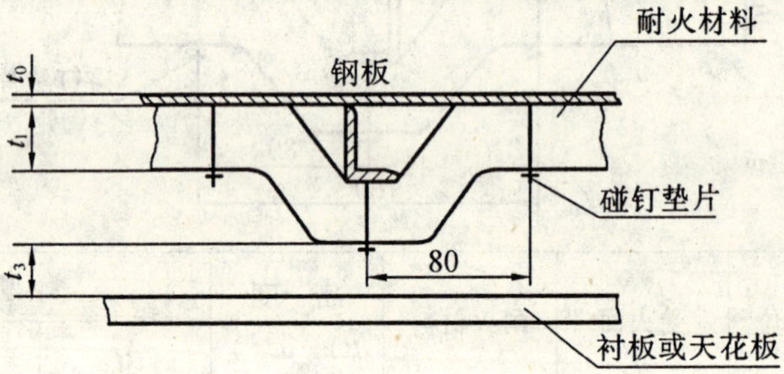

标 记	分隔部位	受火面	耐火材料	密 度 /(kg·m⁻³)	厚 度/mm		
					t_1	t_2	t_3
A60-Ⅰ	舱 壁	钢 板	硅酸铝	170	35	—	20
A60-Ⅱ	甲 板	硅酸钙板	硅酸铝	170	35	—	实船定
备 注	钢板厚度 $t_0 \geqslant 5$ mm						

①衬板：硅酸钙板厚度 16 mm，密度：640 kg/m³

②天花板：硅酸钙板厚度 9 mm，密度 875±87.5 kg/m³

表 3-13 A 级防火分隔典型结构

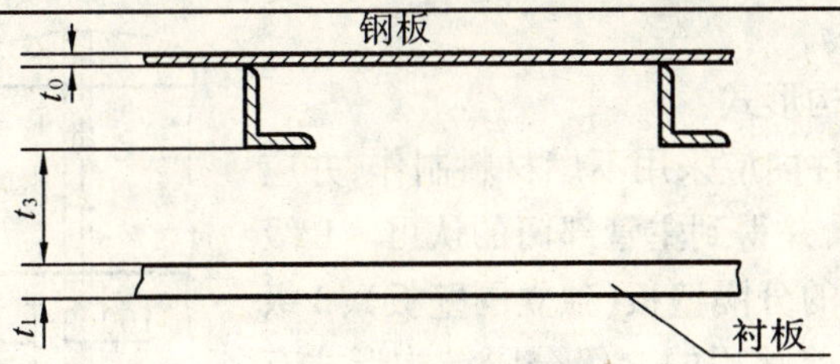

标记	分隔部位	受火面	耐火材料	密度/(kg·m^{-3})	厚度/mm		
					t_1	t_2	t_3
A60-Ⅰ	甲板	岩棉板	岩棉板	140	30	—	≥200
备注	钢板厚度 $t_0 \geqslant 5$ mm 复合岩棉板厚度为 30 mm						

敷设绝缘材料的 A 级分隔,为了保证舱壁和甲板边界处的防火性能,绝缘材料应在限界面的交接处和终止处沿水平或垂直限界面至少延伸 450 mm,如图 3-2 所示。

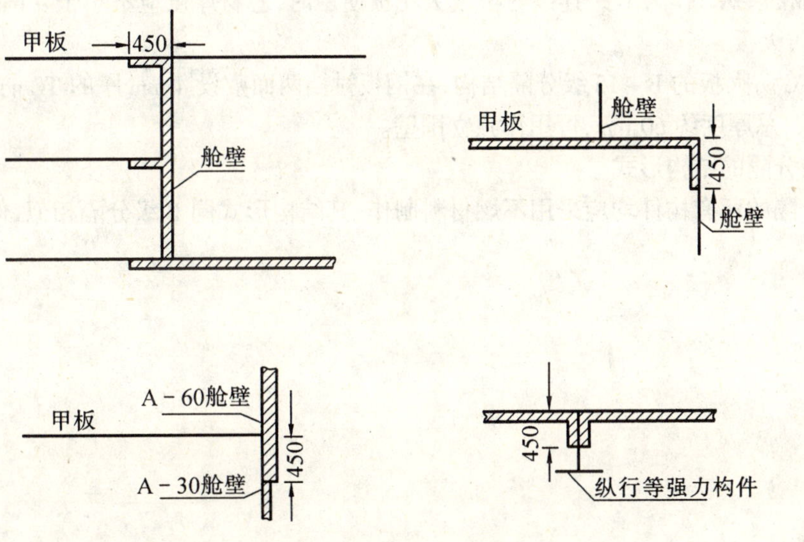

图 3-2 防火绝缘节点延伸图

绝缘材料通常采用碰钉固定。钢质碰钉用于钢结构,用接触焊固定,绝缘材料安装好后,再加垫圈或盖帽将绝缘材料压紧,尼龙碰钉既可用于钢质结构,也可用于铝质结构,用氯丁胶黏接在结构上,绝缘安装好后,加垫圈或盖帽将绝缘材料压紧,碰钉的排列如图 3-3 所示。

在敷设多层绝缘材料时,上、下层之间的接缝应错开约 100 mm。

绝缘层外设置衬板或天花板时,绝缘材料通常不需加任何覆盖物,但为了使绝缘材料贴紧结构,可在绝缘层外加一层钢丝网。绝缘层外没有衬板或天花板时,绝缘层外表面应加以包覆,例如加设铝箔玻璃丝布,或敷设 0.4~0.7 mm 的镀锌薄钢板或不锈钢板。

(三)B 级分隔的结构形式

B 级分隔的所有构件内应采用不燃材料制作,并应按规定程序经燃烧实验,并得到主管部门的认可。B 级分隔的类型有舱室内部的分隔壁板(独立围壁板)、B 级连续天花板或衬板。目前常用的 B 级分隔结构形式有以下几种。

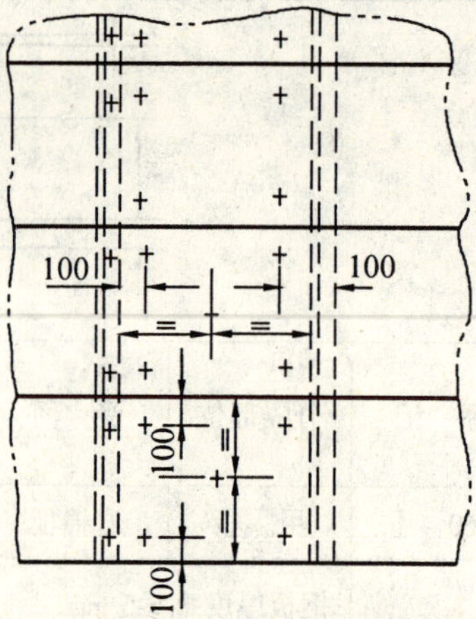

图 3-3　碰钉排列示意图

1.复合岩棉板或复合玻璃棉板

这两种板材的构造均为在两层镀锌薄钢板之间设岩棉板或超细玻璃棉板,钢板外表面贴 PVC 薄膜。作为独立围壁使用时,其厚度通常为 50 mm,可达到 B-15 级。作为 B 级连续衬板使用时,其厚度为 50 mm,30 mm,25 mm;玻璃棉板的厚度为 50 mm,40 mm,20 mm。作为 B 级连续天花板使用时,岩棉板的厚度为 40 mm,30 mm,25 mm。

2.硅酸钙板

作为独立围壁板使用时,芯材厚度应不小于 19 mm,两面贴三聚氰胺装饰板,可达到 B-15 级分隔的要求;作为 B 级连续衬板或天花板使用时,芯材厚度应不小于 9 mm。

3.TC 防火板

采用 TC 防火板的 B-15 级分隔结构,在钢板衬挡两面敷设 4 mm 厚的 TC 防火板,中间有空气隔层,总厚度约 60 mm,可用作独立围壁。

4.C 级分隔的结构形式

C 级分隔的所有构件均应采用不燃材料制作,其结构形式同 B 级分隔相似,但无需作燃烧试验。

第四章　舱室绝缘设计

第一节　船舶的内外热源

一、船舶的外热源

影响船舶的外部热源主要是太阳,太阳的辐射能经过转换变成热能通过暴露甲板和围壁而传入舱室内,这是形成舱室热环境的主要因素。在夜间及低温季节,外界空气、舷外水又成为吸取舱室内热量的负热源。

太阳辐射热主要通过直接日照和大气辐射这两种形式传递,表4－1为这两种太阳辐射形式造成的辐射量及其特点。

表4－1　直接日照和大气辐射的热辐射量及特点

传热形式	辐射期间	受热面	热辐射量(热流密度)	热辐射特点
直接日照	白昼,晴天	日照面	0～977 W/m²	(1)早晚低,午后一点最高 (2)夏季高,冬季低 (3)晴天高,多云时低 (4)热带高,寒带低
大气辐射	阴天或夜间	一切与大气接触的面	116～175 W/m²	辐射热量较稳定

船舶舱室结构为钢或铝质。这类金属甲板和围壁的吸热量大,传热快,对船舶舱室热环境影响极大。暴露甲板受日照时间长,接受热量较多。围壁的日照与太阳辐射角度有关,受太阳辐射热相对较少。根据日本有关实测资料,甲板温度升高8～12 ℃时,围壁温度升高仅2～5 ℃。

海洋昼夜温差变化比陆地大的多,所以对船舶舱室热环境影响较大,加之海洋空气潮湿,金属围壁内侧极易形成结露现象。

航速和风速可以加速船舶散热,所以在停泊与航行时,外界大气和舷外水对船舶舱室热环境的影响是不同的。

各种色彩对太阳光的反射率不同,所以船舶外板的色彩不同对船舶舱室的热环境影响也不一样,白色的反射率最高,黑色的反射率最低。

二、船舶的内部热源

船舶内部最大的热源是机舱，舱内温度往往达到 35～40 ℃，其中一部分热量通过大气和海水散热，另一部分热量则通过甲板和机舱棚围阱舱壁传入上层建筑居住区，对舱室热环境影响极大。

厨房是船舶另一大热源，工作时室温也可达到 30 ℃以上，但具有时间性。

各种舱柜的温度也是一种热源或负热源，对热环境有影响的舱柜如表 4－2 所示。

表 4－2 舱柜热源

舱柜名称	柜内温度/℃	热源性质	对邻室影响
日用燃油柜(柴油或滑油)	60(加热)	热源	升温
清油柜(柴油)	40(加热)	热源	升温
清油柜(滑油)	50(加热)	热源	升温
蒸馏水柜	35～38	热源	升温
清水柜		负热源	降温，结露
冷藏舱	2～5 或 －5～－15	负热源	降温，结露

其他各种设备、照明灯及人都是热源。

第二节 舱室传热的基本原理和基本方式

一、舱室传热的基本原理

舱室围壁的传热过程，当舱壁一侧的热量为 Q_0 时，其中一部分(Q_R)被壁反射，另一部分(Q_A)被壁所吸收，剩余部分热量(Q_D)透过壁达到另一侧，δ 为壁厚，如图 4－1 所示。

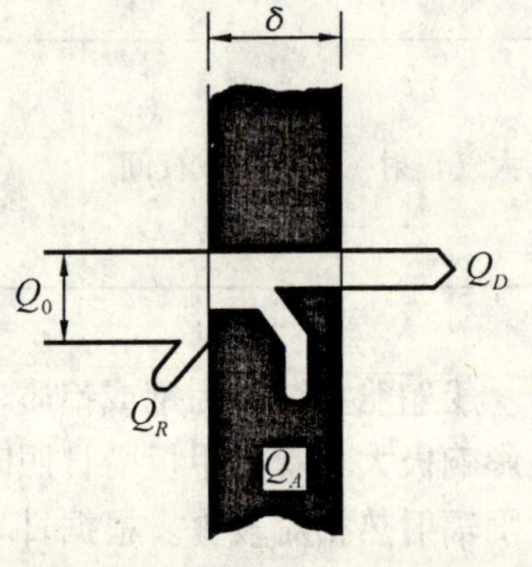

图 4－1 舱壁传热过程

壁传热的表达式为

$$Q_0 = Q_R + Q_A + Q_D$$

二、舱室传热的基本方式

热量主要有三种基本的传递方式，即导热、对流和热辐射。

第三节 舱室的隔热材料和隔热结构

隔热材料是依靠其松软组织中的气泡产生隔热作用，所以密度小以及气泡小而密实的材料，其导热系数相对较低。

一、国外隔热绝缘材料

1.按属性分类可分为无机材料、有机材料和金属夹层材料。

2.按绝缘材料的形状、形态和构造分类可分为微孔状材料、气泡状隔热材料和纤维状隔热材料。

二、国内隔热绝缘材料

一般分为软质和硬质两类。软质材料又可分为无机材料和有机材料;硬质材料大多为无机材料,适用于制作成形件使用,如平板、管件等。

三、常用隔热材料的主要特性

防火绝缘材料、隔声绝缘材料和隔热绝缘材料虽然使用的目的与要求不同,但是许多绝缘材料在实际使用时,既能满足防火要求,又具有一定的隔声效能或隔热作用,所以最理想的绝缘材料是密度小、导热系数小、吸湿率低,又具有一定强度、无腐蚀性、吸声、耐振、不燃或难燃的材料。

(一)矿物棉及其制品

用熔融状无机非金属矿物制成的纤维材料总称矿物纤维。目前国内生产的矿物棉种类有矿渣棉、岩棉、玻璃棉、硅酸铝纤维(陶瓷棉)等。

矿物棉制品的安全使用温度较高,硅酸铝纤维制品是防火隔热的首选绝缘材料之一,岩棉和玻璃棉是目前使用最为广泛的隔声隔热材料。

1.矿渣棉和岩棉

矿渣棉和岩棉是两种性能及制造工艺基本相同的矿物棉,具有密度小、强度好、吸声、隔热、防火、耐腐蚀等优良性能,是良好的隔声、隔热、防火材料。

这两种矿物棉的主要成分是氧化硅、氧化钙等,见表4-3

表4-3　岩棉、矿物棉的主要化学成分

名　称	SiO	Al_2O_2	CaO	MgO	Fe_2O_3	K_2O+Na_2O
岩　棉	40%~42%	12%~14%	18%~20%	11%~13%	4%~6%	2%
矿渣棉	38%~40%	10%~12%	33%~35%	9%~11%	<1%	2%

矿渣棉是以高炉矿渣为主要原料,其成分中铁含量较低而钙含量较高,所以烧结温度比岩棉低,使用的温度也相对比岩棉低。

岩棉的材料是火山岩、玄武岩、辉绿岩等天然岩石,用冲天炉法或电弧炉法将其熔融,然后采取喷吹法或多辊高速离心法等工艺制成纤维,最后根据不同的用途将纤维制成各种制品。

为了提高矿渣棉及岩棉制品的强度和防潮性能,在制棉的过程中常采用酚醛树脂作为黏结剂和有机硅作为防潮剂相混合后掺入原棉。由于含有黏结剂的矿渣棉和岩棉的使用温度比同类的原棉低,所以作为耐火、隔热绝缘材料使用的矿渣棉、岩棉制品要严格控制黏结剂的掺入量,一般不超过3%。

矿渣棉和岩棉通常可制成密度 70 ~ 90 kg/m^3 的棉毡，密度 100 ~ 140 kg/m^3 缝毡和密度 120 kg/m^3 的半硬质板或半硬质带，也可以制成密度 150 ~ 180 kg/m^3 的管制品。

密度 100 ~ 120 kg/m^3 的岩棉、矿渣棉制品的导热系数见表 4 – 4。

表 4 – 4　岩棉、矿渣棉制品(密度 100 ~ 120 kg/m^3 时)导热系数

试样平均温度/℃	矿渣棉/(W·m^{-1}·K^{-1})	岩　棉/(W·m^{-1}·K^{-1})
25	0.040 50	0.036 00
75	0.051 50	0.046 00
150	0.068 00	0.061 00
225	0.084 50	0.076 00
300	0.101 00	0.091 00

2.玻璃棉

玻璃棉的主要原料是石英砂、石英砂岩或含有二氧化硅的其他矿物原料，有时为了降低玻璃熔融温度、热膨胀系数和析晶性，提高化学稳定性，还适当添加长石、蜡石、纯碱和硼砂等辅助原料。

玻璃棉制棉过程中常以酚醛树脂作为黏结剂，有机硅作为防潮剂掺入，以提高玻璃棉的憎水性和制成较高密度的玻璃棉制品。

玻璃棉的含碱量可影响其安全使用温度，含碱量低于 0.5% 的无碱超细玻璃棉的耐腐蚀性、耐温性均比有碱玻璃棉好。

玻璃棉可加工制成密度 30 ~ 40 kg/m^3 的棉毡、40 ~ 60 kg/m^3 的棉板和密度 50 ~ 80 kg/m^3 的管制品，也可制成密度 80 ~ 90 kg/m^3 的半硬板。

玻璃棉的导热系数取决于密度、湿度和纤维直径。通常情况下，密度提高导热系数则下降；而密度达到 50 kg/m^3 后，导热系数趋于平稳；但密度一旦超过 120 kg/m^3 后，导热系数又呈增大趋势。所以玻璃棉具有最佳密度，如超细玻璃棉的最佳密度为 64 kg/m^3。

玻璃棉虽是不燃性的无机纤维材料，但不耐高温，所以不能作防火绝缘材料。

密度 50 kg/m^3 玻璃棉制品的导热系数见表 4 – 5。

表 4 – 5　密度 50 kg/m^3 玻璃棉制品导热系数

试样平均温度/℃	离心玻璃棉/(W·m^{-1}·K^{-1})	超细玻璃棉/(W·m^{-1}·K^{-1})
25	0.032 5	0.035 7
75	0.048 5	0.045 2
150	0.065 0	0.059 2
200	0.076 0	0.069 0
250	0.087 0	0.078 5

3.硅酸铝纤维(陶瓷棉)

硅酸铝纤维是近年来发展迅速，使用广泛的一种矿物棉，主要原料是高岭土、耐火黏土等天然矿物的煅烧材料，煅烧后的主要化学成分是三氧化二铝和二氧化硅，约占 92% ~ 97%，其他成分仅为 3% ~ 8%。

硅酸铝棉的黏结剂有无机物和有机物两类，防潮剂常用水乳化硅油，黏结剂和防潮剂的总含量控制在 3%以内。

将硅酸铝纤维加工制成硅酸铝棉制品的工艺方法有两种，即湿法生产和干法生产。湿法生产是将原棉经多次漂洗、除渣后加黏结剂，经真空吸滤水分后成型烘干，制成湿法制品。湿法制品经多次漂洗后，含渣率低于 2%，纤维短，密度大，抗弯能力较差，稍经折曲极易产生裂纹或干脆断裂。干法生产的工艺类似岩棉，原料经熔融后喷吹成棉，同时喷吹黏结剂，防潮剂，除渣后烘干固化制成干制品。干制品密度小，纤维长，产量高，性能优良，其与湿制品密度相同时抗拉强度是湿制法制品的 2 ~ 3 倍，导热系数也比湿法制品低。

硅酸铝干法制品和湿法制品的导热系数等主要技术性能列于表 4 - 6。

表 4 - 6 硅酸铝纤维毡(简称硅酸铝)技术性能

项目	湿法	干法	备注
密度/(kg/m³)	50 ~ 200	60 ~ 220	—
纤维平均直径/μm	≤5	<5	—
渣球含量/%	<5	<8	65 目(直径 0.25)筛上残留量
残留水分/%	<1	<0.2	平均温度
受热线收缩率/%	<4	<4	1 150 ℃6 h
导热系数/($W \cdot m^{-1} \cdot K^{-1}$)	<0.116	<0.076 $T = 425$ ℃ <0.034 $T = 15$ ℃	平均温度
憎水率/%	>98	>98	—
吸湿率/%	<5	<5	—
防潮剂含量/%	<2	<2.5	—
不燃性	合格	合格	—
尺度($L \times B$)/(mm × mm)	1 000 × 500	1 000 × 500	—
厚度/mm	10 ~ 30	15 ~ 75	—

(二)发泡塑料制品

发泡塑料是高分子化合物或高聚物的一种，以各种树脂为基料，加入定量的发泡剂、催化剂、稳定剂等辅助原料经加热发泡而制成的一种轻质隔热隔声材料，如聚苯乙烯发泡塑料、聚氯乙烯发泡塑料、聚氨酯发泡塑料、聚乙烯发泡塑料等。

发泡塑料质轻、导热系数低、吸声率高，曾广泛地用于舱室、冷库的绝缘，但在高温时会分解或释放有毒气体，所以近年来逐渐为矿物棉等有机材料所取代。

1. 聚苯乙烯发泡塑料

以低沸点的可发性聚苯乙烯树脂为原料，经预发泡后在模具中加热而制成的一种有细微闭孔结构的材料，在加入自熄增效剂、火焰熄灭剂后可制成自熄性的聚苯乙烯发泡塑料。

聚苯乙烯发泡塑料具有质轻、吸水性小、隔热防震性能好的特点，加工方便可用电锯随意切割。主要性能见表 4－7。

表 4－7 聚苯乙烯泡沫塑料主要性能

项 目	指 标	项 目	指 标
密 度	30 kg/m^3	导热系数	0.022 W/(m·K)
使用温度	－40～70 ℃	耐燃性	离火自熄

2.聚氯乙烯发泡塑料

以聚氯乙烯树脂为原料，加入适量的发泡剂、稳定剂后，经过捏合、球磨、模塑发泡而成的一种轻质绝缘材料，具有导热系数低、不吸水、能自熄的优点，隔声、隔热、防震和耐油耐酸等性能良好，强度比聚苯乙烯发泡沫塑料好。

聚氯乙烯发泡塑料加工性能好，可根据需要，利用电锯、电阻丝切割或胶黏成各种形状。主要性能见表 4－8。

表 4－8 主 要 性 能

项 目	指 标	项 目	指 标
密 度	40 kg/m^3	导热系数	0.037 W/(m·K)
线收缩率	小于 4%	可燃性	离火自熄
延伸率	大于等于 10%	耐油、耐酸、耐碱性	均 好

3.聚氨酯泡沫塑料

以聚醚树脂为基料与适量的甲苯、二异氰酸酯、催化剂和稳定剂等经混合搅拌发泡而成的一种开孔型绝缘材料。聚氨酯泡沫塑料具有质轻、柔软、弹性好、导热系数小等优点，同时透气、吸尘、吸油、吸水性能俱佳，因此使用的温度范围较广。其主要性能见表 4－9。

表 4－9

项 目	指 标	项 目	指 标
密 度	60 kg/m^3	导热系数	小于 0.025 W/(m·K)
使用温度	－60～200 ℃	耐火性能	离火自熄
耐腐蚀性、耐酸性	均 好		

4.聚乙烯发泡塑料

以聚乙烯为原料加入适量的发泡剂，稳定剂后制成的一种具有独立气泡结构的绝缘材料。聚乙烯发泡塑料具有不吸水、能自熄的优点，导热系数小，不受潮湿和温度变化的影响，所以较多地应用在保冷工程中作绝缘材料。

聚乙烯发泡塑料的主要性能见表4-10。

表4-10　聚乙烯PE泡沫塑料主要性能

项　目	指　标	项　目	指　标
密　度	30~35 kg/m³	导热系数	0.027 W/(m·K)
吸水率	0.018 8 g/cm³	伸长率	5%
加热尺寸变化	+2.3%	耐火性能	自　熄

(三)微孔硅酸钙制品

微孔硅酸钙制品是以二氧化硅为主要成分的硅质材料。微孔硅酸钙制品之所以具有较好的隔热性能，主要是在于其封闭微孔结构。微孔硅酸钙制品有石棉和无石棉两种，国内主要用不含石棉的制品。微孔硅酸钙板可根据不同要求制成块、管、板及异型制品，施工方便，可进行锯、切、钻等加工。

微孔硅酸钙制品由于具备密度小、导热系数低、强度高及不燃等特点，所以是一种极好的硬质保温材料。其主要性能见表4-11。

表4-11　微孔硅酸钙制品主要性能

项　目	指　标	项　目	指　标
密　度	220~240 kg/m³	常温导热系数	0.065 1 W/(m·K)
线收缩率	小于2%	含水率	小于7.5%
抗折强度	0.30 MPa	抗压强度	0.50 MPa

(四)泡沫无机材料

1.泡沫石棉

泡沫石棉是将石棉原料进行开棉松懈、浸泡，掺入适量的发泡剂经搅拌、成型、干燥等工序而制成。泡沫石棉导热系数低、密度小、不燃烧，隔热、隔声性能好。但是，近年来因发现石棉是一种致癌物质，WHO和ILO发出限制石棉的生产和使用。

2.泡沫玻璃

泡沫玻璃是采用玻璃边角料及碎片，掺入珍珠岩微矿粉或其他硅质材料，再放在模具中经高温发泡后成型的一种轻质、高强度、导热系数低的绝缘材料。

3.膨胀珍珠岩

这种材料是采用珍珠岩为材料，经过三级粉碎、颗粒分级、预热、高温熔烧、成品整理等工序制成具有质轻、防火、隔声、隔热等优异性能，还具有无毒、无味的特点。

(五)软木屑

软木导热系数较低，但吸湿性略大且不能防火，所以目前除了将直径1~5 mm的软木颗粒掺拌白漆用于热水间、洗衣间、烘衣房等湿度大、温度高的舱室的光钢壁(特别是顶甲板)充作隔热层,兼作防金属锈蚀之用外,已很少使用了。

四、隔热结构的基本形式

隔热结构的基本形式如图 4-2 所示。

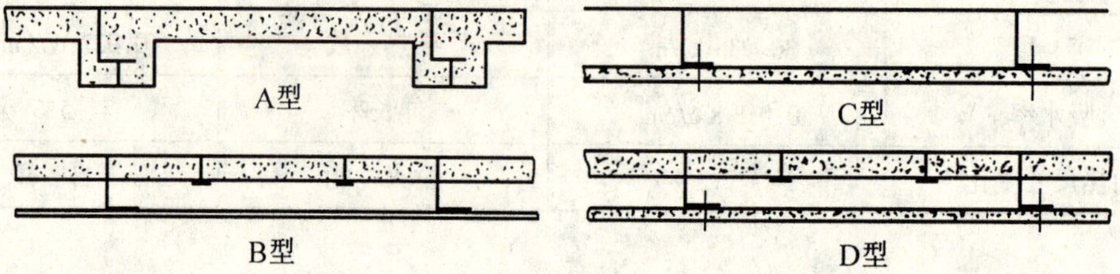

图 4-2　船舶舱室隔热结构的基本形式

A 型:隔热材料连续铺设,终饰面直接敷设在隔热材料上,无空气层。

B 型:隔热材料敷设在外壁内侧,与衬板间留出空气层,可增加隔热效能,但部分构件裸露,易形成结露。

C 型:外壁板内侧不敷设隔热材料,与内衬板间留有空气层,结构简单,但缺点是外壁板内侧极易形成结露。

D 型:是 B 型和 C 型的组合。

在实际设计中,传热计算是一个复杂的过程。在设计实践中,配合实船测试,总结了一些典型隔热结构的传热系数。表 4-12 是采用岩棉、玻璃棉做绝缘材料时的典型隔热结构的传热系数 K 值表。

表 4-12　典型隔热结构的传热系数 K 值表

构造及 K 值	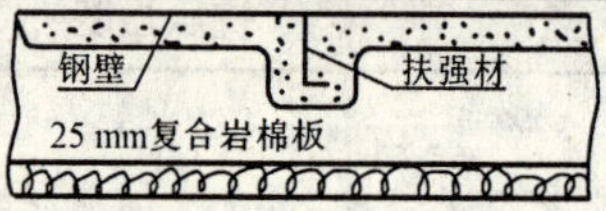						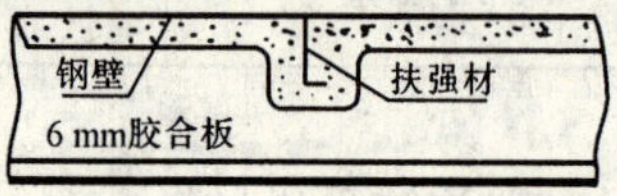					
隔热厚度/mm	岩棉	玻璃棉	岩棉	玻璃棉	岩棉	玻璃棉	岩棉	玻璃棉	岩棉	玻璃棉	岩棉	玻璃棉
壁	50		50		25		50		50		25	
扶强材	50		25		25		50		25		25	
型钢尺寸/(mm×mm×mm)												
200×90×11	0.90	0.90	0.90	0.90	0.94	0.94	1.22	1.25	1.22	1.25	1.39	1.39
100×75×7	0.87	0.87	0.87	0.87	0.91	0.91	1.20	1.23	1.20	1.23	1.39	1.39
65×65×6	0.85	0.85	0.85	0.85	0.90	0.90	1.20	1.23	1.20	1.23	1.38	1.8

构造及 K 值 / 隔热厚度 /mm / 壁 / 扶强材 / 型钢尺寸 /(mm × mm × mm)						
壁	岩棉	玻璃棉	岩棉	玻璃棉	岩棉	玻璃棉
壁	50		50		25	
扶强材	50		25		25	
200 × 90 × 11	1.42	1.42	1.45	1.45	1.62	1.63
100 × 75 × 7	1.40	1.40	1.43	1.44	1.62	1.63
65 × 65 × 6	1.40	1.40	1.42	1.43	1.56	1.58

构造及 K 值 / 隔热厚度 /mm / 壁 / 扶强材 / 型钢尺寸 /(mm × mm × mm)	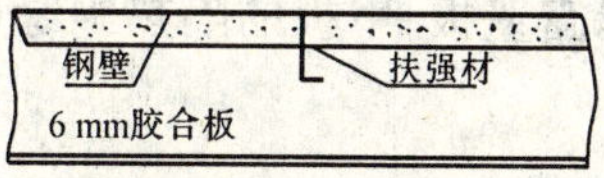									
壁	岩棉	玻璃棉	岩棉	玻璃棉	不隔热	岩棉	玻璃棉	岩棉	玻璃棉	不隔热
扶强材	50		2			50		2		
200 × 90 × 11	1.50	1.51	1.63	1.65	3.14	1.74	1.76	1.96	1.98	7.31
100 × 75 × 7	1.41	1.43	1.62	1.63	3.14	1.73	1.75	1.96	1.98	6.86
65 × 65 × 6	1.40	1.41	1.62	1.63	2.90	1.71	1.72	1.95	1.96	6.51

注:传热系数 K 的单位:$W/(m^2 \cdot K)$

第四节　舱室防露方法

一、防露计算

(一)结露现象产生的原因

当舱室室内温度较高而外界温度又很低时,外界环境吸收了舱室内的热量,致使舱室外壁的内表面温度低到饱和空气温度(相对湿度 RH = 100%)时,舱室外壁的内表面出现露珠,这种现象称为结露现象,刚出现露珠时的温度称为露点温度。内外温差越大,越易结露。

结露现象的出现会导致绝缘材料的水分增加,使隔热能力急剧下降,且时间长了会使材料完全蚀毁,同时会造成室内积水,环境潮湿。

(二)防露的范围和措施

防露的范围:暴露舱壁和甲板;邻接水柜、冷库壁的内侧;水管、风管的外侧。

防露的措施:(1)绝缘厚度要足够;(2)绝缘外包玻璃布或涂防水树脂;(3)合理的铺设方式,如防挠材等构件均应铺设绝缘,否则成为“热桥”流失热能引起结露;又如绝缘应直接敷设在外壁内侧,否则极易结露,见图 4-3;(4)在外壁根部处,舱内甲板上设置拦水扁钢。

为防止结露,绝缘厚度一定要大于防结露的最小隔热绝缘厚度,通过理论计算和实船验

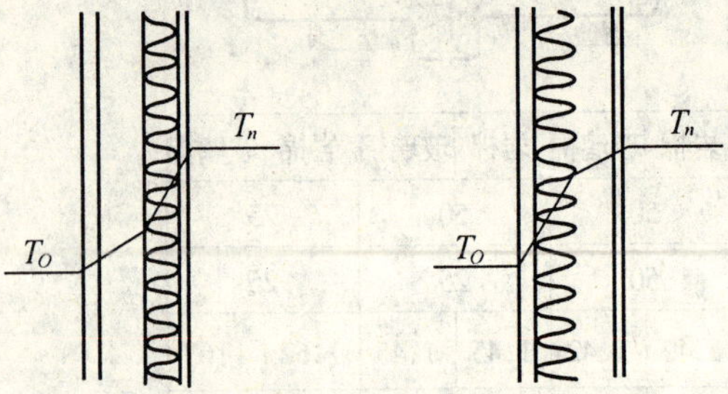

图 4-3　绝缘铺设不同的影响

(a)易结露;(b)不易结露

证,一般航线在冬季有暖气的情况下暴露壁板,甲板的隔热绝缘(采用岩棉、超细玻璃棉)厚度取 50 mm,以防止结露。

二、隔热绝缘应用范围及绝缘厚度推荐值

(一)隔热绝缘应用范围

1.居住区的暴露围壁和甲板;

2.机舱(包括机舱棚)、厨房等热源舱与居住舱、通道之间;

3.通过住舱、通道的水管和风管等管道。

(二)隔热绝缘厚度推荐值

通过设计实践与船舶实测,隔热绝缘厚度推荐值见表 4-13。

表 5-13　隔热绝缘应用范围及绝缘厚度推荐值

施工区域	施工部位		绝缘厚度/mm	
			一般航线	热带航线
除本表列出之专用舱室外的起居及公共处所,厨房、卫生间、通道、粮食库、海关储藏室、被服间、居住区内仓库、电罗经室、电器设备室、二氧化碳灭火设备室、干衣室、空调机室、应急发电机室	露天部位	外围壁	50	25
		天花板	50	50
		扶强材、横梁	25	25

注:1.一般航线主要指温带、寒带海域,但南极、北极、北欧除外。

2.热带航线是指温带以南,主要为波斯湾、印度洋、东南亚、澳大利亚、非洲、中美洲。

以上可用作一般隔热绝缘的厚度,若同时还具有防火要求时,因防火绝缘的要求高于普通隔热要求,此时隔热绝缘可不计。

第五节 舱室绝缘材料的敷设方法

一、绝缘材料的敷设方法

绝缘材料的敷设方法因其材料的不同而有各种与之相配套的固定方式。

(一)支撑固定法

支撑固定是采用木条、金属条或其他支撑物将绝缘材料与壁板或顶板支撑牢固。具体工序是先将预制规格的绝缘材料现配切割后,按骨架间距嵌在型材之间,而后将配好的支撑条紧贴绝缘材料,使绝缘材料贴紧壁板或顶板,最后将配好的支撑条固定即可。支撑固定法通常适用绝缘面积较大的硬质发泡塑料,绝缘表面宜作装饰板材。

支撑固定法的优点是简便易行,施工快捷,费用低廉。缺点是船舶航行振动时,绝缘材料极易与壁板,尤其是顶板脱离,以致影响绝缘的效果。因支撑固定法工艺已日趋淘汰,目前只有在一些振动较小的船舶,如坞船、囤船及少量修船中偶尔采用。

(二)嵌入固定法

嵌入固定法顾名思义是将绝缘材料基本填满相应的船舶绝缘部位。因为绝缘材料基本填塞牢固,通常不会发生绝缘材料位移而影响绝缘效果。在壁板绝缘采用嵌入固定法工艺时,宜用硬质块状绝缘材料,而不宜采用密度小的纤维状绝缘材料,主要原因是密度小的纤维状绝缘材料易因重力作用产生松动下坠位移,影响绝缘效果。

嵌入固定法的优点是施工简便,辅助材料少。缺点是局限性大,难以大面积使用,一般用于可用绝缘材料充填的场所,如冷库地面、壁板和顶板处的保冷绝缘。

(三)碰钉固定法

碰钉固定法是目前最广泛使用的绝缘固定方式,碰钉的密度通常为15只/m^2左右(视加强型材间距具体调整)。

碰钉固定的绝缘材料主要是纤维状的矿物棉,按加强型材间距尺寸预制,宜用玻璃丝布包覆后敷设,并加盖弹性紧片(图4-4)锁紧,翘起的弹性钢压片卡在碰钉的螺纹中,可防止其回弹脱落。

顶部如需敷设两层以上绝缘材料时,可将锁紧压片做第一层紧固,然后再敷下一层,最外层可采用加大的锁紧压片紧固,这样能有效地防止绝缘材料下坠,避免影响绝缘效能。

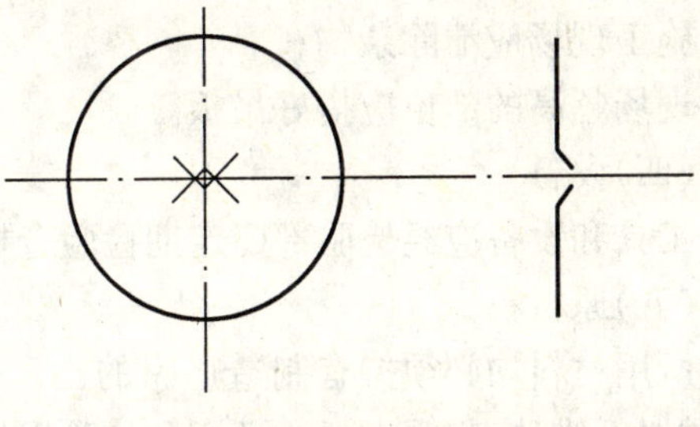

图4-4 弹性钢质锁紧压片

机舱等工作和设备舱的绝缘通常是无装饰层的,而这些舱室内往往混杂有大量的油气。这些油气一旦渗入纤维状矿物棉中,就会改变这些绝缘材料原来不燃的特性,因而公约规定了这类隔热表面应不渗油和油气。防油气渗透的绝缘有多种形式,使用较多的是用铝箔贴在绝缘表面成为防油气渗透的绝缘。铝箔敷设好后,在其接缝或转角处须黏贴铝箔玻璃布胶带,以防止油气渗入。此外,在这类隔热绝缘材料表面敷设镀锌铁皮或不锈钢板等作为防油气渗透的面层。

碰钉固定法的优点是碰钉紧固可靠，绝缘施工周期短，特别适用于大面积纤维状绝缘施工。

(四)胶钉固定法

铝质船体或玻璃钢等非金属船上，无法采用碰钉固定法，通常采用胶钉固定法紧固绝缘。

胶钉有尼龙胶定和镀锌胶钉(图 4-5)两种，施工时用氯丁胶胶黏在需要敷绝缘的部位即可，待胶黏剂固化后敷设绝缘，并加盖尼龙盖形帽或弹性锁紧压片。

胶钉固定法的特点是施工简便，无须电源和设备，但胶黏剂固化需一定时间，所以施工速度相对较慢，此外胶钉固定牢固度比碰钉要差些。

碰钉固定法和胶钉固定法施工时，绝缘材料和船体结构的接触面均不涂胶黏剂，但若在这个基础上增加绝缘材料胶贴工艺则更加牢固，特别是绝缘胶贴后可避免和减少结露生成的冷凝水。采用这个工艺一般选用两面包覆的湿法超细玻璃棉半硬板为绝缘材料。施工前预制好扶强材的绝缘套块。现场施工时先涂胶敷设加强型材的套块，再敷设平面绝缘，所以整个工艺较繁琐，施工速度较慢。目前一般用于小型船舶和军用船舶。

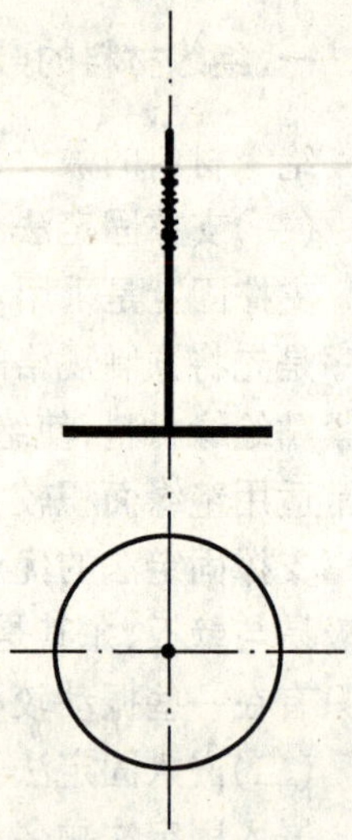

图 4-5　镀锌胶钉

此外，胶黏固定法、缠绕固定法等绝缘敷设方式常用于各种管路，如通风管的绝缘敷设。

二、符合岩棉板舱室系统安装工艺规范

(一)范围

本标准规定了民用船舶舱室绝缘(耐火绝缘和隔热、隔声绝缘)的安装要求。本标准适用于民用船舶舱室耐火绝缘和隔热、隔声绝缘的安装。

(二)人员

舱室绝缘安装的人员应具有绝缘安装的经验，并经专门培训考试合格。

(三)环境

现场应有良好的照明；

施工现场应清除杂物；

现场超高的部位应搭好吊板。

(四)设备

工具和设备应经检验部门定期检验合格。

(五)原材料

所用材料均必须持有制造厂家的出厂合格证和船检证书。对绝缘中采用的陶瓷棉板(硅酸铝纤维毡)应提交材质证书和检验报告，经检验合格的材料方可使用。

(六)系统要求

所有绝缘材料严禁油浸和水淋；

凡需敷设绝缘处所的甲板、钢壁，必须在其焊接完毕并火工校正交验结束后进行；

安装在敷设绝缘处所的设备机座、风管支架、通舱管件、电缆托架、天棚板挂绝缘件等铁舾装件及反面的舾装件均须施工交验完毕；

处所的甲板、钢壁表面及铁舾装件必须按涂装相关工艺文件要求涂漆，并报验结束。

(七)本系统安装主要工艺流程

确定安装部位 → 划线并标明绝缘型式(耐火或隔热) → 碰钉装焊 → 绝缘材料安装 → 压片固定 → 碰钉折弯处理 → 完工交验

(八)绝缘安装

1.划定安装区域，并用粉笔标明绝缘型号。

2.安装碰钉

(1)安装碰钉时，应按图样的布置和安装节点形式所示的件号选择碰钉的长度，碰钉的数量每平方米约16个，碰钉间距控制在250～300 mm之间。绝缘接缝处的碰钉数量可适当增加，并一次性焊足，尽量避免在敷设绝缘时补焊碰钉。

(2)钉焊时，要求垂直于甲板或钢舱壁，并钉焊牢固。

(3)碰钉安装结束后，要对钢材表面被焊接损坏的油漆进行修补、报验。

3.绝缘材料安装

(1)绝缘材料安装应按安装区域、节点形式、材料型号安装。

(2)绝缘安装要平整，紧贴钢壁或甲板，相邻绝缘板之间的拼缝应严实，局部缝隙最大不允许超过2 mm。

(3)壁上的绝缘要保证靠近地面下端面的玻璃丝布完整，双层布置的耐火绝缘的接缝应错开150 mm，需现场切割的绝缘板，切口端要向上敷设。

(4)围壁扶强材包敷绝缘时，不允许搭接敷设和加焊碰钉。

(5)凡敷设到管系、电器设备、电缆等支架和其他焊接件的部位时，可通过开孔或几块拼接等方法，使各部件露出绝缘层，但其余部分要覆盖严实。

(6)窗四周的耐火绝缘应紧密符合门框和窗框，不应留有缝隙。

(7)装设于天花板内带吊顶型材部位的绝缘应与吊顶型材的安装同时进行。

(8)装压片时，要将压片压紧绝缘材料，并将碰钉的外露部分用专用压弯工具弯到90°。

(九)工序检验与验收

检查安装区域及延伸部位是否符合图样敷设要求；

检查绝缘材料及型号是否符合图样要求；

检查绝缘的接缝是否符合安装技术要求；

检查绝缘是否完整，有无剥离现象；

检查碰钉的数量是否符合图纸要求的数量，压片是否压紧绝缘材料，碰钉外露部分是否按要求弯制。

(十)外围壁及分隔舱壁、隔热绝缘节点示意图(表4－14)

技术要求

1.本图与甲板敷料图共同满足按防火分隔较中对舱壁和甲板的耐火完整性要求。

2.凡设绝缘的甲板或舱壁，当遇到与之相交的舱壁或甲板时，所设绝缘材料均延伸450 mm。

3. A－60 级双层绝缘的接缝要错开 150 mm 以上。

4. 安装工艺引用 QJ/431·G·12·03·K－2003 舱室绝缘系统安装工艺规范。

5. 因绝缘的订货规格有限，其中一部分绝缘需现场进行切割。

6. 绝缘安装完后，可能出现一些破损，要用玻璃丝布进行修补。

7. 上甲板 CO_2 室带铝箔布的绝缘，对接缝处及包覆扶强材、强横梁绝缘的边缘均粘贴铝箔胶布。

8. 外围壁上的钢质门扇内均不安装隔热绝缘。

9. A－60 级耐火硅酸铝纤维中硬毡、硅酸铝纤维软毡应具有 CCS 认可证书和出厂合格证书。

表 4－14

31		岩棉胶	90 kg			90	绝缘破损修补
30		玻璃丝布带(100 宽)	600 m			26	绝缘破损修补
29		单面不干胶铝箔布带(100 宽)	484 m			24	用于 CO_2 室绝缘拼缝等包覆
28		槽型材 1.2×20×50	64 m	钢镀锌	0.94	60.2	
27		压片 ϕ30	51 110 个	钢镀铜	0.016	81.8	
26		碰钉 ϕ3×80	28 380 个	钢镀铜	0.005	141.9	
25		碰钉 ϕ3×100	17 360 个	钢镀铜	0.006	104	
24		碰钉 ϕ3×120	5 370 个	钢镀铜	0.007	38.65	
23		盖帽 ϕ32	3 520	钢涂塑(白色)	0.006	21.2	用于 CO_2 围壁和天棚
22		熔栓螺钉 M5×25	420 个	钢镀铜	0.005	2.1	用于 CO_2 围壁和天棚
21		熔栓螺钉 M5×45	720 个	钢镀铜	0.007	5.04	用于 CO_2 围壁和天棚
20		熔栓螺钉 M5×55	1 040 个	钢镀铜	0.009	9.36	用于 CO_2 围壁和天棚
19		熔栓螺钉 M5×75	1 400 个	钢镀铜	0.011	15.4	用于 CO_2 围壁和天棚
18		熔栓螺钉 M5×85	360 个	钢镀铜	0.013	4.68	用于 CO_2 围壁和天棚
17		镀锌钢板网 0.8×10×25 2000×4000	200m²	钢镀锌	1.5	300	用于 CO_2 围壁和天棚
16	(密度:140 kg/m³)	硅酸铝纤维软毡(外面包玻璃丝布) 850×450×20	1 692 块	组合	1.1	1 861	扶强材，纵梁隔热等包覆
序号	代　号	名　　称	数量	材　料	单重	总重	附注
					质量/kg		

表 4-14(续一)

序号	代号	名称	数量	材料	单重 质量/kg	总重 质量/kg	附注
15	(密度:140 kg/m^3)	硅酸铝纤维软毡 900×600×20 (外面包玻璃丝布)	452 块	组合	1.43	647	外围壁扶强材等包覆
14	(密度:140 kg/m^3)	硅酸铝纤维软毡 900×850×20 (外面包玻璃丝布)	242 块	组合	2.15	520	天棚强横梁,纵梁隔热等包覆
13	(密度:100 kg/m^3)	岩棉板 850×450×50 (外面包玻璃丝布)	596 块	组合	2	1 192	围壁、天棚隔热延伸等
12	(密度:100 kg/m^3)	岩棉板 850×810×50 (外面包玻璃丝布)	2 484 块	组合	3.45	8 569	围壁、天棚隔热等
11	(密度:170 kg/m^3)	硅酸铝纤维软毡 900×450×20 (外面包玻璃丝布)	470 块	组合	1.38	648.6	耐火扶强材,强横梁等包覆
10	(密度:170 kg/m^3)	硅酸铝纤维软毡 900×850×20 (外面包玻璃丝布)	106 块	组合	2.15	228	用于各层耐火强横梁等包覆
9	(密度:170 kg/m^3)	硅酸铝纤维中硬毡 850×450×20 (外面包玻璃丝布)	906 块	组合	1.3	1 178	用于各层耐火延伸
8	(密度:170 kg/m^3)	硅酸铝纤维中硬毡 850×810×20 (外面包玻璃丝布)	828 块	组合	2.35	1 938	用于各层围壁和天棚
7	(密度:140 kg/m^3)	硅酸铝纤维软毡 900×500×20 (外面包铝箔布)	110 块	组合	1.2	132	用于 CO_2 室天棚纵梁包覆
6	(密度:140 kg/m^3)	硅酸铝纤维软毡 900×600×20 (外面包铝箔布)	52 块	组合	1.43	74.4	用于 CO_2 室扶强材等包覆
5	(密度:140 kg/m^3)	硅酸铝纤维软毡 900×850×20 (外面包铝箔布)	12 块	组合	2.15	25.8	用于 CO_2 室强横梁包覆
4	(密度:100 kg/m^3)	岩棉板 850×810×50 (外面包铝箔布)	150 块	组合	3.45	518	用于 CO_2 室围壁和天棚
3	(密度:170 kg/m^3)	硅酸铝纤维软毡 900×450×20 (外面包铝箔布)	46 块	组合	1.38	63.5	用于 CO_2 围壁扶强地材等包覆
2	(密度:170 kg/m^3)	硅酸铝纤维中硬毡 850×450×20 (外面包铝箔布)	22 块	组合	1.3	28.6	用于 CO_2 围壁向天棚延伸
1	(密度:170 kg/m^3)	硅酸铝纤维中硬毡 900×850×20 (外面包铝箔布)	68 块	组合	2.75	187	用于 CO_2 室围壁

标记	数量	修改单号	签字	日期	57 300 吨级散货船	生产设计			
设计						BH409ML-A14S59			
校对						本图适用于 1、2 号船			
审核					舱室绝缘安装图	质量	18 973 kg	比例	1:100
标检									
审定						渤海船舶重工有限责任公司			

表 4－14(续二)

序号	图例含义	节点示意图	适用处所	备注
1	钢壁 A－60防火绝缘 钢壁表面敷密度 170 kg/m^3,(20＋20) mm 厚硅酸铝纤维中硬毡,作 A－60分隔。 扶强材包密度 170 kg/m^3,(20＋20) mm 厚硅酸铝纤维软毡,作 A－60包覆。 (硅权铝纤维中硬毡及纤维软毡外面包玻璃丝布)。	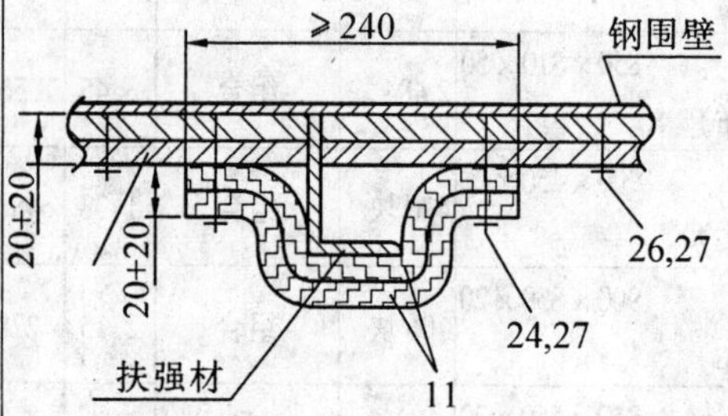 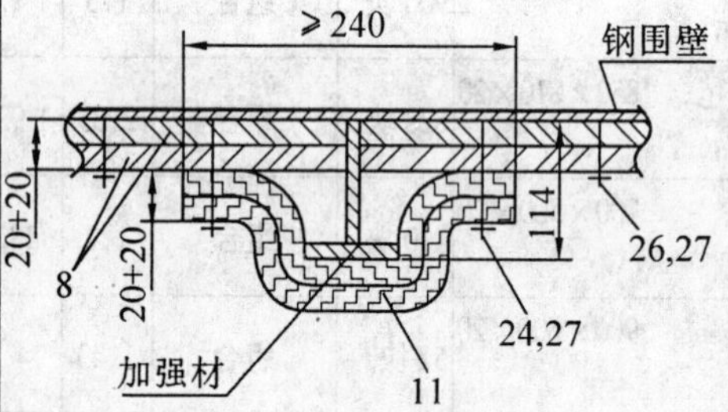 适用于向钢甲板延伸部位 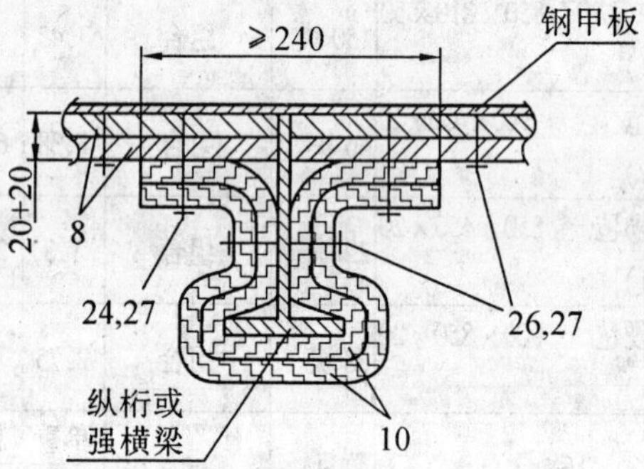 	驾驶甲板:WC; 船长甲板:蓄电池间; 艇甲板:贮藏室、电器设备间; 上甲板:烘衣间、消防控制站、贮藏室、梯度、氧气间、乙炔间、鱼库、缓冲间、下机舱梯围壁外侧等。	注:凡敷设 A－60 绝缘之围壁与甲板垂直相交时,绝缘材料应向相邻甲板延伸 450 mm 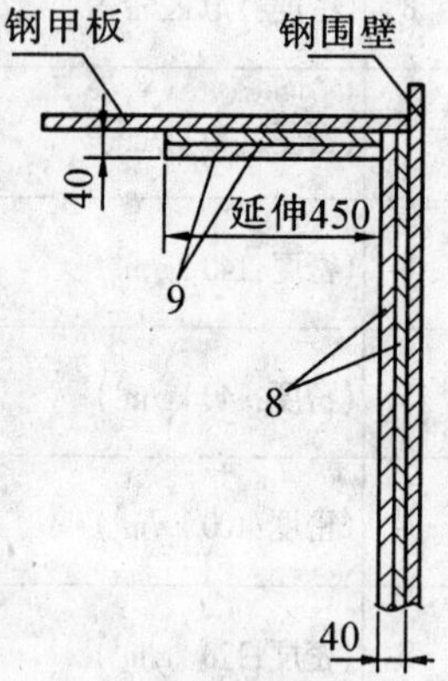 碰钉布置典型图 1∶20 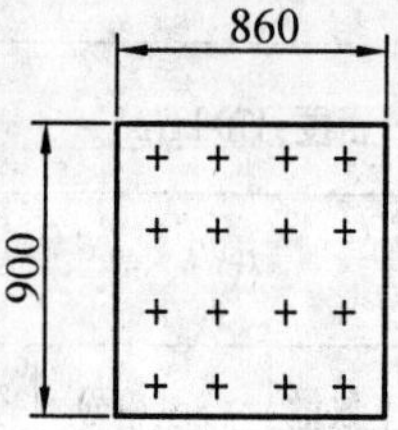

表 4-14(续三)

序号	图例含义	节点示意图	适用处所	备　注
2	外围壁及分隔围壁、隔热绝缘 钢壁表面敷密度 100 kg/m³,50 mm 厚岩棉板作隔热隔声分隔。 扶强材包密度 140 kg/m³,20 mm 厚硅酸铝纤维软毡作隔热隔声包覆。(岩棉板及纤维软毡外面包玻璃丝布)。	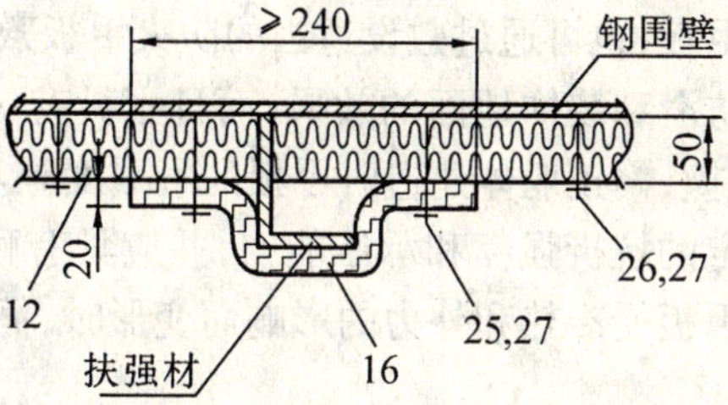	各层甲板外围壁等	注:凡敷设隔热绝缘之围壁与甲板垂直相交时,绝缘材料应向甲板延伸 450 mm 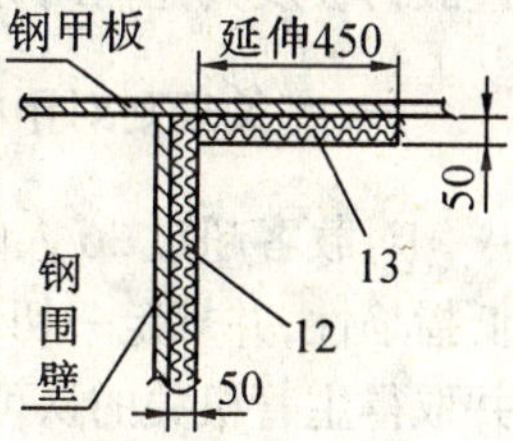
		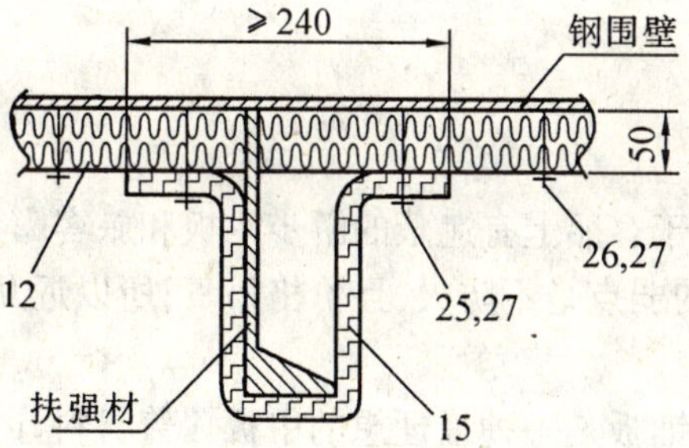	上甲板外围壁 艇甲板前壁 起居甲板前壁	

第五章　舱室甲板铺材与甲板敷料

第一节　甲板铺材的性能和典型结构

船舶某些区域的甲板和舱内平台，由于工作和生活的需要，应敷设适当的铺材或甲板敷料。对于某些具有防火分隔要求的甲板，也可通过敷设适当的防火甲板敷料，以满足防火的要求。敷设甲板铺材和敷料可起到防滑和装饰地面的效果，而且也具有一定的隔热和隔声作用，同时可保护甲板免受磨耗和碰撞，修正船体建造时甲板的不平度等。

甲板铺材和甲板敷料应具有一定的抗折强度和承压能力，并应具有耐冲击、耐磨损、耐油、耐酸碱等性能。尤其是敷料，当甲板受冷热和外力的影响而变形时，仍能牢固黏接，不开裂，不透水。

甲板铺材是指可直接铺在钢甲板上或甲板基层敷料上的表面防护和装饰用的天然或化学合成材料制作的板材。主要有木材、塑料地板、陶瓷地砖及地毯等。

甲板敷料是指涂敷式敷层或是含有填料和垫料的复合结构层，它又可分为基层敷料和面层敷料，前者直接敷设在钢甲板上，后者敷在基层敷料面上作为装饰层。

甲板基层敷料类型很多，采用的材料有水泥、乳胶、膨胀珍珠岩、岩棉、陶瓷棉、玻璃棉、硅酸钙板及其他辅助材料等。

一、有关规则对甲板铺材的要求

对载客超过36人的客船“设有限制失火危险的家具和设备的房间”的甲板铺材应具有低播焰性，并规定一切地板覆盖物，其阻止火焰蔓延的性能应不次于同一目的的等效毛料，并取得主管机关的认可。

二、木铺板

(一)木甲板铺板

木材作为甲板铺材，曾广泛地用于客船上有遮蔽的游步甲板和旅客露天甲板，也用于货船上层建筑的露天甲板。但其致命的弱点是不防火，且价格昂贵，所以近几十年已逐渐为各种人工合成敷料所替代。

从旅客舒适的观点来看，木甲板铺板是一种最理想的甲板覆盖材料，因为它除了行走舒适，清洗方便外，只需定期捻缝，无须其他维护保养。木甲板铺板尤其适合于在热带航线上航行的船舶，因为在热带航行时，船上游泳池附近的浴场甲板上敷设的釉地砖和塑胶制品甲板覆盖会热得无法忍受，难以落脚。

木甲板铺板铺设形式有连续纵向铺设和间断纵向铺设两种类型，连续纵向铺设铺板的端接头和螺栓固定处所可不受限制，为了施工方便，大多采用排列于一道(图5-1)。间断纵向铺设的铺板靠压盖板紧固，这种方法较前者省工省料(图5-2)。

木甲板铺板结构上要注意材芯和表层分别相同贴合(图5-3)，在与围壁邻接或各种座架处铺板应稍高出(图5-4)，铺板交角处结构(图5-5)，甲板边木铺板的流水沟形式(图

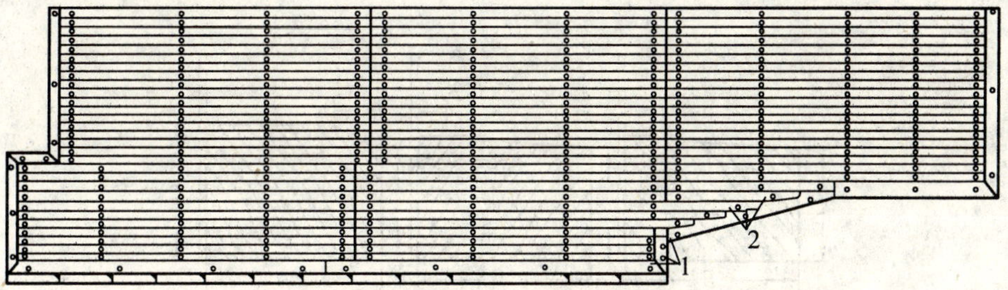

图 5－1　连续纵向铺设的木地板

1—水沟板;2—甲板铺板

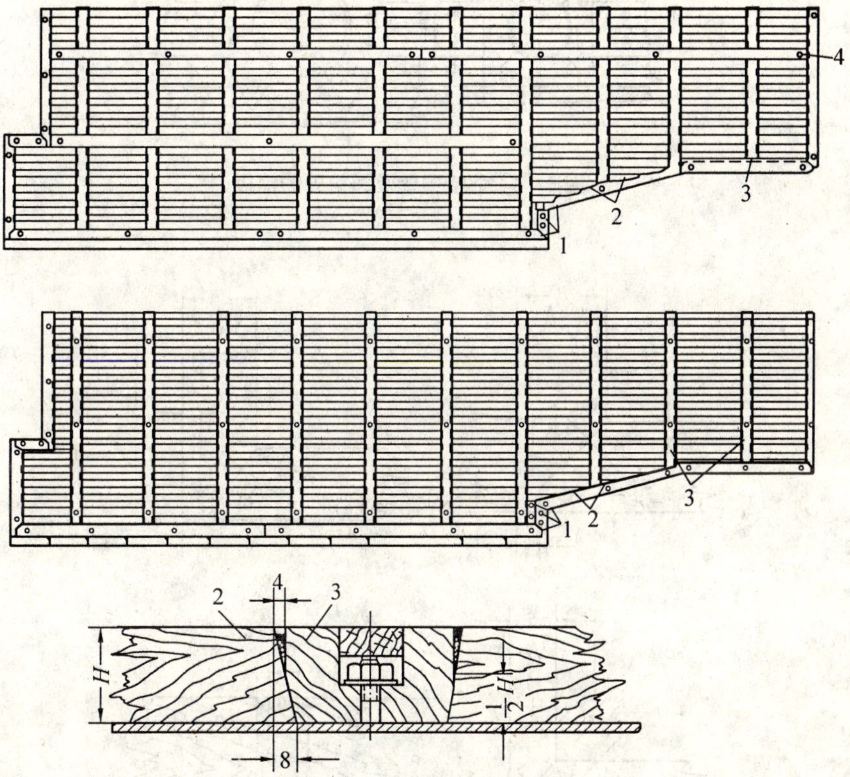

图 5－2　间断的木地板

1—水沟板;2—铺板;3—压盖板;4—纵通铺板

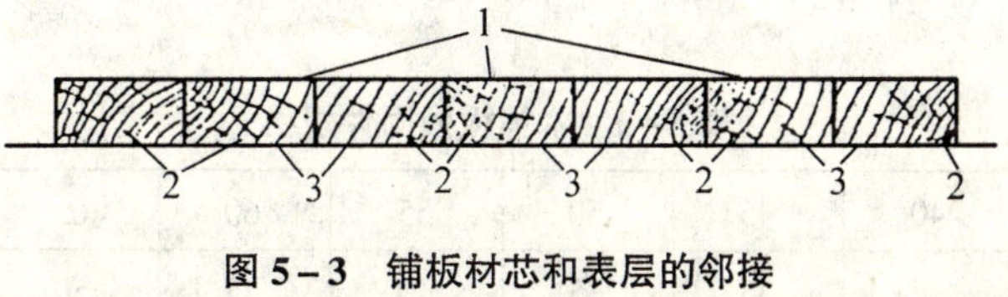

图 5－3　铺板材芯和表层的邻接

1—铺板表面;2—材芯;3—表层

5－6)。

木甲板铺板采用焊在甲板上的螺柱加以固定,不同板厚的固定螺柱的规格见表 5－1。

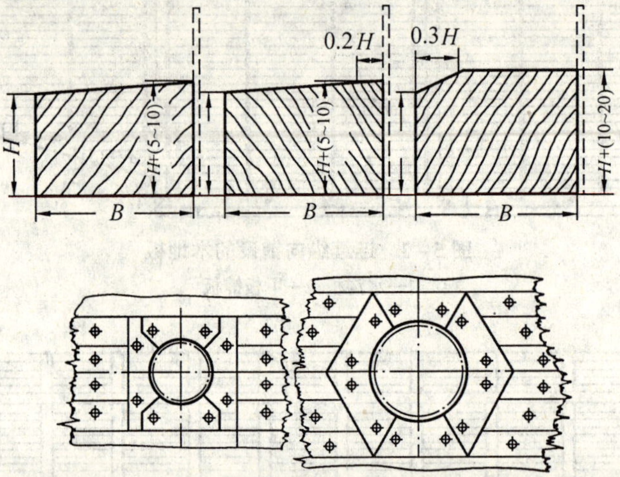

图 5－4　邻接围壁及圆筒处的铺板

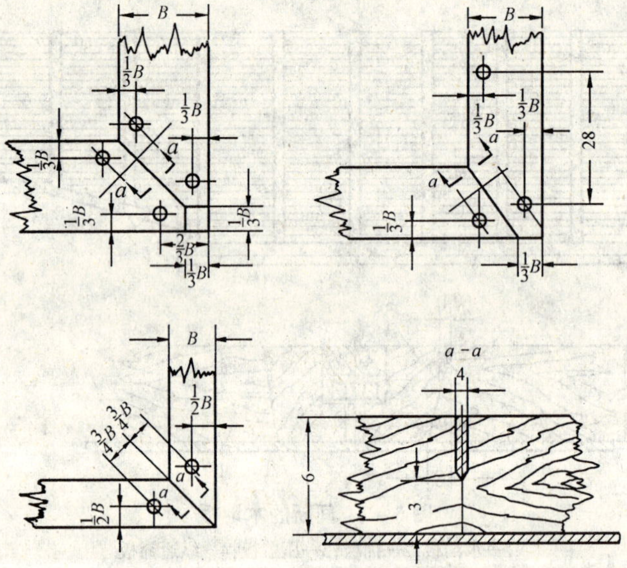

图 5－5　铺板交角处结构

表 5－1　木铺板紧固件规格

单位:mm

板厚		40	45	50	55	60	65	70	75
螺柱	长度	30	35	35	40	45	50	55	60
	直径	8	8	10	10	10	10	10	10

螺柱孔用与铺板相同的材料制成木塞，塞入时要注意使木塞的木纹与铺板一致(图

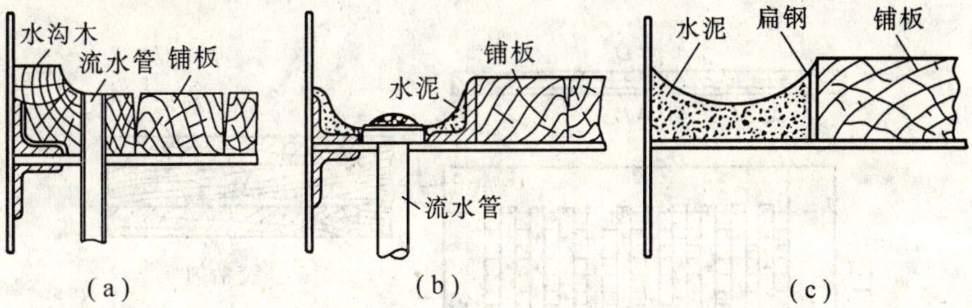

图 5-6　木铺板甲板边的流水沟结构

5-7)。木铺板的捻缝形式如图5-8所示。

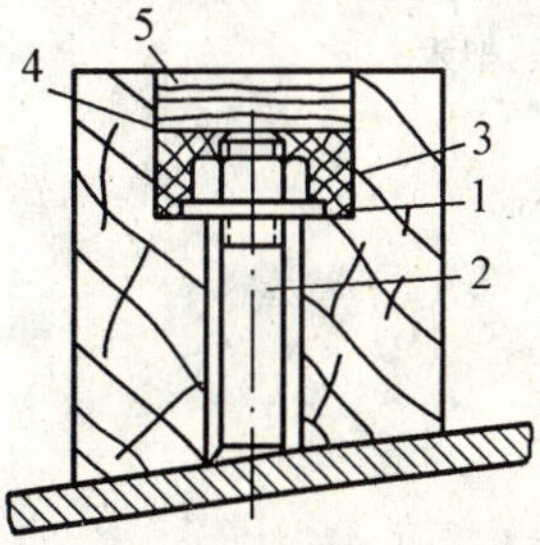

图 5-7　木铺板固定形式

1—垫圈；2—螺柱；3—螺母；
4—厚漆或沥青；5—木塞

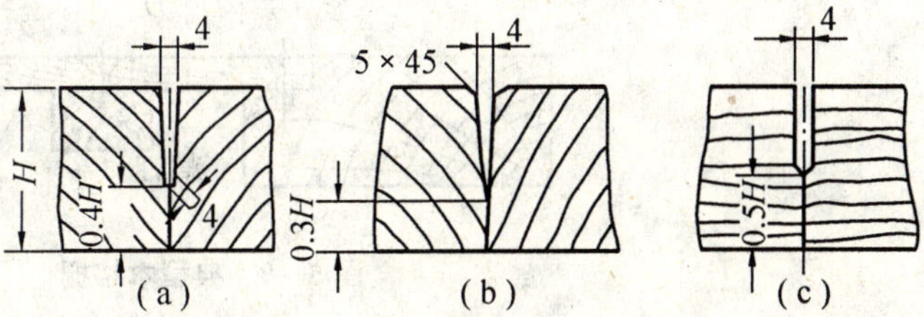

图 5-8　木铺板的捻缝

(二)木格栅

船舶的某些处所，如储藏室、冷库、粮库和工作舱室等需铺设防滑隔湿的木格栅。图5-9所示为一种典型的木格栅，简便型木格栅(图 5-10)。

木格栅通常选用优质松木制作，露天木格栅常需在四周用扁钢或铁耳环焊接固定，以防船舶摇晃时移动。

(三)舱底铺板

在锚链舱和一些货舱底铺设木质舱底板。舱底铺板的垫木一般为50 mm × 100 mm，间距为 600 ~ 800 mm，用固定螺栓将其固定在甲板上。垫木一般为横向敷设，舱底板纵向敷设，敷设从中心线向两边展开，舱底板相邻接缝处要镶木嵌条，接头处要有垫木，如图5-11所示。

(四)装饰型木地板

木质地板的质感介于冷硬的陶瓷地砖与柔软的地毯之间，具有朴实温厚的美感，行走舒适，并传递自然原始气息，木地板还具备调节温度与湿度的功能，能顾及到人体的视觉、听觉和触觉上的各项生理要求；同时，木质地板可达到高精度加工，企口有自锁能力，安装方便，加之有着自然美的各种木质纹理图案，从而成为其他铺地材料无法相比的佼佼者，所以时至今日，在客船、旅游船的高级舱室，如舞厅、酒吧等处还常选择铺设高级拼花硬木地板(图5-12)。

当今地板的材料已在不断更新换代，多种款式和材质的木质地板更具装饰性和实用性。

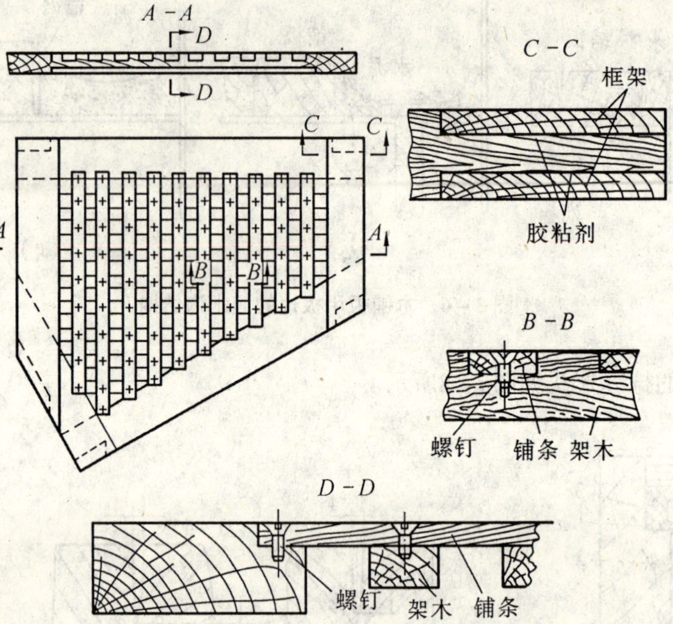

图 5－9　典型木格栅

现代木地板可分三大类。

1. 实木地板

一般选用天然优质硬木经人工干燥后以先进的切削工艺加工而成双边或四边企口地板。

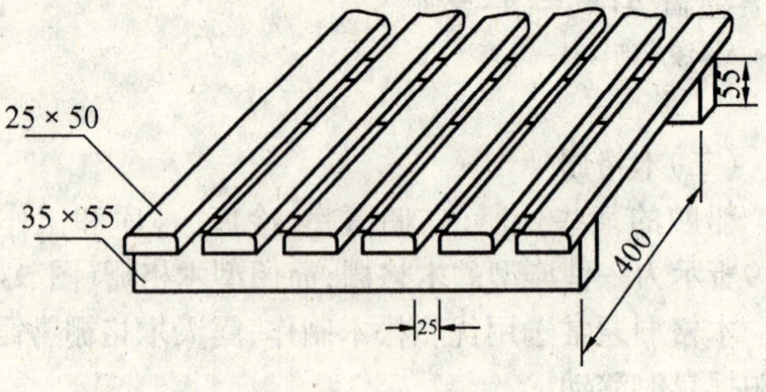

图 5－10　简便型木格栅

具有多款的树种，如北美的橡木、枫木、樱桃木、胡桃木、毛榉；南美的象牙木；亚洲的柚木、花梨木、柳桉木、春茶木、香柏、门格里斯、昆甸木、榉木，中国的水曲柳、香柏、红豆杉、椎木、柞木、柯木、金丝木等，以其美丽的花纹、天然的纹理，给人温馨舒适，清洁干爽，雍容华贵的感觉。

2. 多层实木复合地板

传统的单层实木地板，受制于干燥及切削工艺，可能会有一定的变形，同时一些阔叶硬木珍贵树种资源有限，所以近年来，出现了多层实木复合地板。这种地板由多层实木经干燥处理后以复合结构合成，通过各层单板纵横交错，即相邻两层木理方向垂直，互相牵制彼此的收缩膨胀，从而真正做到以实木确保不弯曲变形；面板为优质高档树种木材，芯材则为普通木材，经压制成型再用先进设备进行精细加工而成。

这种多层实木复合地板既完全保留了单层实木地板的优点，又彻底解决了由于海上航行空气温度和湿度变化剧烈容易导致木材本身吸湿或干燥后变形的缺陷。

3. 耐磨复合地板

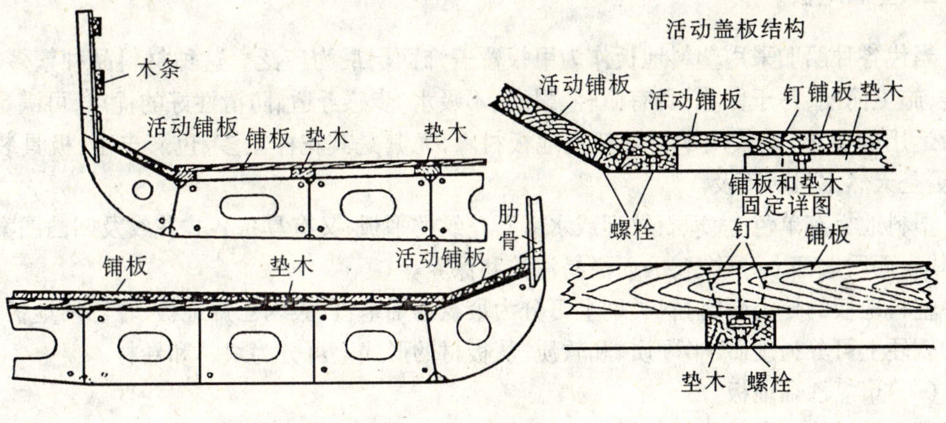

图 5-11 舱底铺板

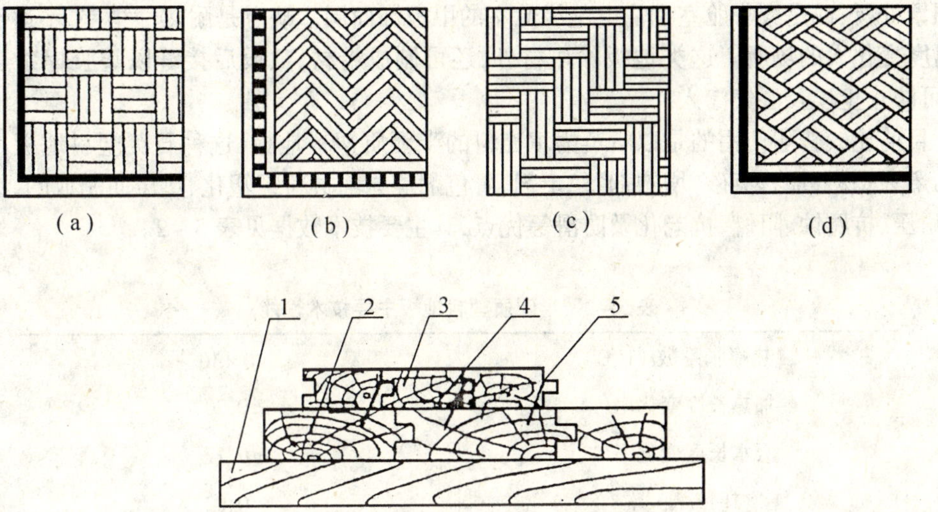

图 5-12 拼花地板

(a)小方块拼花;(b)斜纹拼花;(c)长木条拼花;(d)菱形拼花

1—地板搁栅;2—企口毛地板;3—拼花地板;4—拼花地板及面缺口;5—圆钉

是以高密度纤维板为基材,能承受强大撞击及负压重力,对人体无害。板材底部用防潮底层,面板用三聚氰胺装饰板,覆贴 PEP 木纹纸,另喷涂三氧化二铝细颗粒涂层,增加其表面硬度,具有表面层不露底、防火、抗紫外线、耐冲击、不褪色、阻燃、隔声等特性,还有易于清洁、保养方便的优点。

木质地板敷设前应在钢甲板上铺设木衬挡,木衬挡的规格一般为 35 mm×55 mm,用钢质耳板焊接在钢甲板上以螺丝钉与木衬挡加以固定,随后在木衬挡上铺设一层 20 mm 厚的企口毛地板,再在其上敷设拼花硬木地板,近年来为减轻质量,降低成本,铺设长条硬木地板时将其直接铺在木衬挡上,省去企口毛地板。

三、塑料地板

当代各种船舶采用塑料地板作为甲板覆盖饰面层最为广泛。这种材料品种繁多，价廉物美，施工简便，易于保养，具有质轻、耐磨、不吸水、步感舒适、防滑性好的优点，可满足空间灵活运用的要求，是替代木材的新型地板材料，尤其是其花样繁多、色彩丰富，极具装饰功效，更是天然木材所不及。

塑料地板有单色、大理石纹理或水磨石花纹的平板，又有具备各式花纹及凹凸图案的板材，其表面质地都十分致密，因而极易清洁和保养。

塑料地板的分类，从材料类别上可分为聚氯乙烯地板、聚丙乙烯地板、聚乙烯地板；从质地的软硬上可分为硬质、半硬质、和软质；从板材的形式上可分为块材和卷材。

(一)聚氯乙烯地板

聚氯乙烯地板是以聚氯乙烯为基料、加稳定剂、增塑剂等经塑化、热压而制成的，又分为无填充料、有填充料、复合型三种类型。无填充料的纯聚氯乙烯地板质地软、弹性好、耐油、耐水、耐磨、耐酸碱，还具有吸尘和电绝缘之优点，且易着色，花色丰富，可用于公共场所、交通频繁处所，或是豪华舱室和需电绝缘舱室的甲板饰面层。缺点是耐热性稍差，不适于曝晒或温度变化大的场所。这类地板除块材外，还可制成卷材，敷设后接缝以塑胶焊条热熔黏接，可防止尘埃及湿气渗入。

目前比较普遍使用的是以石英为填充料的半硬质塑料地板，这种石英塑料地板是以聚氯乙烯为基料，加石英砂、增塑剂、稳定剂、着色剂等原辅材料经塑化、热压而制成的，具有耐磨、耐压、抗腐蚀、阻燃、抗老化及防滑等优点，其主要技术数据见表 5-2。

表 5-2　半硬质塑料地板主要技术性能

热膨胀系数/(1/℃)	$\leqslant 1.0\times10^{-4}$
加热长度变化率/%	≤0.20
吸水长度变化率/%	≤0.17
磨耗量/($g\cdot cm^{-2}$)	≤0.02
残余凹陷/mm	≤0.15

(二)复合型聚氯乙烯地板

复合型聚氯乙烯地板又称弹性塑料地板，是由多层材料复合而成。早期的产品如聚氯乙烯阻燃地板革(俗称油地毡)是以聚氯乙烯树脂为原料加入增塑剂、稳定剂以及其他助剂配比而成的混合物覆在基布上，经热熔成型、轧花、冷却等工序连续加工制成的，具有弹性、柔软、防潮、阻燃等性能，表面平整光滑、富有弹性，脚感舒适，适用于舱室、走道的地坪，扶梯踏步的铺盖材料。近年来复合型聚氯乙烯地板已推陈出新，发展成"三明治"形式的弹性地板，其基本构成如图 5-13 所示，底层以玻璃纤维作铺垫，中间为聚氯乙烯球状密闭发泡层组成，表层为耐磨的聚氯乙烯。

这种地板的弹性和吸音性能极佳，又能提供舒适的步行感觉，特别适用于要求降躁和步感良好的处所，目前国内外都已大量生产。该类地板厚度为 3 mm 左右，也有厚达 5.5 mm 的供特殊场所选用，大多为卷材型，主要技术性能见表 5-3。

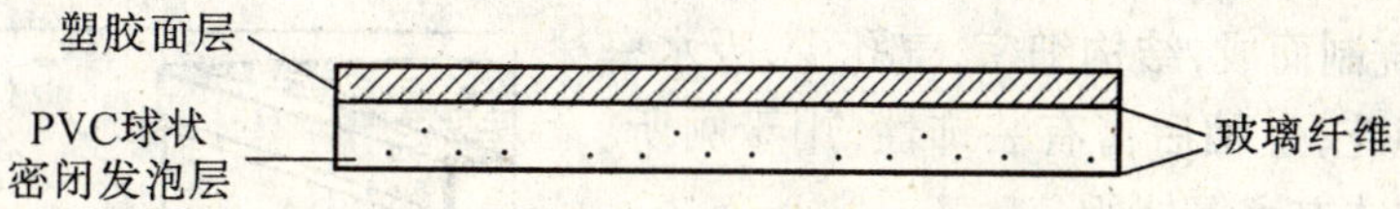

图 5-13　复合弹性塑料地板基本结构

表 5-3　某些复合型聚氯乙烯弹性地板的型号及性能

型号	质量 /($kg\cdot m^{-2}$)	残余凹陷 /mm	抗张强度 /MPa	延伸率 /%	热卷曲 /mm	隔音性能 /dB	热阻 /($kW\cdot m^{-2}$)	厚度 /mm	导电性 /kΩ
A	1.09	≤0.2	1.96	≥20	≤4	8	0.02	1.5±0.15	$10^7\sim10^8$
B	1.275	≤0.2	2.62	≥50	≤3	6	0.02	1.5±0.15	$10^7\sim10^8$
C	1.47	≤0.2	1.47	≥50	≤3	13	0.02	1.95±0.15	$10^7\sim10^8$
D	1.98	≤0.35	1.47	≥50	≤3	21	0.06	4.0±0.20	$10^7\sim10^8$
E	0.75	—	1.96	—	≤1	—	0.015	1.0±0.10	$10^7\sim10^8$
F	2.84	≤0.2	3.46	≥120	≤2	18	0.01	3.4±0.20	$10^7\sim10^8$

四、橡胶地板

橡胶是一种优质的原材料，而橡胶地板则是近年新发展起来的符合环境保护、完美耐用的新型铺地材料，国外已广泛使用，国内一些厂家也陆续投产。

橡胶地板主要特性如下：

1. 耐磨；
2. 尺寸稳定性好，因为不含增塑剂，故不会收缩；
3. 抗香烟头烧伤，不会损伤表面；
4. 抗老化，性能稳定；
5. 抗静电，步行时不产生明显的静电电荷；
6. 耐化学药物，短期接触溶剂、稀酸或稀碱，不会损伤地板；
7. 防火性能好，符合有关规则的要求，具有燃烧时不产生有毒气体的安全性能；
8. 脚步吸声性能改善；
9. 防滑性能好，特别是突粒结构形式的地板尤佳；
10. 符合环境保护，因不含聚氯乙烯，所以当废弃时易处理，不会对环境造成污染。

橡胶地板按其适用场所环境形成众多的系列和不同形式的功能，涵盖了非常大的使用范围，加上不同的结构形式和色彩范畴来满足不同的设计要求，是一种良好的船舶内装新型铺地材料。

用于楼梯的橡胶地板目前已出现整体式梯道踏步覆面层，它由踏步、加凸沿、竖板和踏步板组成(图 5-14)，并可配以专用的楼梯角材及收饰条等配件。

橡胶地板配套使用的热熔焊条可将其接缝黏合，形成整体地面，防止尘埃和潮气渗入。

五、陶瓷墙地砖

在舱壁和甲板上铺设陶瓷墙地砖，除了持久耐用、防水湿之外，还极具装饰性。

用于舱壁的釉面瓷砖是用磨细的长石、石英、瓷土粉经高温烧制而成，结构细密，气孔少，吸水率低，表面多重印花，上釉后富有装饰性，用于厕所、浴室、盥洗室和洗衣房等处所。

用于甲板敷设的陶瓷地砖除了传统的马赛克、红缸砖外，现在较多采用大块彩色同质砖和釉面地砖，尺寸较大的地砖施工时其接缝加铜条，更加显得华丽大方。

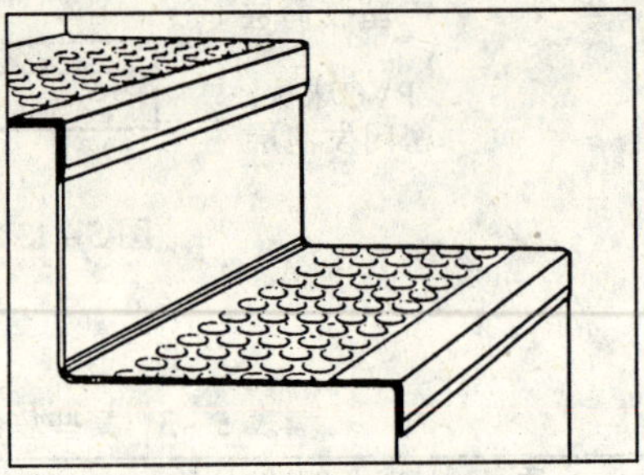

图 5－14　整体式橡胶踏步

防滑型磨光玻化砖是陶瓷墙地砖中最新的品种，色彩丰富，天然纹理，质感高雅，性能优于天然石材，是替代天然装潢石材的精品。防滑型磨光玻化砖有纯色、彩点、聚晶、梦幻等各种系列，抛光、亚光等数十个品种，还有采用高新技术水刀切割的艺术型玻化砖拼花。防滑型磨光玻化砖的产品特性如下：

(1)低吸水率　吸水率极低，仅为 0.1% 以下，比一般天然石材低 5～30 倍，长年使用，绝无变色，不留痕迹始终如新；

(2)高耐磨　经高温烧制而成，莫氏硬度达到 7 级，质地致密坚硬，耐磨度为瓷砖之最；

(3)高强度　具有高抗折强度，抗折性极佳，施工和使用都不易破损；

(4)耐酸碱　耐化学腐蚀性好；

(5)防滑性好　吸水率极低，故表面未加任何透明釉，普通亚光砖摩擦系数高达 0.70，具有极高的止滑效果。

六、天然石材

天然大理石等石材以往很少用于船舶内装工程，其关键原因是天然石材虽然花纹典雅，经久耐用，但板材较厚，质量较大，难以用于对材料质量要求较严的船舶上。

近年来石材加工设备的进步，切割技术的提高，目前已能加工制作大平面超薄型装饰天然石板，如大理石、花岗岩薄板，使这种天然石材的应用如同陶瓷墙地砖一样简单、方便，可以说是装饰石材的一场革命。这种超薄石材的剖料、切片、研磨、抛光等各个生产环节都严格控制质量，保证了超薄石材加工精度。这种超薄装饰石材厚度通常为 6 mm 左右，因此在铺装时和普通陶瓷墙地砖同样施工。还有一种复合型超薄装饰石材，是将厚度仅 3 mm 的天然大理石薄板黏在 5.5 mm 厚的铝质波纹夹板上，总厚度为 8.5 mm，在安装上具有很强的优越性，为天然装饰石材在船舶内装工程中广泛应用创造了良好的条件。

七、地毯

地毯按其制造原料的不同可分为纯羊毛地毯、混纺地毯(羊毛与化纤)、化纤地毯(聚酰纤维、聚丙烯腈纤维、聚丙烯纤维、聚酯纤维)、剑麻地毯及橡胶地毯等。

地毯的选用主要考虑下列几大因素：

(1)基本要求　防火、防静电性能等；

(2)环境要求　防污、防霉、交通流量；

(3)舱室整体设计要求　协调、装饰效果。

各类地毯的特性如下。

1.纯羊毛地毯

(1)手工织造的纯羊毛地毯是以道数表明其档次的高低,这里以典型的90道手工打结纯羊毛地毯为例。

特点——弹力大,拉力强,变形小,抗静电,抗老化,耐磨耐热,耐燃烧,脚感柔软,色彩艳丽,图案美观。富丽堂皇,易清洗保养,是地毯中的珍品,价格较贵。

花色——京式、美术式、彩花式、素凸式、仿古式等。

规格——按厚度分为9.53 mm、12.7 mm、15.9 mm三种。

性能——日晒牢度:4~5级;刷洗牢度:4~5级;摩擦牢度:3~4级。

(2)机织纯羊毛地毯

机织纯羊毛地毯有麻底型、提花美术型等类型,适用范围很广,可用于防火要求较高的场所。

特点——平整光泽,富有弹性,足感舒适,吸音防滑,耐磨耐热,经久耐用,其抗静电、抗老化、回弹性、耐燃性均优于化纤地毯,价格低于手工织造纯羊毛地毯。

花色——各种颜色和提花型。

规格——厚度7 mm,质量1.5 kg/m^2 左右。

性能——阻燃性测试可符合中国民航机务通告TY-2500-0009阻燃要求,并经中国船检局认可。

2.化纤地毯

化纤地毯一般用簇绒法生产,以丙纶长纤维、腈纶等化学纤维(或加入部分羊毛原料,即为混纺地毯)用簇绒法制作面层,基层用麻底、胶底或麻胶底复合制成的地毯,具有色彩鲜艳、质轻、耐磨、耐腐蚀、不易脱毛、富有弹性、铺设简单、价格较低的特点,有圈绒、割绒等品种。

另有采用无纺针刺工艺生产的,通常以丙纶短纤维经先进的无纺针刺工艺精制而成,品种除了圈绒、平纹、条纹、双层双色提花外,还有天鹅绒等新型地毯。这类产品具有色泽鲜艳、毛绒感强、阻燃、抗静电、耐腐蚀、防水、防霉、防蛀等特点。

化纤簇绒地毯和丙纶无纺针刺地毯的品种、规格见表5-4和表5-5。

表5-4　化纤簇绒地毯品种、规格

品　名	规格		
	长/m	宽/m	厚/mm
腈纶、丙纶族绒地毯	20	0.9	7~12
丙纶族绒(切绒、圈绒提花)地毯	20	2 4 (提花)	7~10
单色圈绒、提花圈绒、单色割绒、提花割绒、混合圈绒、混合割绒地毯	20	2	
裁绒、提花编织地毯	20~30	≤4	
化纤簇绒地毯		2	5~10 (绒高)

表 5-5 丙纶针刺地毯品种、规格

品名	规格		质量/($kg \cdot m^{-2}$)
	幅度/m^2	厚/mm	
圈绒地毯	2~2.1		0.65 0.80 1.00
花纹地毯	2~2.1		0.65 0.80 1.00
天鹅绒地毯 双色提花地毯	2~2.1		0.8 1.00
单浸渍平纹地毯	2	5	0.9
单浸渍条纹地毯	2	4.5	0.95
单浸渍提花地毯	2	4.5	1.05
单浸渍天鹅绒地毯	2	6.5	1.15
单胶针刺地毯	2,4		1.00
泡沫针刺地毯	2,4		1.00

3.橡胶地毯

橡胶地毯是以橡胶为原料在一层薄胶垫上竖立密集的扁平带尖的毛刺,该类产品具有色泽鲜艳、图案美观、柔软、耐磨、耐老化、弹性适中等特点。橡胶地毯不怕水、隔潮、耐腐蚀、清洗方便,这些都是羊毛地毯、化纤地毯所不能比拟的,因此在一些潮湿、常与水接触的处所(如卫生间、浴室、化验室等)尤为适用,又鉴于橡胶地毯是由各种绝缘材料制成,因此极为适合配电间、控制室、电子计算机室等处所。产品分阻燃和非阻燃两种,尺寸可按需拼接。主要技术性能和规格见表 5-6。

表 5-6 橡胶地毯技术性能、规格

密度/($kg \cdot m^{-3}$)	1 210
扯断力/(N/cm^2)	1 382
硬度/(邵氏)	52
伸长率/%	526
永久变形/%	36
老化系数/(70 ℃·24 h)	0.879
规格/(mm × mm × mm):短毛	480 × 480 × 5
长毛	700 × 600 × 20 1 000 × 700 × 20
防滑垫/(mm × mm × mm)	600 × 700 × 6
每块质量/kg:短毛	0.8
长毛	2.8

表 5-7　橡胶防滑垫技术性能、规格

密度/($kg \cdot m^{-3}$)	13.6
扯断力/($N \cdot cm^{-2}$)	428
硬度/(邵氏)	54
伸长率/%	393
永久变形/%	4.5
老化系数/(70 ℃·24 h)	0.938
耐油规格	5.575.57
击穿电压/V	12 000
规格/(mm×mm×mm)	660×660×30
每块质量/kg	5.1~5.4

4.橡胶防滑垫和多孔橡胶垫

橡胶防滑垫是以橡胶为主要原料制作的，可替代传统的木格栅，常用于驾驶室、海图室，走道等处所，也适用于船上的厕所、浴室、盥洗室及露天甲板等处作为疏水防滑设施。主要性能、规格见表 5-7。

多孔橡胶垫具有结构新颖、泄水性强、防滑等特点，底面有排水槽以保证水流畅通，无腐味，并配有专用的连接件，以备在铺设面积大时用一定数量的标准尺寸多孔橡胶垫块用专用连接件连接成一体。

5.人造草坪

表 5-8　人造草坪技术性能、规格

质量/($kg \cdot m^{-2}$)	1.05
使用温度/℃	-20~100
吸水率/%	0
断裂强度(N/5 cm)	50
草叶抗拔强度(N/族)	≥3
底图层剥离强度(N/5 cm)	20
色牢固(级)	≥5
氧指数/%	19~21
尺寸稳定性:干热	≤0.6%
湿冷	0.3%
规格:长度/mm	1 500~3 000
幅宽/mm	≥1 300
草叶高/mm	5,7.5,10,12.5,15

人造草坪是以聚丙烯为面层材料，背衬耐水乳胶垫制成的感觉如天然草坪的铺材，具有耐水、耐磨、富有弹性、不易灼燃、不怕霉烂、耐酸碱、易冲洗、防滑等特点。主要技术性能和规格见表 5-8。

第二节　甲板基层敷料的性能和典型结构

一、有关规则对甲板敷料的要求

甲板敷料和甲板基层敷料迄今尚无严格的区分方法。一般来说，甲板敷料是一种总称，而甲板基层敷料则是一种特定的称谓。前者泛指在钢甲板上敷设的涂敷层材料，它起着保护甲板、防止甲板腐蚀以及改善甲板的使用条件等作用。在衡量甲板敷料遇到从钢甲板下来的火源的情况下的耐火性能时，安全公约会就提出了甲板基层敷料的概念。现行的《SOLAS 公约》对甲板敷料的要求：

1.与甲板有足够的黏结强度，不腐蚀钢板，并起到保护作用；

2.具有防水渗透性能，长期泡水不松散；

3.干燥线收缩率小，抗折强度和抗压强度高，不会产生收缩缝和龟裂缝；

4.敷料面层有一定的硬弹性；

5.具有一定的隔热、隔声性能；

6.施工方便，工艺易于掌握；

7.原材料资源丰富，价格低廉。

除此之外，对于不同种类的船舶和不同的施工部位，还有各自的特殊要求，如露天甲板敷料则要求具有耐气候老化和防滑性能；冷藏室则要求底层有保护冷性能良好的材料，上层有防寒、防冷等性能；油舱上部或周围的敷料则要求有较高的防油性能，吸油率要小等等。

水平防火分隔的甲板应满足 A 级耐火完整性。根据甲板上下处所的性质规定的甲板防火级别(A-60，A-30，A-15，A-0)所敷设的甲板敷料应满足这些相应的耐火分隔要求。

《SOLAS 公约》规定起居处所、服务处所及控制站内的甲板基层敷料应为在高温时不易着火，且不会发生毒性或爆炸性危险的认可材料。该材料必须按照 LMO.A.687(17)决议《甲板基层敷料可燃性耐火试验程序》进行试验，并经主管机关认可。

二、甲板基层敷料的种类

(一)水泥

水泥是最基本的传统甲板基层敷料。水泥用作甲板基层敷料的优点是价廉、耐用、抗磨性强、耐水湿、化学性能稳定、易于清洗和消毒，但缺点是密度大、抗阻较小、振动下易松碎及龟裂。

水泥主要用作厨房、配餐间、厕所、浴室、盥洗室、洗衣房、烘衣间等处所的甲板基层敷料作为铺砌陶瓷地砖的黏固底层。船用水泥多为含不超过 5%三铝酸钙和 5%~15%活性二氧化硅添加料的防酸水泥，为了防水可另加憎水性添加剂，标号在 300~500 号之间。水泥敷层厚度大于 35 mm 时，水泥与砂的配比为 1:3；厚度小于 35 mm 时，水泥与砂的配比为 1:2。一般敷层要在甲板上先焊装金属马脚(图 5-15)。在敷设水泥前应仔细清除甲板表面的氧化皮、锈层。

近年出现的一种彩色水泥处理剂是一种高科技产品，能在原本普通的水泥表层上创造出风格迥异、自然逼真的大理石、花岗岩、陶瓷地砖等效果，具有古朴自然的风采，又克服了天然材料价格昂贵、施工麻烦、拼接缝处容易渗水损坏、不宜受重压之不足。这种新材料的特点是能使普通水泥地坪快速达到多彩多姿的效果，而强度是其他材料无法相比的，且价格又相当适宜。

(二)乳胶类甲板基层敷料

由于普通水泥敷层有种种缺点，所以在水泥中渗拌各种添加物，以改善水泥的技术性能。乳胶类甲板敷料就是在水泥砂浆(水泥 + 骨料 + 水)中加入一定比例的乳胶制成，故俗称乳胶水泥。骨料可以采用普通石英砂，也可用珍珠岩或浮石之类。乳胶一般指高聚物分散在水介质中形成的乳液。

乳胶类甲板敷料中乳胶的含量高则弹性、抗折、抗冲压、耐水性能提高，但耐磨性降低，收缩变形增加。通常乳胶含量控制在 10% ~ 20%。

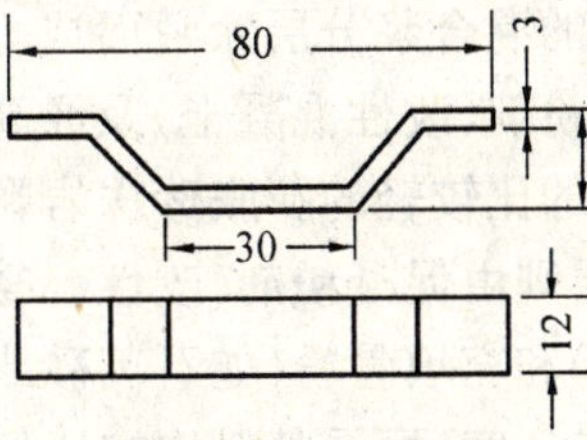

图 5－15　金属马脚

乳胶在加工过程中分子没有受到机械损坏，因此保持高聚物原有优良性能。乳胶类甲板敷料由于掺入了乳胶，改善了水泥的原有性能，其耐压、抗折、耐磨、抗冲击性能极大地提高，特别是增强了敷料与甲板的黏接力，省去了原有水泥敷料所需要的金属马脚，可直接涂敷薄层(6 ~ 20 mm)，不仅简化了施工工序，而且减轻了质量，这对于改善船舶总体性能具有很大的意义。此外，耐水、耐候性也有所改善。

乳胶类甲板敷料中掺入阻燃剂，则成为“不易着火的甲板基层敷料”。

乳胶类甲板敷料中加入适当的稳定剂，便于控制凝固时间。

表 5－9 为常用乳胶甲板敷料的主要性能。

表 5－9　常用乳胶类甲板敷料主要性能

型号	HP－1	HH－2	HQ－1	SD－1	TQ－1
乳胶类型	天然乳胶			氯丁乳胶	
密度/($kg \cdot m^{-3}$)	≤2 000	≤2 000	≤1 300	≤2 100	≤1 300
抗折强度/MPa	≥3	≥3	≥3	≥4.5	≥3
抗压强度/MPa	≥10	≥10	≥10	≥10	≥8
吸水率/%	≤10	≤10	≤13	≤10	≤15
吸油率/%		≤6.5	≤13	≤6	≤10
导热系数/($W \cdot m^{-1} \cdot K^{-1}$)		≤1.3	≤1.3	≤1.2	≤1.2
初凝时间/h	≥1	≥1	≥1	≥1	≥1
终凝时间/h	≤12	≤12	≤12	≤24	≤24
敷设厚度/mm	5 ~ 10	8 ~ 12	8 ~ 12	10 ~ 12	10 ~ 12
耐火类别	—	不易着火甲板基层敷料			

乳胶类甲板敷料除了可作为甲板基层敷料外，还可直接在钢甲板上作薄层涂敷。

乳胶类甲板敷料主要用于舱室内甲板，但不适宜蓄电池舱，因为乳胶类甲板敷料耐酸性较差。

(三)耐火甲板基层敷料

耐火甲板基层敷料应具有良好的耐火和抗震性能，且能有效地隔热、隔声。按耐火性能可分为 A-60 级、A-30 级、A-15 级。按结构形式可分为混合型、芯材复合型及浮动板等。

1.混合型甲板基层敷料

混合型甲板敷料通常由干料和水按一定比例混合制成。干料的主要成分为水泥,掺和适当数量的填充料,因此具有较好的防水性能,特别适用于厨房、盥洗室、浴室及厕所等潮湿的处所。

国产的 HH-3 型 A-60 及耐火甲板基层敷料是单层结构的混合型敷料,由干料(改性混凝土、陶粒、助剂等)与水按一定比例混合后直接涂敷于安装马脚的钢甲板上,如图 5-16 所示,其主要性能列于表 5-10。

双层结构混合型甲板敷料由底层和面层的混合浆分层涂敷而成。底层是促凝粉剂(改性混凝土)及经高温烧结膨胀的比较轻的膨胀珍珠岩颗粒组成,面层则由促凝粉剂(改性混凝土及填充料)和充填骨粉(如石英砂或陶粒等)组成。底、面层敷料均按比例掺水混合成浆,并予以分别涂敷。

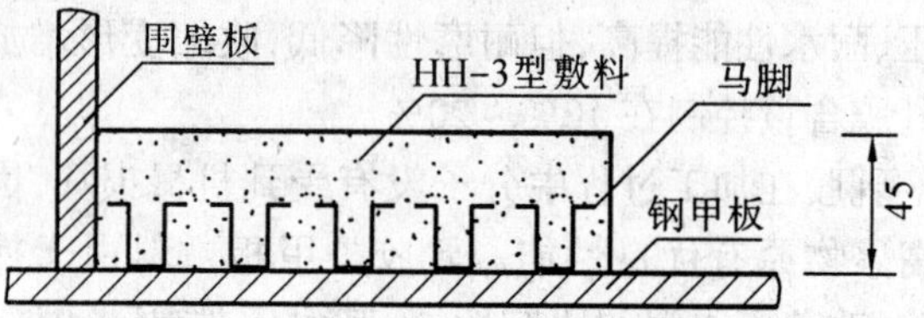

图 5-16 HH-3 型耐火甲板基层敷料(A-60 级)

目前常用的国产双层结构的混合型 A-60 级甲板基层敷料有 SD-Ⅳ型及 TQ-Ⅲ型,如图 5-17 所示,主要性能列于表 5-10。

表 5-10 双层结构混合型耐火甲板基层敷料主要性能

敷料型号	HH-3	SD-Ⅳ型		TQ-Ⅲ型	
		面层	底层	面层	底层
密度/($kg \cdot m^{-3}$)	≤1 600	≤2 100	≤800	≤1 500	≤800
抗折强度/MPa	5	≥5	≥1.4	≥5	≥1.4
抗压强度/MPa	≥20	≥20	≥3.5	≥10	≥3.5
吸水率/%	≤10	≤10		≤15	
吸油率/%		≤6		≤10	
导热系数/($W \cdot m^{-1} \cdot K^{-1}$)	≤1.3	≤1.2	≤0.8	≤1.2	≤0.8
初凝时间/h	≥1	≥1	≥1	≥1	≥1
终凝时间/h	≤12	≤12	≤24	≤24	≤24
敷设厚度/mm	45	15	35	20	40
加强材	钢马脚	厚 1 mm 钢板网,网眼 10×10		厚 2.5 mm 钢筋网,网眼 40×40	
耐火类别	A-60	A-60		A-60	

混合型甲板敷料敷设以后,根据不同处所的要求,表面可敷设水泥—陶(瓷)砖或塑料地板。

2.芯材复合型甲板基层敷料

芯材复合型甲板敷料是将耐火芯材(无机轻体板材)用耐火胶黏剂黏贴在甲板上,再用乳胶水泥覆盖其表面,如图 5-18 所示。这种甲板敷料由于施工工艺复杂,目前已不使用。

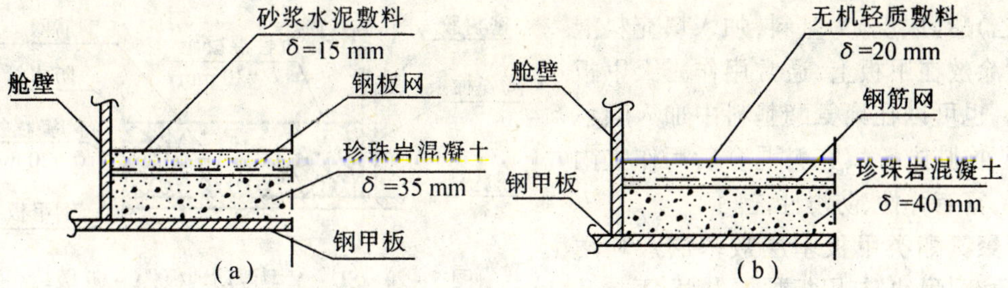

图 5-17 双层结构的混合型耐火甲板基层敷料(A-60 级)

(a)SD-IV 型;(b)TQ-III 型

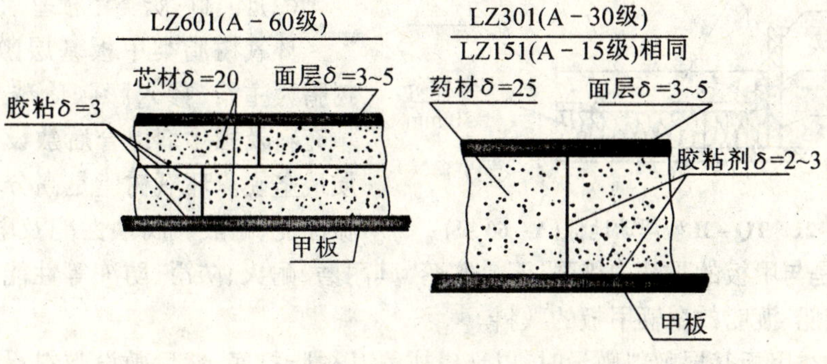

图 5-18 LZ 系列云母型耐火甲板基层敷料

3.浮动地板型甲板基层敷料

浮动地板型甲板敷料富有弹性,具有良好的抗振动、隔声、隔热等性能。

浮动地板均为多层结构,形式很多,这里介绍几种常用的国产的浮动地板的构造。

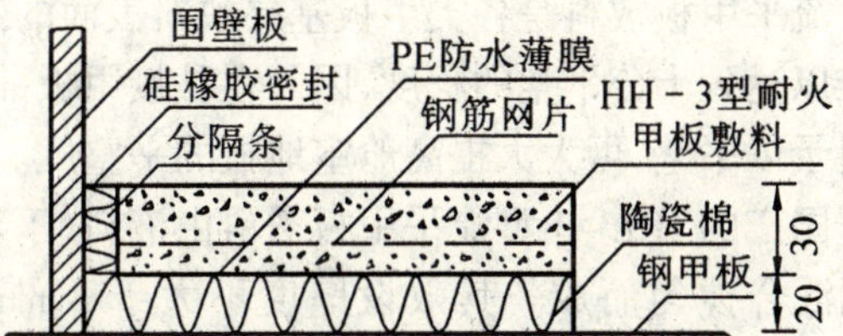

图 5-19 HHF-1 型浮动地板(A-60 级)

HHF-1 型 A-60 级浮动地板(图 5-19)底层为密度 170 kg/m^3 的陶瓷棉板(硅酸铝纤维毡),其上敷设一层防水薄膜,然后敷设 HH-3 型耐火甲板敷料(在高约 1/3 处设有钢筋网加固)。该浮动地板质量约为 50 kg/m^2。

SD-V 型及 TQ-Ⅱ型 A-60 级浮动地板的构造分别如图 5-20、图 5-21 所示。底层均为170 kg/m^3的陶瓷棉板 ,其上敷一层防水纸,再敷设面层料。SD-V 型的面层敷料为改性混凝土(密度 2 300 kg/m^3,其余性能与 SD-Ⅳ型的面层材料相同)。TQ-Ⅱ型的面层材料为无机轻质敷料(与 TQ-Ⅲ型相同)。

浮动地板敷设以后,可根据不同处所的要求敷设塑料地板等铺材。

(四)聚氨酯类甲板基层敷料

聚酯类甲板基层敷料有聚氨酯类和环氧类。

1.聚氨酯类甲板基层敷料

聚氨酯类甲板基层敷料是以氨基甲酸(乙)酯(尿烷)为基料,加入填充料混合后涂敷在甲板上,通常用作露天甲板敷料,也可以在聚氨酯基料中加入颜色糊膏、橡胶末等填充料混合后用作室内敷料,富有弹性、防滑性佳。

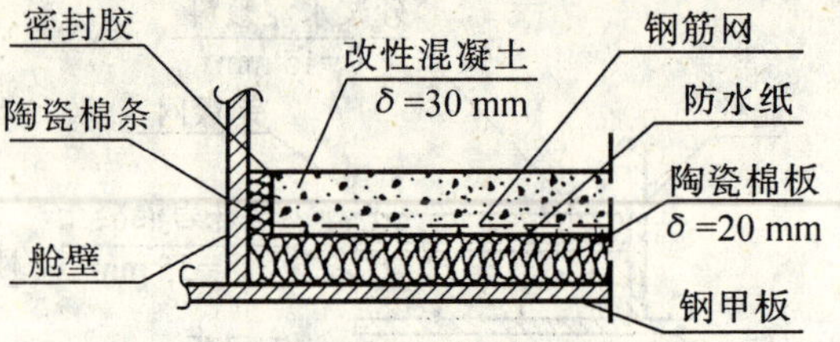

图 5-20　SD-V 型浮动地板(A-60 级)

聚氨酯类甲板基层敷基层敷料耐水、耐磨、耐油、与甲板黏结力强、不易开裂,所以轻易振动的甲板采用纯氨基甲酸(乙)酯树脂涂层后效果很好。使用温度 -40 ~ 70 ℃。

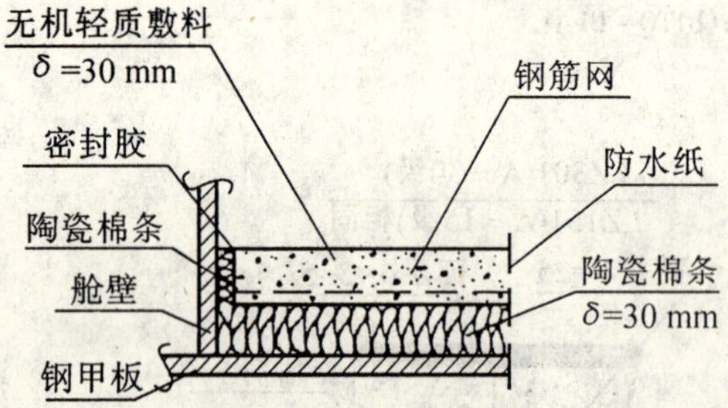

图 5-21　TQ-Ⅱ型浮动地板(A-60 级)

(2)环氧树脂类甲板基层敷料

环氧树脂类甲板基层敷料是以环氧树脂为主料,掺入膨胀珍珠岩、石英砂等填充料及固化剂混合后敷设,固化成型后质地坚硬。环氧树脂是高分子化合物,机械性能、耐酸碱腐蚀性能及电绝缘性能相当好,特别是与甲板的黏结力极强,不易脱落,其耐磨、耐火、防滑、防冻等性能优异,是露天甲板及滚装船、渡船的车辆甲板的敷料。

聚氨脂类甲板基层敷料敷设时,以环氧或氨基树脂打底,然后敷设敷料,最后一道表面层可涂刷树脂涂料。

(五)流平甲板敷料

流平甲板敷料是各类甲板基层敷料表面的工艺性平整材料。由于甲板基层敷料在施工时难以达到十分平整的程度,因此在黏接甲板铺材前,若在甲板基层敷料上面涂敷流平甲板敷料予以平整,可大大提高舱室地板的平整度。

国产的 HJL-1 型流平甲板敷料由液料(丁苯乳胶、流平剂)及干固料(石英粉)双组分按比例混合搅匀而成。其敷设厚度不大于 3 mm,用量约4.8 kg/m^2。施工环境温度为 0 ~ 35 ℃,初凝时间超过 1 h,终凝时间不大于 8 h。

第三节　甲板基层敷料的选用

甲板基层敷料由于组成材料及结构形式的不同,因而性能不同,因此应按不同环境场所的特点选用甲板敷料。

乳胶类甲板基层敷料质地较软,接触感较舒适,但耐油、耐酸碱、耐光和隔声、隔热性能一般,加入阻燃剂后可达到不易着火的要求,通常用于除盥洗室以外的起居处所。

混合型耐火甲板基层敷料耐水性较好,可用于潮湿的环境,如厨房、盥洗室、浴厕室等。

浮动地板的隔声隔热性能远比其他类型的敷料要好,因此特别适用于对防振、隔声等有严格要求的船员舱室、公共处所、集控室等处所。但浮动地板耐水性能很差,施工复杂,必须配合周边的绝缘安装,通常采用纤维材料填充周边的缝隙,并用硫化硅橡胶加以表面密封,并要注意固定件及连接件的安装,防止产生声桥和热桥。

聚酯类甲板基层敷料中环氧类和聚胺脂类的性能较接近，其耐压、耐水、耐油、耐磨损等性能均较好，耐光及防滑性能也相当不错，施工较方便。

第四节 甲板基层敷料敷设工艺和规范

一、范围

本标准规定了民船用甲板敷料的施工程序、施工工艺和检查与验收。

本标准规定了民船用甲板及海上工作平台甲板敷料的安装。

二、人员

施工人员应具有公司上岗资格证，并经专门的船舶泥瓦工培训且考试合格。

三、原材料

甲板敷料由乳胶液、促凝粉剂、防水薄膜、充填骨料、钢筋网、珍珠岩等材料组成。甲板敷料应具有出厂合格证、产品质量保证书、产品说明书，甲板敷料进厂时应进行包装、标志等外观检验和随机质量抽查。

四、施工环境

1. 环境温度为 5～30 ℃。

2. 照明、通风良好。

五、设备

备好各种工具及工装设备，如瓦刀、抹板、长直尺、搅拌机、下水口模具等。

六、工艺要求

(一)材料组成及配比

1. 轻质甲板基层敷料适用于不易着火甲板的敷设，材料由乳胶液、促凝粉剂、充填骨料组成。

2. 轻质浮动耐火甲板敷料适用于船舶机器处所减振降噪及达到防火分隔要求的甲板的敷设，材料由面层促凝剂、面层充填骨料、钢筋网、防水薄膜、陶瓷棉板组成。

3. 轻质复合耐火甲板敷料适用于船舶噪声、振动较大的机器处所及潮湿舱室且有防火分隔要求的甲板敷设，材料由面层促凝粉剂、面层充填骨料、钢筋网、底层促凝粉剂、底层珍珠岩组成。

4. 流平甲板敷料适用于改善甲板敷料表面的不平度，作为各类甲板敷料表面的工艺性平整材料，材料由乳胶液、促凝粉剂组成。

5. 混凝土敷料适用于潮湿舱室、有甲板梁拱并需找平的舱室，且无防火分隔要求的甲板敷设的找平基层，材料由黄沙、水泥组成。

6. 甲板敷料材料配比参见各种甲板敷料厂家产品说明书；混凝土敷料材料配比为黄沙：水泥为 2:1(质量比)。

(二)安装前的必备条件

1.甲板必须经火工校平,并报验合格。

2.复合岩棉板底槽材应安装完毕,且应符合相关图样的施工要求。

3.甲板上、下两面需焊接、气割的有关工程(如穿过甲板的管道、电缆等通舱管件、焊接马脚、设备底座、水泥爪及各种焊接件等工作)应施工处理完毕。

4.处于敷料安装区域的通舱管件及下水口必须临时封堵,下水口应做模具,且用模具封堵。

5.清除敷设敷料的甲板上的杂物,且必须经二次除锈。安装轻质浮动耐火甲板敷料的甲板表面应按涂装相关施工工艺文件涂漆,并报验结束。

6.敷设前彻底清扫要施工的甲板表面,要求达到无油渍、无积水、无杂物、无灰尘。

7.根据施工需要准备好一切施工用的材料、设备及工具。

8.整个敷设养护期间,敷设区域环境温度宜控制在5~30 ℃之间,高于或低于此区间应采取降温或保温措施。

9.敷设甲板敷料的钢质甲板表面平面度应不大于5 mm/m^2。

(三)注意事项

1.各类材料应避免阳光暴晒、雨水浸渍,并在规定气温内保存,材料保质期符合产品说明书要求。

2.固化后的敷料区域表面应覆盖(纤维板或包装纸箱等)加以保护。

七、工艺方法

1.按说明书提供的材料配比和搅拌方法放入搅拌机中搅拌,使之成为均匀稠泥状,准备投入施工。

2.将已搅拌好的敷料敷设在基层甲板上,用泥板将敷料在钢甲板上来回搓动,使钢板充分接触敷料促凝剂,然后用木质直尺将敷料刮平到图样规定厚度,经30 min左右,再用泥板压平,泥实,如果表面稍干,可撒少量乳胶液再泥平。

3.因乳胶液不宜用高速搅拌机搅拌,搅拌速度最好为34 r/min,搅拌时间为3~5 min。

4.铺设流平层。

九、检查合格后交工

十、甲板基层敷料的典型结构节点示意图和适用处所(表5-11)

技术要求

1.本船所用A-60级甲板敷料及不易着火甲板基层敷料均具有CCS船级社认可证书。

2.甲板敷料敷应设在钢甲板火工校正及甲板预焊接件结束后进行。

3.甲板敷料和流平层完全干硬后(约7天以上)方可粘贴塑料地板及地毯。

4.塑料地板、橡塑防滑地板和带圆点橡胶防滑地板均具有低播焰证书。

5.潮湿处所的围壁覆有150 mm高防滑平面砖墙裙。

6.潮湿处所有的地面施工时应向落水孔处倾料。

7.除特殊标明外,卫生单元下不铺设甲板敷料。

表 5-11

序号	代号	名称	数量	材料	单重（质量/kg）	总重（质量/kg）	附注
21	GB 97·1-85	平垫圈	360	140HV		0.45	
20		十字槽盘头自攻螺钉 4×25	360	15	0.9		
19		敷料挡板 5×50 L=1 000	3	Q235-A		2	
18		地板胶	540 kg		540		
17		密封胶(白色)	30 支		0.6	18	
16		水泥爪	1 880	Q235-A	0.08	150	
15		铁板网 t=1 10×25	25 m^2	Q235-A	2.5	62.5	
14		铁板网 t=1 10×25	400 m^2	Q235-A		907	随敷料订货
13		黄沙	3.5 t			3 500	
12		白水泥	200 kg			100	
11	#500	水泥	1.5 t			1 500	
10		阳角条 152×22×6	420 块	陶瓷	0.15	63	
9		防滑平面瓷砖 150×150×12	1 415 块	陶瓷	0.7	990	
8		防滑带圆点瓷砖 150×150×12	4 535 块	陶瓷	0.7	3 175	
7		合成地毯 t=8 mm	100 m^2	组合	1	100	
6		带圆点橡胶防滑地板 t=4 mm	58 m^2	橡胶	7	406	
5		带圆点橡塑防滑地板 t=3 mm	140 m^2	像塑	7	980	
4		塑料地板 t=3 mm	420 m^2	塑料	2.4	1 008	
3		A-60 级甲板敷料 t=50 mm	690 m^2	组合	4.5	41 400	
2		船用甲板流平敷料 t=2 mm	1 470 m^2	组合	4.5	6 615	
1		不易着火甲板敷料 t=10 mm	920 m^2	组合	16	14 720	

标记	数量	修改单号	签字	日期		
					57 300 吨级散货船	生产设计
校对						BH409ML-A14S60
审核						本图适用于 1、2 号船
标检					甲板敷料安装图	质量 76.240 kg 比例 1:100
审定						渤海船舶重工有限责任公司

表 5-11(续一)

序号	图例含义	节点示意图	适用处所	面积	备注
1	 10 mm 轻质甲板基层敷料+2 mm 船用甲板流平敷料上粘贴 2 mm 塑料地板	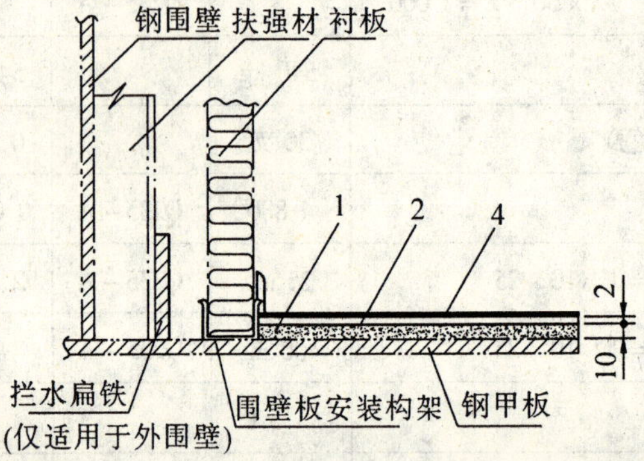	各层甲板：走廊、船员室、高级船员室、公共处所等	525 m^2	家具下不可见处不铺塑料地板
2	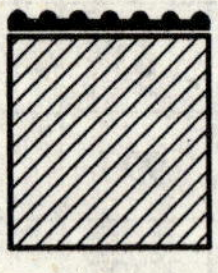 10 mm 轻质甲板基层敷料+2 mm 船用甲板流平敷料上粘贴 3 mm 带圆点橡塑防滑地板	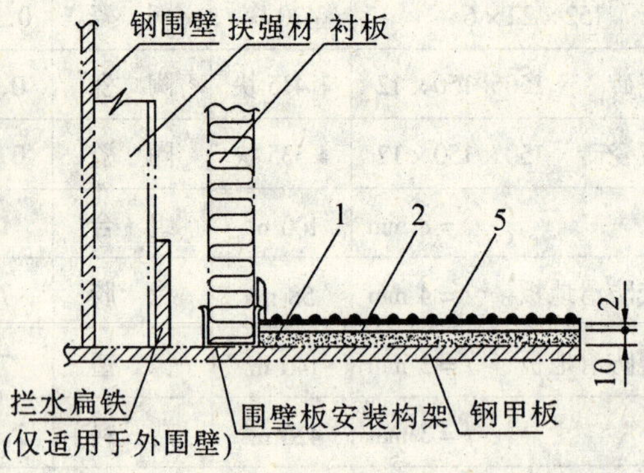	桥楼甲板：驾驶室	90 m^2	
3	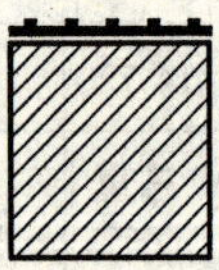 10 mm 轻质甲板基层敷料+2 mm 船用甲板流平敷料上粘贴 4 mm 带圆点橡胶防滑地板	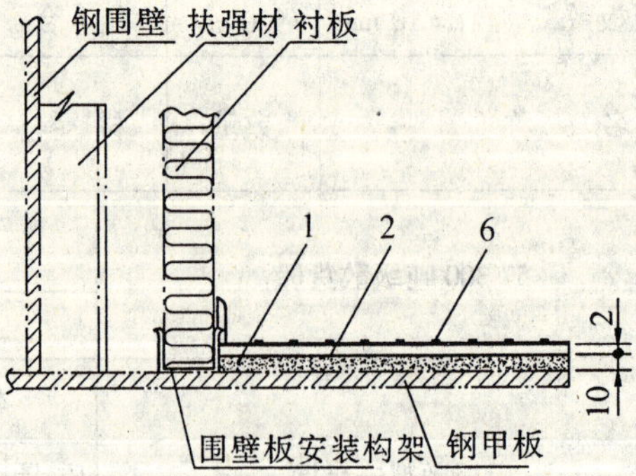	各层甲板：室内梯道	34 m^2	平面与梯子踏步相接处要平整、严密

表 5-11(续二)

序号	图例含义	节点示意图	适用处所	面积	备注
4	 10 mm 轻质甲板基层敷料+2 mm 船用甲板流平敷料上铺 8 mm 合成地毯	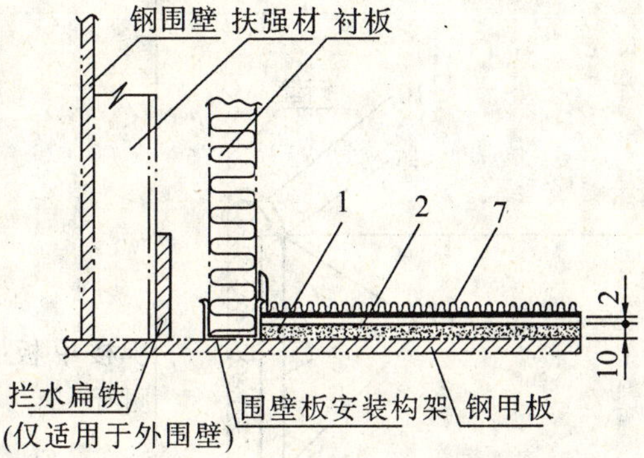	船长甲板：船长 引水员甲板：轮机长、船东	107 m^2	家具下不可见处不铺地毯
5	 10 mm 轻质甲板基层敷料+2 mm 流平层，表面涂油漆	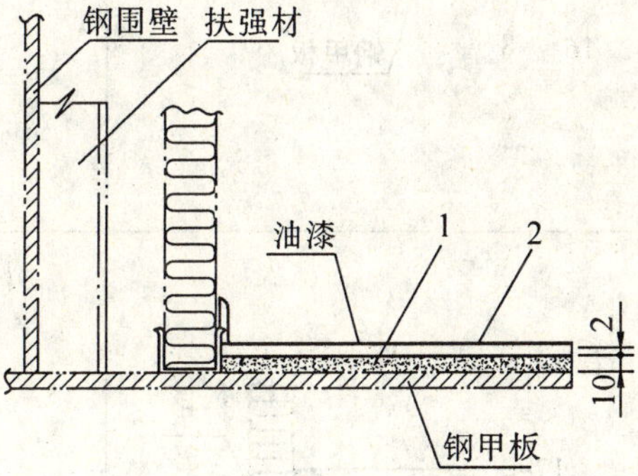	起居甲板：贮藏室	4.3 m^2	
6	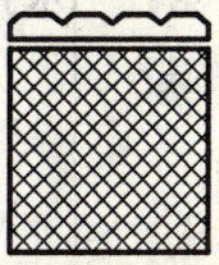 四周墙裙贴约 150 mm 高防滑平面瓷砖，40 mm 水泥黄沙敷料上铺防滑带点瓷砖	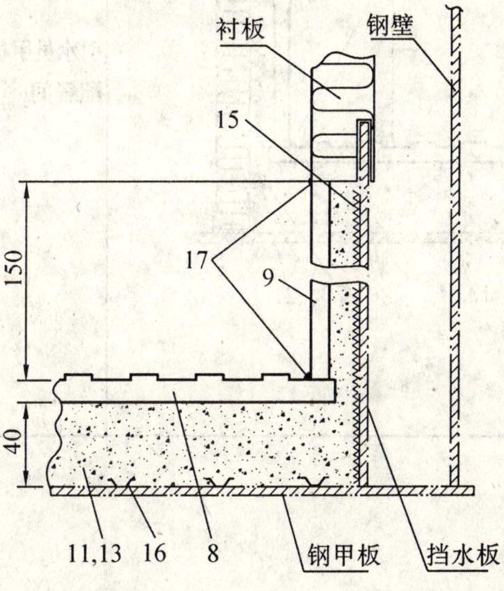	艇甲板：厨房、配餐间	地面：44 m^2 墙裙：6.5 m^2	地面向落水孔倾斜

表 5-11(续三)

序号	图例含义	节点示意图	适用处所	面积	备注
7	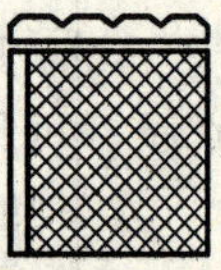 40 mm 水泥黄沙敷料上铺防滑带点瓷砖，四周墙裙贴约150 mm 高防滑平面瓷砖	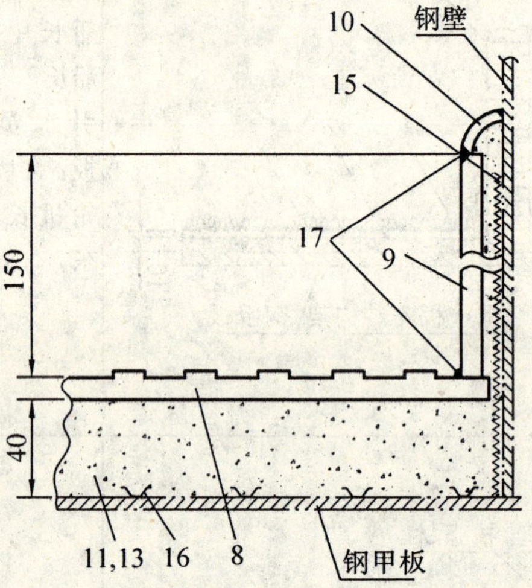	桥楼甲板：厕所	地面：2.1 m² 墙裙：1 m²	地面向落水孔倾斜
8	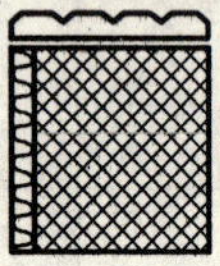 40 mm 水泥黄沙敷料上铺防滑带点瓷砖，四周墙裙贴约150 mm 高防滑平面瓷砖	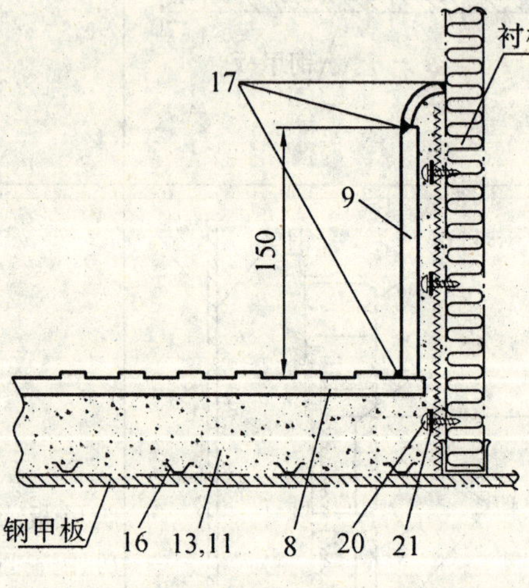	引水员甲板：配餐间	地面：4.5 m² 墙裙：1.5 m²	地面向落水孔倾斜

表 5－11(续四)

序号	图例含义	节点示意图	适用处所	面积	备注
9	 50 mm A－60 级船用耐火甲板敷料上＋2 mm 流平敷料再涂防酸环氧油漆	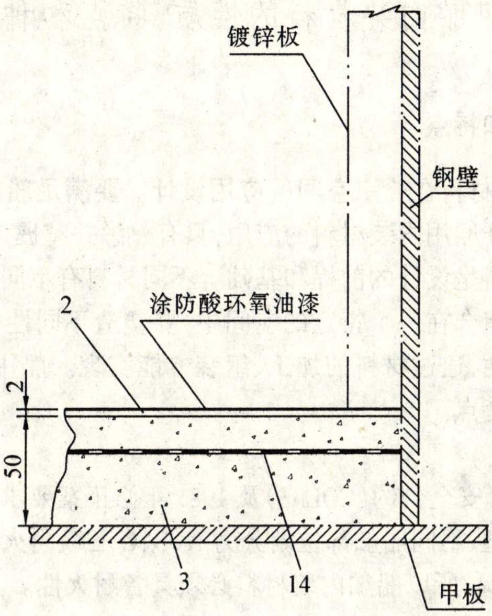	船长甲板：蓄电池室	2.4 m^2	

第六章 船舶内装材料与结构

第一节 船舶内装材料的性质、特点和种类

一、船舶内装材料的性质和特点

船舶内装设计也可以说是材料在舱室空间的应用设计。要满足船舶的设计规范要求，要达到完善的艺术效果，离不开船用内装材料的应用，只有熟悉并掌握大量内装材料的性质与特点，才能发挥其作用。材料是设计的前提和基础。不同材料有不同色彩、图形、纹理、质地、光泽等特征。把这些要素组合在一个特定的空间中，要塑造不同性格、不同风格的舱室空间，必须充分利用材料的特性，通过材料的加工、组装方能实现。船用内装材料不同于陆用内装材料，它有以下性质和特点。

(一)耐火性

根据 1974 年国际海上人命安全公约(COLAS)及 1981 年修正案要求，规定了船舶结构防火等级和形式，把不同船舶类型、不同船舶部位划分为 A、B、C 三级耐火程度，A 级划分为四等，B 级划分为二等，C 级不分等，所以船舶内装材料必须具备耐火性。

(二)标准化、系列化

船舶内装材料大多由专业厂家按标准进行生产。如复合岩棉板生产由中国船舶工业总公司朝阳机械厂定点生产。标准化材料有利于设计标准化、施工标准化。船舶内装专用工具和连接构件也在逐步实现标准化。

船舶内装材料大多是配套的，形成了系列化。如围壁板、天棚板的加强件类、连接件类、塞配件类都是配套使用的，缺一不可。又如门与门框、闭门器、门钩、制止器、逃生孔、通风栅，以及窗与窗盒都是配套使用的。同时船上专为门设计的逃生孔和通风栅是海上航行安全的特定要求。

(三)耐用性、可拆性

船用内装材料必须坚固耐用，因为船舶天棚、围壁不但要与钢围壁、甲板固定，还要在这些板材上固定各类物件。例如天棚要固定天棚灯、空调器，围壁要固定家具、框架等，地面要固定防暴钩。船舱内物品在航行中动荡摇摆，因此防水、坚固、耐用是对船用内装材料的基本要求。同时船用材料和组合件还应该有方便的可拆性，以便维修时拆解。如各种管道、风道、电缆都是通过夹层或隐蔽在岩棉板与钢板之间，只有组装式、可拆式结构才有利于修复工作。

(四)加工性、组装性

船舶内装材料应按设计要求，进行钻、压、裁、剪多种加工，并通过构架、连接件组成多种空间和造型。如乳胶水泥与塑料方块地板组合成地面；木材与五金件组合成家具；纺织品与五金件组合成窗帘等。

(五)时代性

用复合岩棉板设计的舱室，由于表面本身有各种色彩和花纹的装饰贴面，就使舱室具有

装饰美;用柚木制的扶手,用不锈钢制的热水瓶架、水杯架以及用纺织品制成的各种窗帘、遮盖物都体现着材料的装饰美。同时也体现了内装设计的时代性。因为材料是时代科学技术发展的产物,从舱室内装材料由木材结构、塑面板结构、硅酸钙板结构到复合岩棉板结构的演变过程,正说明船舶内装材料的时代性特点。

(六)无毒性

船舶内装材料必须具备无毒性,在高温或着火的情况下不会产生毒性气体,以保证人命安全。

二、船用内装材料的种类

长期以来,船舶内装多以木质材料为主,内装作业属“木作”工艺,结构形式都是以木衬挡为支撑骨架,然后敷贴胶合板或其他人造板,表面涂刷硝基漆或酚醛漆。国内航线上至今还有一些小船采用这种传统的常规木作形式。

《SOLAS公约》对船舶的防火安全措施提出了严格要求,防噪隔热的有关规定也促使船舶内装材料和结构形式的变革,硅酸钙板、复合岩棉板等新材料相继出现,高新技术(计算机辅助设计、模数化、单元组装、模块建造)的应用又带来船舶内装工艺质的变化。然而,船舶内装材料和结构形式的选用和设计受到船舶类型、规范、规则、船东的要求、航线的特点、民族习俗及国家整体工业水准等诸多因素的制约。

本章船用内装材料主要是指分隔舱壁、衬板及天花板,主要分类见表6-1。

表6-1 船用内装材料的种类

<table>
<tr><td rowspan="4">基 材</td><td rowspan="2">木 质</td><td colspan="2">天然板材</td></tr>
<tr><td>人 造 板</td><td>胶合板、刨花板、中密度板</td></tr>
<tr><td>无机质</td><td colspan="2">硅酸钙板、TC板</td></tr>
<tr><td>复合材料</td><td colspan="2">玻璃钢成型板</td></tr>
<tr><td rowspan="3">饰面材</td><td>涂 料</td><td colspan="2">油漆、树脂类涂料</td></tr>
<tr><td colspan="3">天然木切片</td></tr>
<tr><td>塑料饰面</td><td colspan="2">三聚氰胺装饰板、聚酯饰面、聚氯乙烯(PVC)薄膜</td></tr>
<tr><td rowspan="2">复合板材</td><td>复合岩棉板</td><td colspan="2">聚氯乙烯(PVC)薄膜贴面镀锌钢板复合岩棉板、三聚氰胺装饰板复合岩棉板</td></tr>
<tr><td colspan="3">蜂 窝 板</td></tr>
</table>

第三节 舱室围壁和天花板的典型结构

一、木质结构

木质结构舱室系统的基本形式是以木衬挡为骨架,表面封木质板材,主要是人造板材,如图6-1所示。

(一)船用木质结构内装板材的类型

船用板材通常有胶合板、刨花板和中密度板，这类板材又有素板、复面板和难燃型之分。素板即人造板原板，表面无任何装饰；复面板以人造板为芯材表面黏贴三聚氰胺装饰板或作聚酯饰面；复面板又有单面复板和双面复板之分，单面复塑人造板很易变形，为此常在背面再复一层等厚度相同材质的补偿板成为双面复板。船用胶合板按材料可分为阔叶树材和针叶树材两种，按其耐水性可分为耐湿性和耐水性，按阻燃性能又分为阻燃和非阻燃两种。阔叶树材胶合板采用阔叶树材（如榉木、椴木、桦木、水曲柳、黄菠萝、柞木、核桃木、楸木、杨木等）旋切单板胶合而成，针叶树材胶合板采用松木旋切单板胶合而成，都适用于船舶舱室内装之用，主要技术性能见表 6－2。

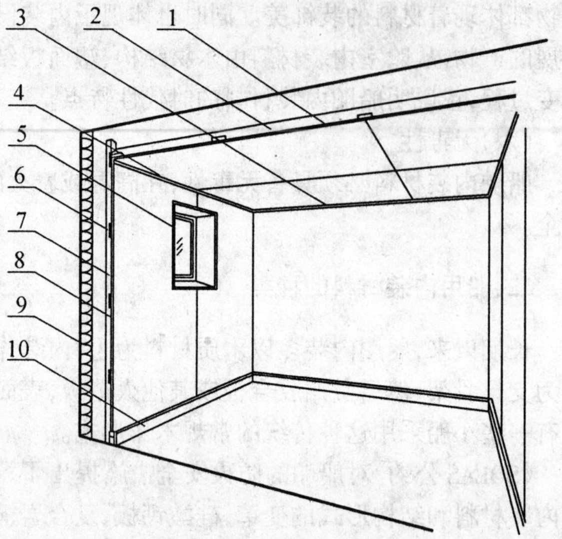

图 6－1　木质结构内装示意图

1—天花板；2—天花板垫木；3—天花板衬挡；4—顶角线；5—窗斗；6—围壁衬板横挡；7—围壁衬板直挡；8—围壁衬板；9—绝缘；10—踢脚板

表 6－2　胶合板技术性能

种　类	树　种	胶合强度/kPa		平均绝对含水率/%	密度/(kg·m^{-3})
阔叶树材胶合板	榉　木	Ⅰ、Ⅱ类	≥1 372	≤13 （Ⅰ、Ⅱ类）	700
		Ⅲ、Ⅳ类	≥980		
	水曲柳、桦木	Ⅰ、Ⅱ类	≥1 176		
		Ⅲ、Ⅳ类	≥980	≤15 （Ⅲ、Ⅳ类）	
	椴木、杨木	Ⅰ、Ⅱ类	≥1 176		
		Ⅲ、Ⅳ类	≥980		
针叶树材胶合板	松　木	Ⅰ、Ⅱ类	≥1 176	≤15	
		Ⅲ、Ⅳ类	≥980	≤17	

耐湿型胶合板采用脲醛树脂黏合，可用作比较干燥的舱室作内装板材，耐水型是用酚醛树脂黏合，耐水性能好，可以用于比较潮湿的环境。胶合板经阻燃剂处理后可达到有关规则的难燃要求。

刨花板和中密度板都是利用木材下脚料经粉碎加入黏结剂搅拌热压而成的一种人造板材，在制造过程中加入阻燃剂可达到阻燃要求，主要技术性能见表 6－3。

刨花板和中密度板的缺点是密度较大，握钉力较差，吸水率偏高，所以不适用于高速船等对质量要求很高的船舶以及比较潮湿的舱室。

表 6－3　刨花板技术性能

密度/($kg \cdot m^{-3}$)	500～800
平面抗拉强度/MPa	＞0.39
抗折强度/MPa	＞17.61
绝对含水率/%	9±4
吸水厚度膨胀率/%	＞6

阔叶树材胶合板可将素板直接作为封板用，表面采用涂料作饰面层，尤其是名贵树种的切片胶合板极具装饰效果。刨花板和中密度板通常都是先进行表面装饰处理后再使用。用三聚氰胺作饰面的方式有两种，一种是采用船用低播焰三聚氰胺装饰板，用黏结剂复贴在刨花板、中密度板、胶合板表面。船用低播焰三聚氰胺装饰板是用三聚氰胺甲醛树脂分别浸渍不同的纸张，经干燥后压制而成的，色彩鲜艳，图案美观，花色繁多，耐热、耐磨、耐化学腐蚀，表面平滑光洁，极易清洁保养，分为有光、亚光和浮雕等品种，主要性能见表 6－4。

表 6－4　三聚氰胺装饰板主要性能

密度/($kg \cdot m^{-3}$)		1 000～1400
抗拉强度/MPa	横向	≥68.6
	纵向	≥88.2
氧指数/%		38～40
自熄性(级)		V－0
耐水性(100 ℃·2 h)		无分层鼓泡，增重、增厚不大于 10%
耐干热(180 ℃·20 min)		无开裂鼓泡，允许轻微光退

另一种方式是用三聚氰胺浸渍装饰纸直接热压到刨花板或中密度板表面进行装饰处理，其性能与三聚氰胺装饰板相近，但价格低，特别适用于船舶内装用材。用这种方式加工的刨花板的技术性能见表 6－5 用聚酯作饰面的加工方式与这种方法相似。

表 6－5　船用阻燃贴塑刨花板主要性能

密度/($kg \cdot m^{-3}$)	650～850
平面抗拉强度/MPa	≥0.4
抗折强度/MPa	≥25
膨胀率/%	≤6
含水率/%	5～11
螺钉垂直握紧力/N	≥110
规格：长度/mm	600，2 400
宽度/mm	600，1 200
厚度/mm	8，16.5，23

(二)木质结构内装的基本形式

1.以胶合板素板作为内装板材,其常用的结构形式有板缝倒角拼接(图 6-2)及板缝脱缝拼接(图 6-3)等。

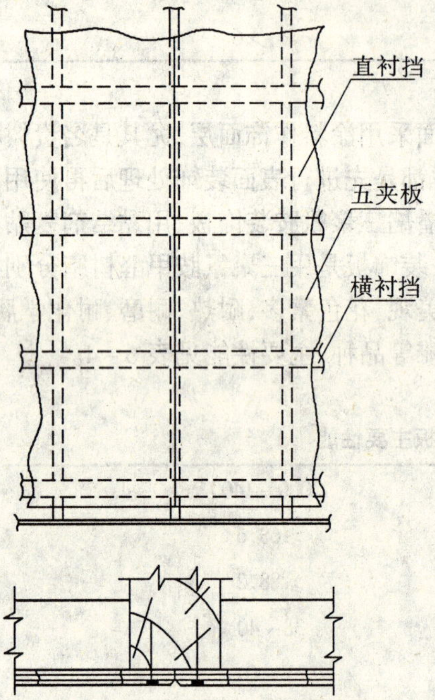

图 6-2　五夹板板缝倒角拼接

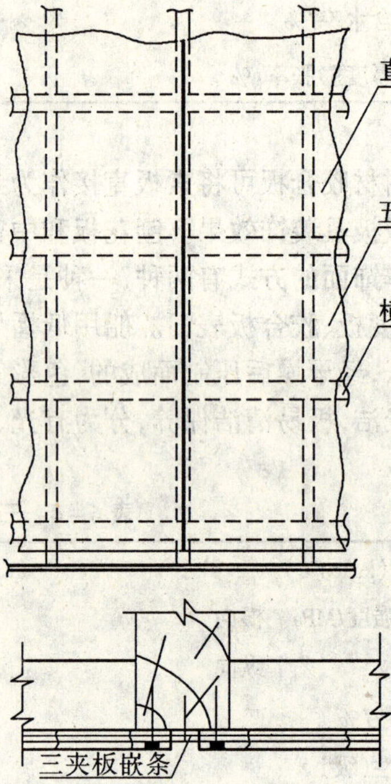

图 6-3　五夹板板缝脱缝嵌条拼接

2.以三聚氰胺装饰板贴面的胶合板作为内装板材常用的结构形式有铲边嵌条固定(图 6-4)、抽槽嵌条固定(图 6-5)以及用装饰条固定(图 6-6)等形式。

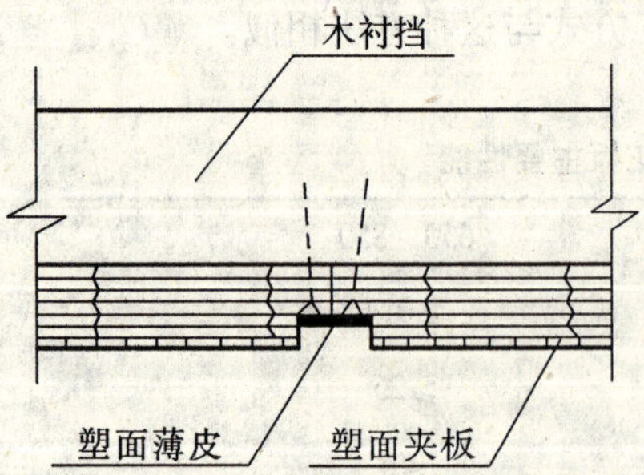

图 6-4　铲边嵌条固定

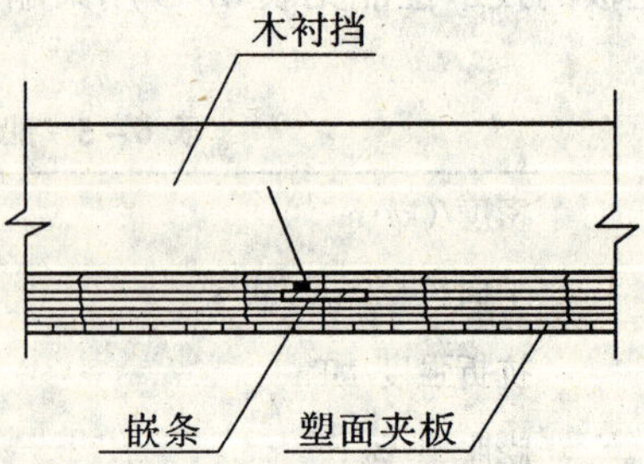

图 6-5　抽槽嵌条固定

这几种方式中,铲边及抽槽嵌条固定方式应采用七夹板或更厚的胶合板。其中嵌条固定方式整个表面浑然一体,美观光洁。

(三)木衬挡构架形式

1.普通木质衬挡

这种形式的木衬挡实为长条木挡，分为直挡和横挡。直挡一般选用 35 mm × 55 mm 左右的松木挡，横挡选用 25 mm × 50 mm 松木挡。直挡高度视舱室净高定，一般放长 100 mm，直挡间距不大于 610 mm，横挡间距 500 mm 左右。直挡与横挡固定采用直挡开缺口，横挡嵌入直挡缺口内，用木螺钉紧固。直挡一般开 5 个缺口，缺口尺寸 50 mm × 25 mm，其形式如图 6－7。

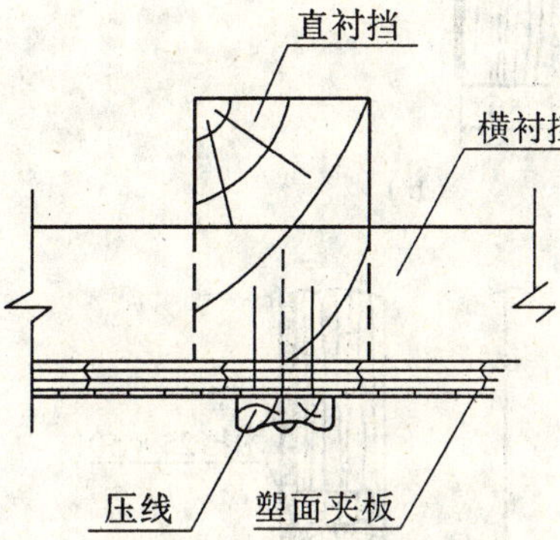

图 6－6 装饰条固定

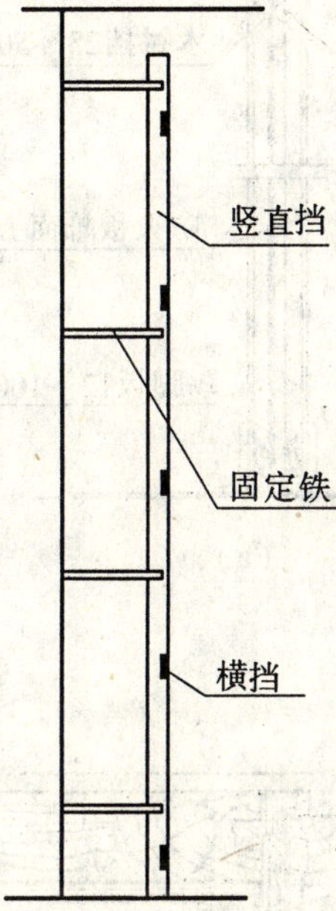

图 6－7 横直挡连接

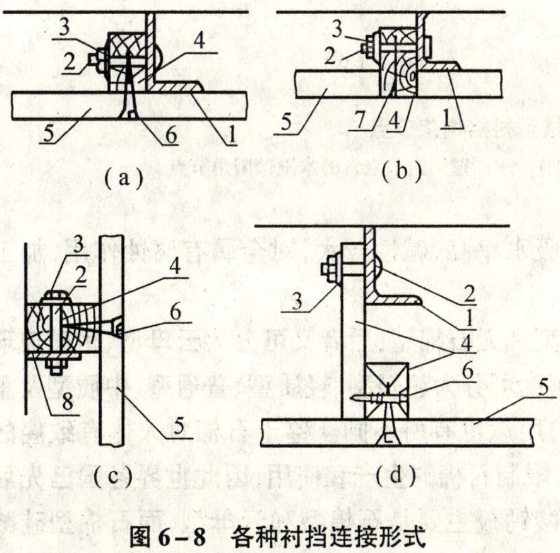

图 6－8 各种衬挡连接形式

(a)(b)天花板及衬板内衬挡的接合；(c)衬板内衬挡连接；(d)天花板、衬板内吊挡连接

1—角钢；2—螺栓；3—垫圈；4—垫木；5—衬挡；6—螺钉；7—圆钉；8—耳板

钢围壁板与衬挡连接形式如图 6－8。天花板安装同围壁衬板相仿。

2.槽挡

这种形式的木衬挡统一采用 25 mm × 50 mm松木挡，两边打槽。利用槽挡的特点，可方便地按所有尺寸连成木构架，具体安装时只需按尺寸落料后将短挡嵌入长挡的槽中(图 6－9)即可。

二、硅酸钙板结构

(一)硅酸钙板

硅酸钙板是以二氧化硅、氧化钙为主料，加入增强材料、助剂、水等辅料，按一定的配比加以混合，经制浆、成型和蒸压处理发生水热合成反映而成的，是一种良好的不燃材料，具有强度高，质地轻、隔热、隔声、耐腐蚀、易加工、浸

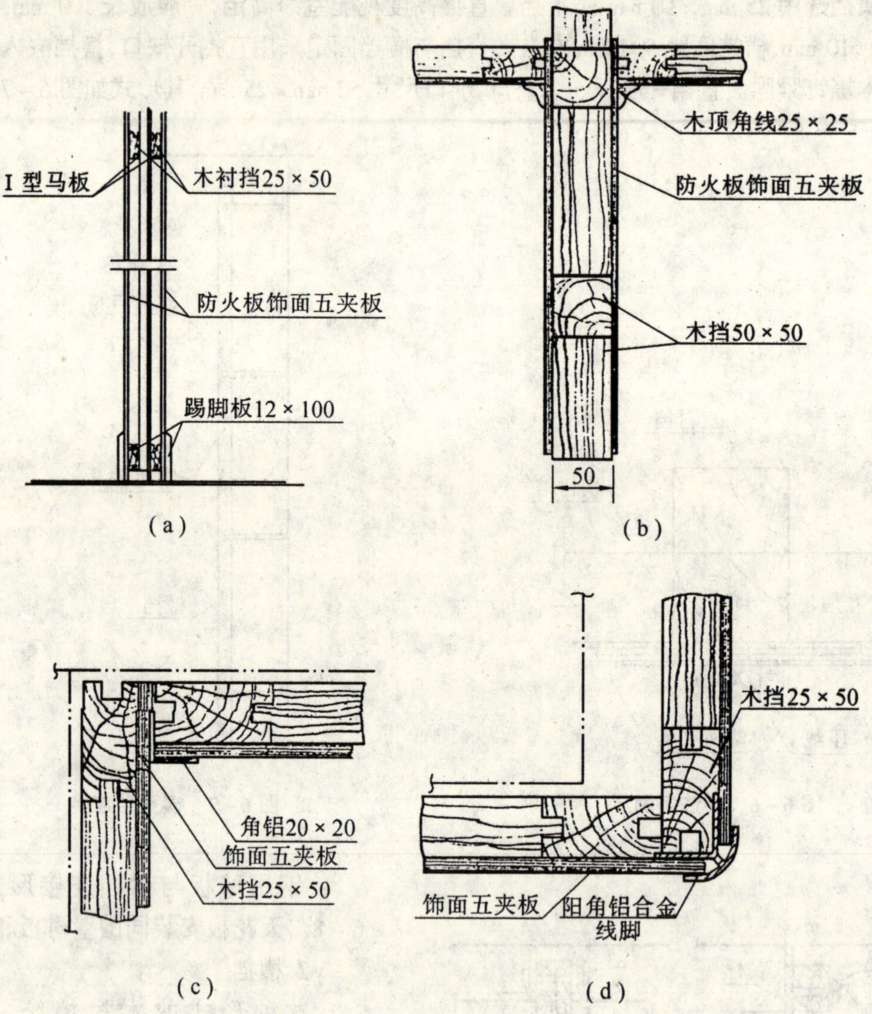

图 6-9　槽型衬挡构架节点

(a)木围壁结构;(b)分隔壁板结构;(c)木围壁阴角节点;(d)木围壁阳角节点

水不裂等优点。缺点是板材硬度低,脆性、吸水率高,碱性较大,对金属有腐蚀作用,加工时产生粉尘。

船用硅酸钙板按增强材料可分为石棉型和无石棉型;后者又可分为云母型、耐碱玻璃纤维型、有机纤维型及普通玻璃纤维型。按密度可分为超轻型、轻质型、普通型、中质型及重质型。各种类型的硅酸钙板的性能稍有差异,用途也有所不同。鉴于石棉对人体有致癌的危险,WHO 和 ILO 都指出石棉对人体的危害,限制石棉的生产和使用,因此世界各国已先后淘汰了石棉型硅酸钙板。目前我国生产的硅酸钙板主要是石棉型和云母型,而石棉型硅酸钙板也基本不作船用板材了。

硅酸钙板按其使用部位可分为独立围壁板、衬板和天花板。国产的硅酸钙板的构成和用途如表 6-6 所列。

(二)钢质构架件

为了有效地防止火焰的燃烧和蔓延，安装硅酸钙板的构架件及连接件均应采用钢质材料制作，材质为 AIF 和 A3 钢。构架件和连接件表面应经酸洗镀锌或除锡喷漆，裸露的装饰构件可采用复塑料钢板冲压制成。钢质构件的类型及尺寸列于表 6－7。

表 6－6　硅酸钙板的构成和用途

使用部位			独立围壁板		衬　板		天花板	
类　型			云母型					
芯板厚度/mm			19	22	14	16	8	10
芯板密度/($kg \cdot m^{-3}$)			640		640		910	
表面复贴材料	正面	名称	三聚氰胺塑料贴面板		三聚氰胺塑料贴面板		三聚氰胺塑料贴面板	
		厚度/mm	1.2		0.8～1.2		0.8～1.2	
	反面	名称	三聚氰胺塑料贴面板		三聚氰胺平衡板		三聚氰胺平衡板	
		厚度/mm	1.2		0.7～1.1		0.7	
	低播焰性							
总厚度/mm			22	25	16	19	10	12
常用规格/(mm×mm)			2 440×1 220		2 135×915			

表 6－7　硅酸钙板钢质构架件类型

序号	名称及代号	图　形	用　途
1	主衬挡 P－01	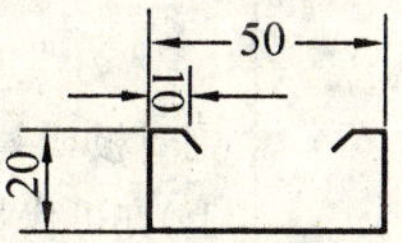	1.天花板的纵横内衬挡(水平安装) 2.衬板的纵横内撑挡(水平或垂直安装)
2	连接衬挡 P－02	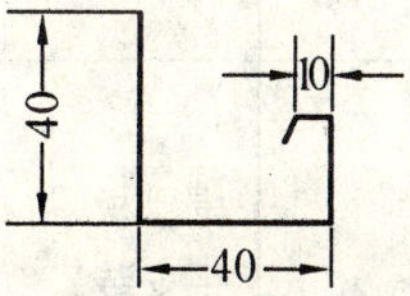	围壁板或衬板与天花板的连接内托挡(水平安装)
3	内转角撑挡 P－03	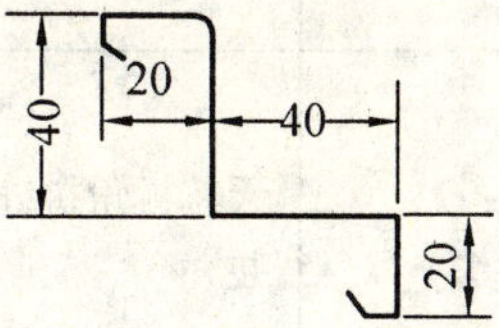	衬板内转角内撑挡(垂向安装于角隅处)
4	外转角撑挡 P－04	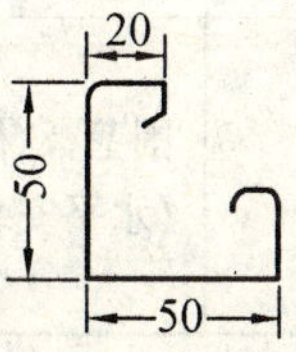	衬板外转角内撑挡(垂向安装于角隅处)

表 6-7(续一)

序号	名称及代号	图形	用途
5	T形撑挡 P-05	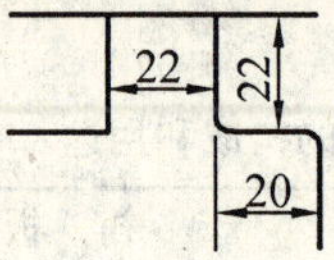	围壁板、衬板 T 形角接，起撑挡包角作用(垂向安装) 注:供货最大长度 2 m
6	内外转角撑挡 P-06	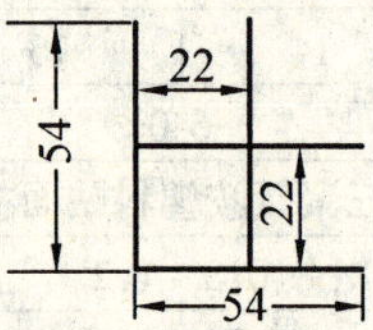	围壁板或衬板转角装饰包角兼起撑挡作用(垂直安装转角处) 注:供货最大长度 2 m
7	外转角撑挡 P-07	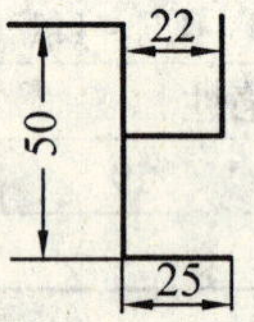	围壁板或衬板转角装饰包角兼起撑挡作用(垂直安装转角处) 注:供货最大长度 2 m
8	槽形撑挡 P-08	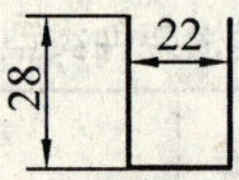	围壁板或衬板间连接(垂向安装于甲板上)亦可代替底角槽
9	底角槽 P-09	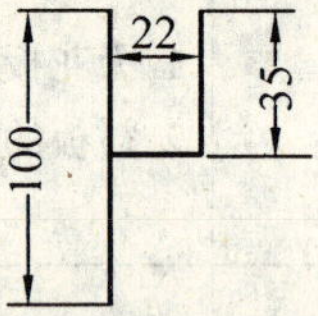	围壁板或衬板间连接(垂向安装于甲板上)亦可代替底角槽。
10	大号欧米茄 C-01	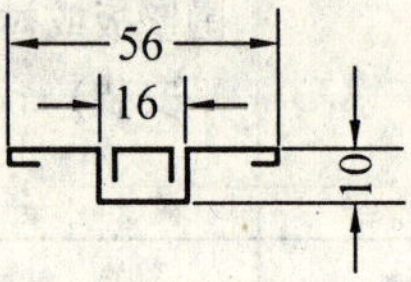	围壁板、衬板拼缝处的装饰固定压条(水平安装)
11	小号欧米茄 C-02	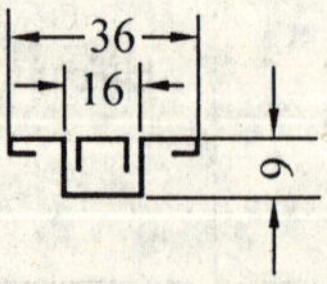	天花板角拼缝处的装饰固定压条(水平安装)
12	盖角条 C-03	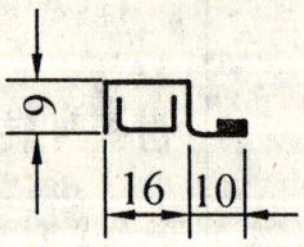	围壁板、衬板与天花板角隅压条装饰固定(水平安装)

表 6-7(续二)

序号	名称及代号	图 形	用 途
13	接插件 C-04	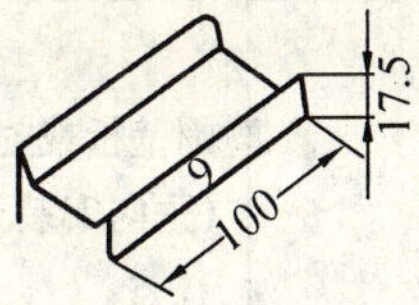	用于 P-01 之间的水平接插连接
14	挂插件 C-05	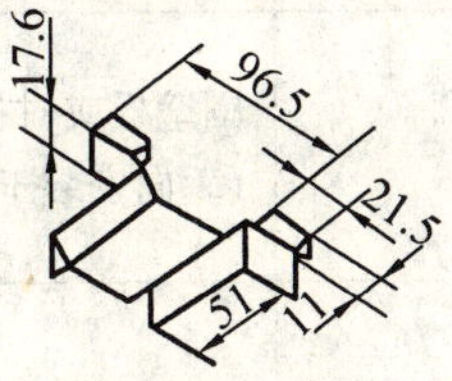	用于 P-01 与 P-01,P-02,P-03,P-04 的纵横连接
15	挂攀件 C-06	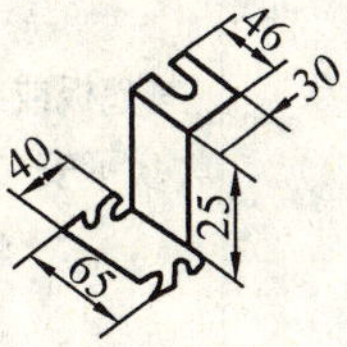	P-01 与螺栓的中间连接件 (装于有绝缘之钢板)
16	挂攀件 C-07	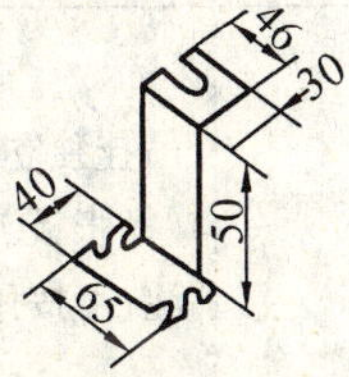	P-01 与螺栓的中间连接件 (装于有绝缘之钢板)
17	挂攀件 C-08	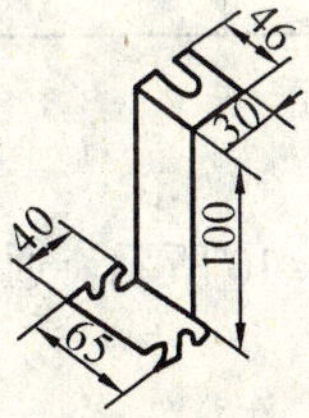	P-01 与 C-10 的中间连接吊件 (装于天花板吊顶)
18	骑马脚 C-09	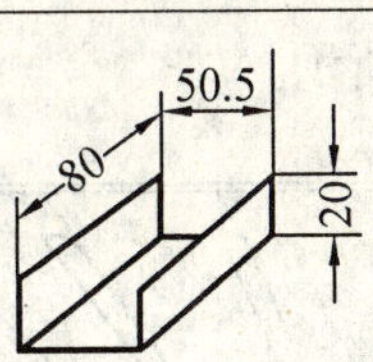	舱壁与 P-01 的连接件 (装于有绝缘之钢板)
19	双头螺栓 C-10	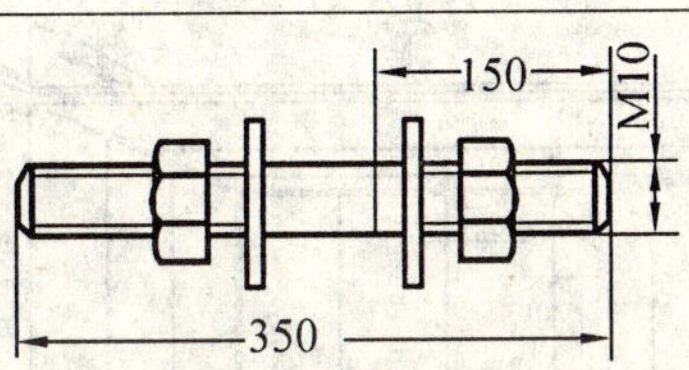	甲板与 C-08 吊挂连接件(装于天花板吊顶)
20	内包角 F-01	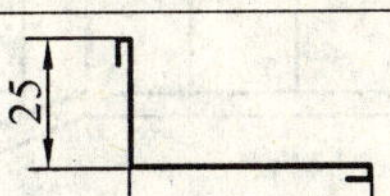	用于壁板或衬板转角装饰包角 (垂向安装于角隅处)

表 6－7(续三)

序号	名称及代号	图　形	用　途
21	双头螺栓 F－02	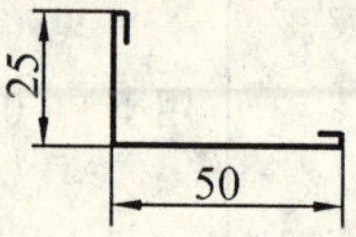	围壁板或衬板转角装饰包角 (垂向安装于角隅处)
22	内包角 F－03	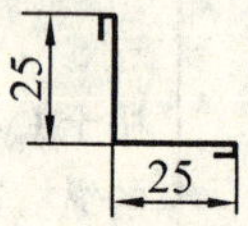	围壁板或衬板转角装饰包角 (垂向安装于角隅处)
23	踢马脚 F－04	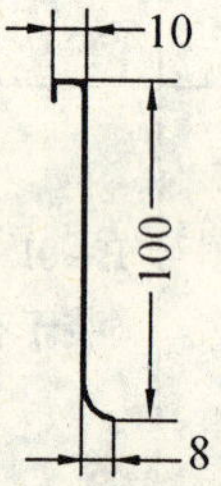	围壁板或衬板的装饰踢角线 (水平安装)
24	吊挂件 F－05	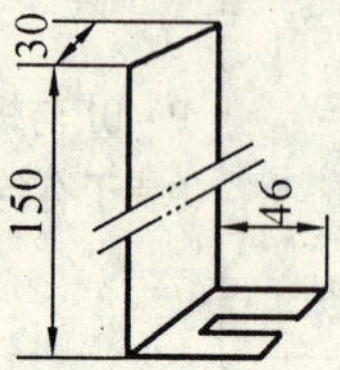	吊挂独立围壁用与 C－10 连接 (每张板装左右两只) 注:可按用户要求延伸至 350

(三)硅酸钙板安装方式

采用硅酸钙板的内装系统的总体形式如图 6－10 所示。通常应先安装衬板或独立围壁板,然后安装天花板。

1.衬板及独立围壁板的安装

衬板及独立围壁板的安装方式如图 6－11 所示。

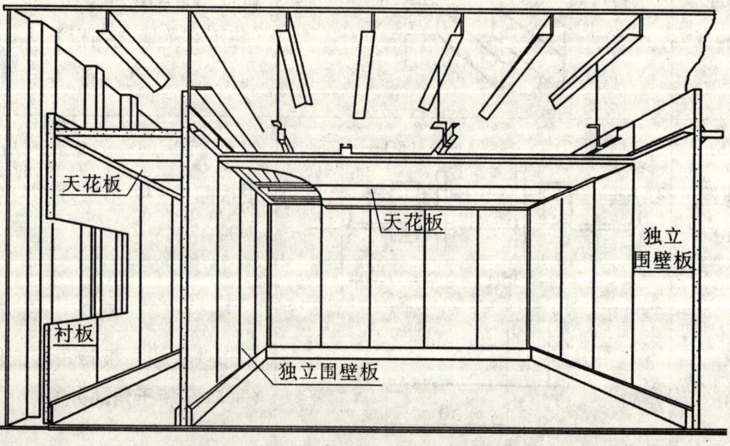

图 6－10　硅酸钙板内装系统示意图

在钢围壁上安装衬板时应设置水平和垂直主衬挡，水平主衬挡至少设上下两根，上部主衬挡应高出天花板 50 mm，可同时用于安装天花板边缘的连接衬挡。走廊衬板安装风暴扶手时，应设置中间衬挡，其高度离走廊地板约 900～1 000 mm，供安装风暴扶手的支架。采用厚度较小的衬板时，亦应设置中间主衬挡，此时衬板用自攻螺钉固定，或在每块衬板背面设置 2～3 个钩板。安装时，钩板扣住中间衬挡。垂直主衬挡的间距根据衬挡宽度确定，在每

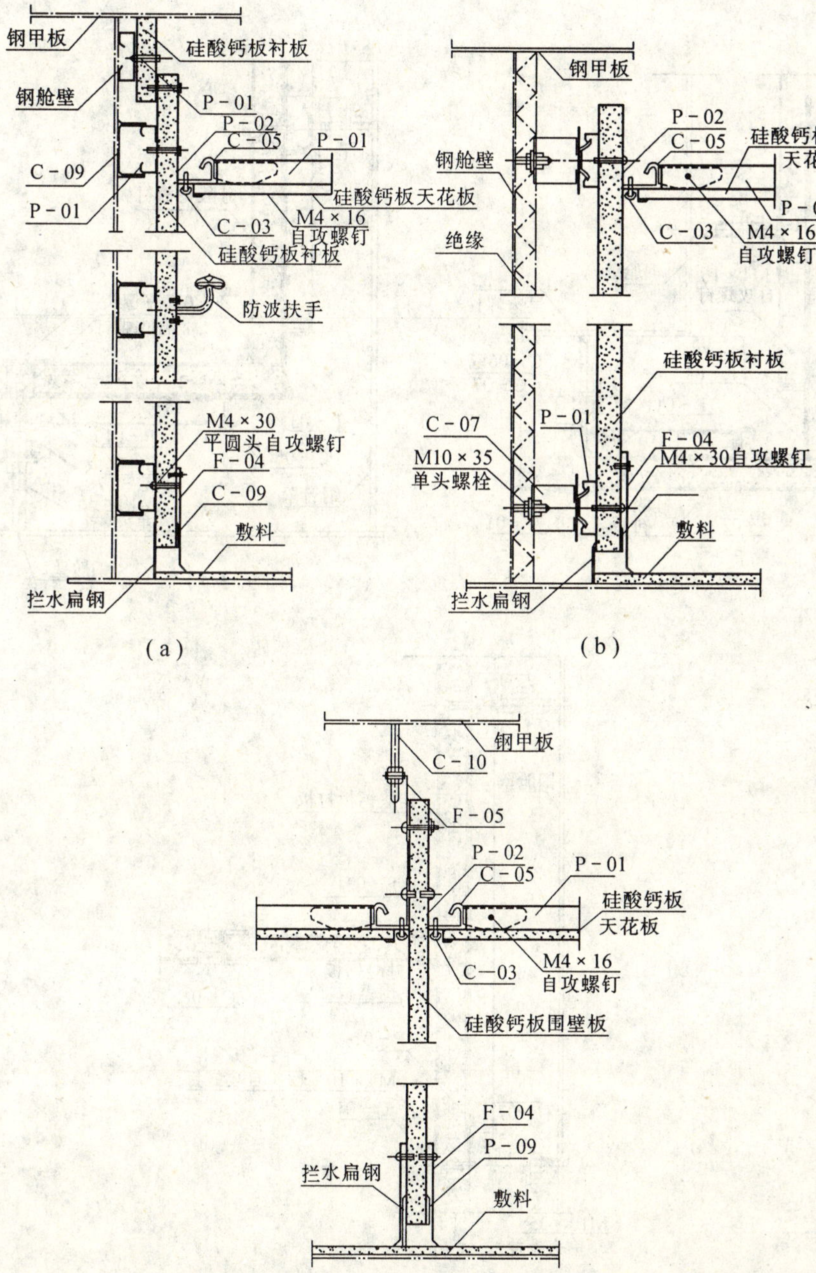

图 6－11　衬板及独立围壁板典型结构图

(a)无扶强材、无绝缘钢壁的衬板安装；(b)有扶强材、有绝缘钢壁的衬板安装；(c)独立围壁板安装

一板缝处设置垂直主衬挡，以便用自攻螺钉直接固定衬板或采用欧米茄接头固定衬板。衬板及独立围壁板在转角处的安装方式如图 6－12、图 6－13 所示。

2.天花板的安装

天花板应在周边处同衬板或钢围壁连接(图 6－11)，中间部分应根据板材尺寸设置纵向及横向主衬挡构成平面构架，除了宽度小于1 300 mm的走廊的天花板的主衬挡可不设吊顶件外，其余处所天花板的主衬挡均应设吊顶件与甲板连接，如图 6－14 所示。吊顶件的间距约800～1 000 mm。在灯具安装处，衬挡应根据灯具尺寸设置，如图6－15所示。

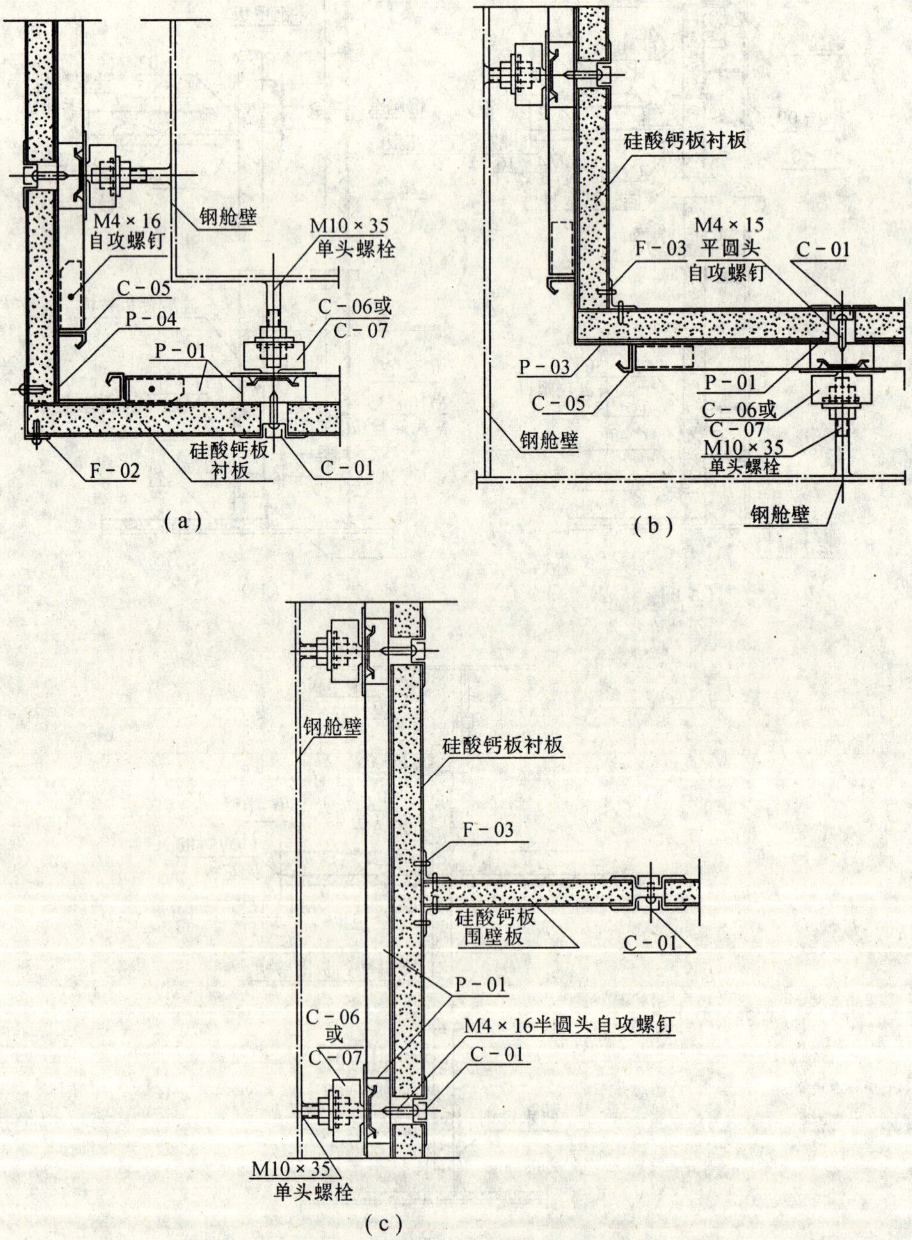

图 6－12　转角处衬板的安装方式

(a)外转角衬板安装；(b)内转角衬板安装；(c)衬板与独立围壁板交汇处的安装

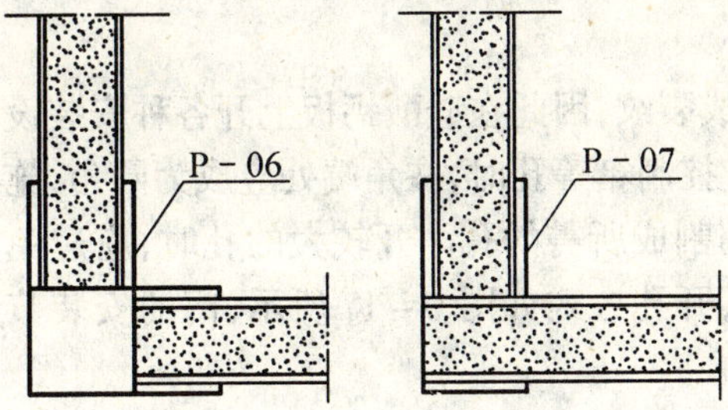

图 6－13　转角处独立围壁板的安装方式

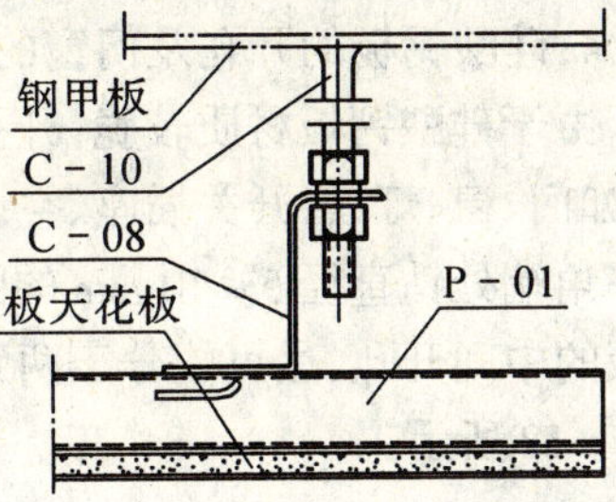

图 6－14　天花板构架件吊顶节点

3.硅酸钙板的连接

硅酸钙板的连接方式很多,厚度 8 mm 以下的衬板和天花板可直接用自攻螺钉固定在衬挡上,但是由于螺钉头露出板外,故使用较少。目前常用的连接方式为设置欧米茄连接件或嵌条连接。

(1)欧米茄连接　根据板材的厚度可采用大号欧米茄或小号欧米茄。前者通常用于衬板或独立围壁板的连接(图 6－12),后者通常用于将天花板固定在衬挡上,形式如同衬板的固定方式。

大号欧米茄用薄钢板制作,表面涂塑,小号欧米茄用薄钢板或铝合金制作。欧米茄连接的优点是施工十分方便,但在板的表面突出较多,宽度也较大,比较显眼,某种程度上影响舱室的美观。

(2)嵌条连接　其形式如图 6－16 所示。硅酸钙板的连接边缘应开槽,槽宽为 3 mm,槽深按需要确定。嵌条采用硬质石棉条或镀锌扁钢。

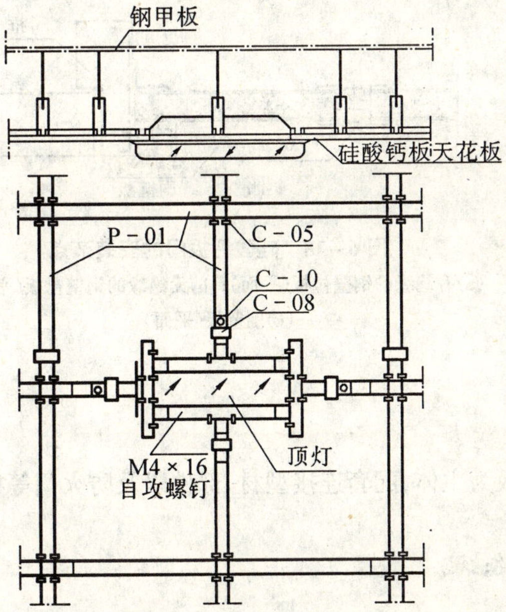

图 6－15　顶灯安装构架图

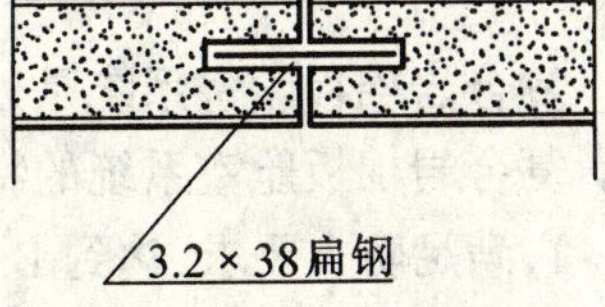

图 6－16　嵌 条 连 接

嵌条连接的优点是整个壁面光顺整齐,但对于板材的厚度偏差、连接边缘的直线度以及开槽的精确度等要求较高，安装时板与板的缝隙要小，不应有凸肩等现象。

4.硅酸钙板的开孔及门窗的安装

由于硅酸钙板材质较脆，开孔不当容易造成裂纹，因此在硅酸钙板上开各种安装设备的孔，如门、窗、灯具，开关插座、空调布风器、电气控制箱等孔时，在角端处应成为圆角，施工时先在角端处钻直径 5 ~ 10 mm 的圆孔，然后再切割成所需的孔。开较大的孔时，应避免在整张板的中间开孔，尽可能分于两张板之间开孔，开孔方式如图 6 – 17 所示，门的安装节点如图 6 – 18 所示。

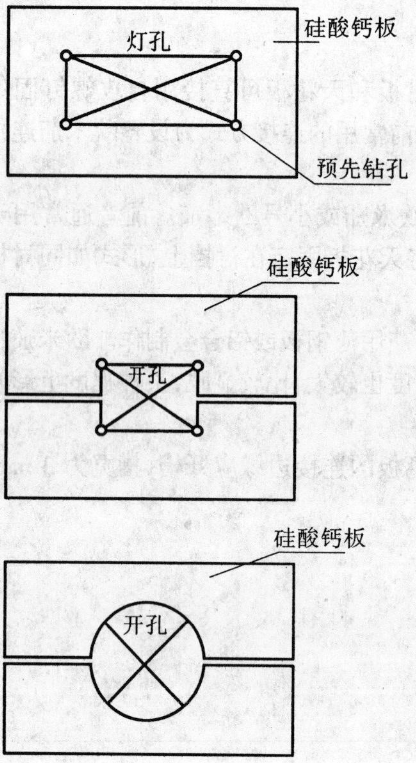

图 6 – 17　硅酸钙板开孔工艺

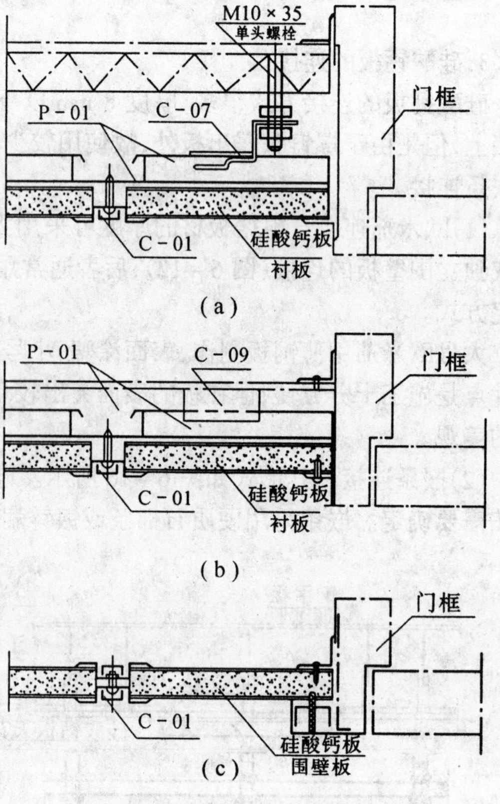

图 6 – 18　硅酸钙板门的安装节点

(a)有绝缘的钢壁衬板(平面)；(b)无绝缘的钢壁衬板(平面)；(c)围壁板(平面)

三、复合岩棉板结构

复合岩棉板舱室系统是以复合岩棉板为主体，配套连接型材、部件以及防火门等构件组成。复合岩棉板舱室系统的特点是：

1.满足防火要求，达到 B – 0、B – 15 级；

2.满足隔声标准(隔声值 > 30dB)；

3.尺度模数化；

4.车间预制，现场组装，有利于缩短造船周期。

(一)复合岩棉板舱室的典型结构

作为舱室的基本构件的复合岩棉板是由芯材岩棉、面材镀锌钢板(厚度 0.7 mm)上复贴 PVC 薄膜(厚度 0.2 mm)进行胶黏加压复合而成的。舱室复合岩棉板系统包括围壁板(独立围壁、衬板)系列、天花板系列、构架系列及防火门系列等。

按防火等级要求的复合岩棉板舱室的结构形式,各厂家都是相同的,见表 6－8。

表 6－8　复合岩棉板耐火结构分隔形式

序号	耐火等级	图　例	说　明	适用处所举例
1	A－60	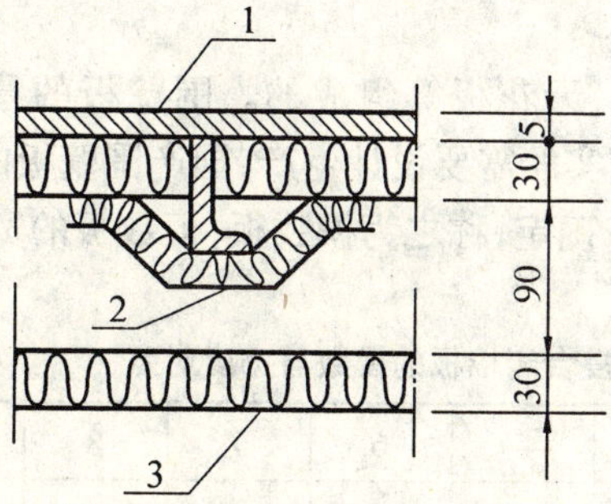	1.钢围壁,厚 5 mm 2.绝缘层,厚 30 mm 3.复合岩棉板(衬板),厚 30 mm	机器处所与起居处所间,控制站与起居处所间,储藏易燃液体的其他处所与起居处所间等
2		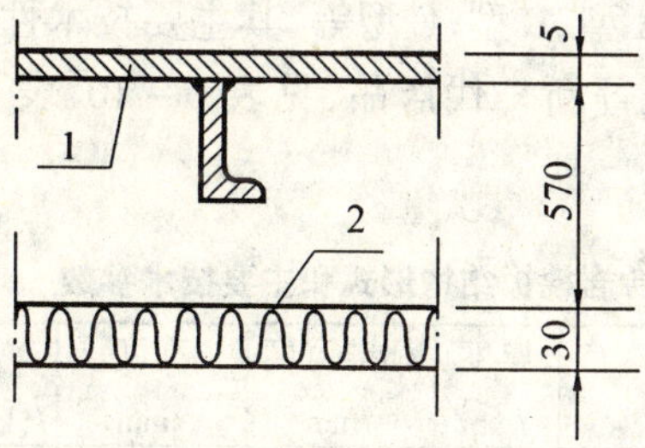	1.钢甲板,厚 5 mm 2.复合岩棉板(天花板),厚 30 mm	
3	A－30	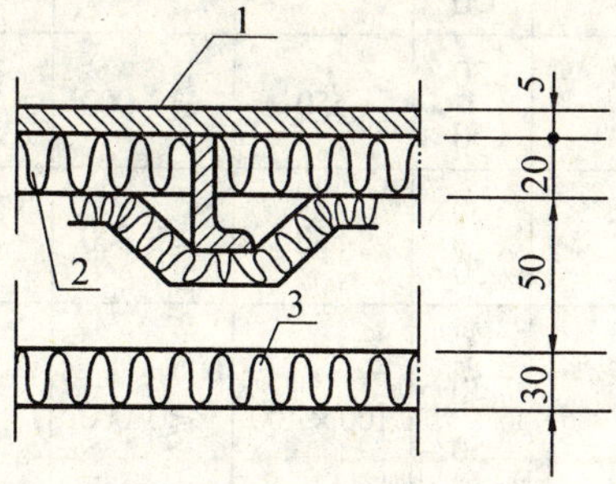	1.钢围壁,厚 5 mm 2.绝缘层,厚 30 mm 3.复合岩棉板(衬板),厚 30 mm	起居处所与主厨房间,储藏室与起居处所间,控制站与走廊间等
4		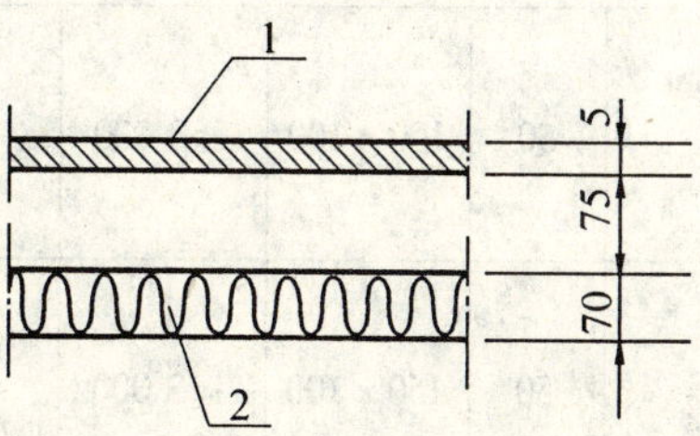	1.钢围壁,厚 5 mm 2.复合岩棉板,厚 70 mm	

表 6-8(续)

序号	耐火等级	图　例	说　明	适用处所举例
5	B-15	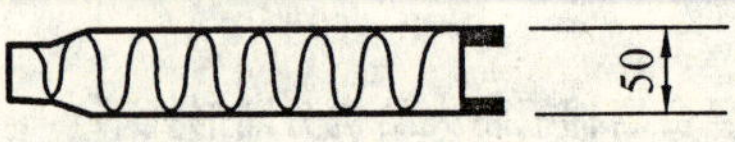	复合岩棉板,厚 50 mm (A 型壁板)	用于 B 级防火分隔,房间与房间的分隔

(二)复合岩棉板的组成

复合岩棉板是以围壁板、转角板、天花板等组成的。围壁板的厚度为 50 mm,30 mm,25 mm,天花板厚度为 25 mm。板长按实船需要设计生产,国产围壁板的长度可达 4 000 mm,复合岩棉板的宽度以 50 mm 的倍数来确定,称之为模数板,模数板的宽度见表 6-9。

表 6-9　复合岩棉板的模数与宽度对照

模数	1	2	3	4	5	6	7	8	9	10	11
宽度/mm	50	100	150	200	250	300	350	400	450	500	550

国产复合岩棉板的结构形式有 A 型、B 型、C 型等,其主要技术性能指标基本相同。目前芯材已发展到采用玻璃棉、蜂窝板等新一代产品,见表 6-10、表 6-11、表 6-12 及表 6-13。

表 6-10　复合岩棉板结构形式和主要技术参数

类别	名　称	结构形式	厚度 /mm	标准宽度 /mm	高度 /mm	质量 /(kg·m^{-2})	适用范围
壁板类	A 型壁板	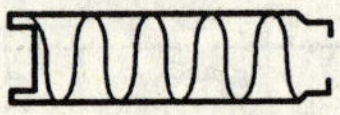	30 50	550	≤3 000	19.01 20.86	衬板独立围壁
	双雌板	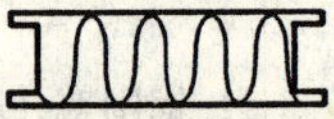	30 50	550	≤3 000	17.38 20.20	门旁
	可拆板	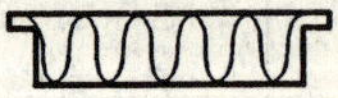	30 50	550	≤3 000	16.30 19.80	可拆处
	L 型转角板(用于 A 型)	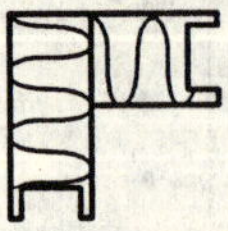	30 50	100×100	≤3 000	1.91 3.68	转角处
	L 型转角板(用于 C 型)	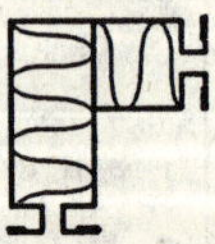	50	100×100	≤3 000	3.8	转角处
	T 型转角板(用于 A 型)	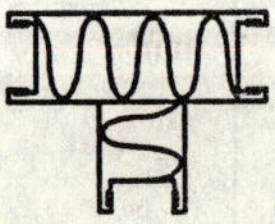	50	150×100	≤3 000	4.76	转角处

表 6-10(续)

类别	名 称	结构形式	厚度/mm	标准宽度/mm	高度/mm	质量/(kg·m⁻²)	适用范围
壁板类	C 型衬板		25 30	550	≤3 000	15.3 16.1	衬板
	C 型壁板	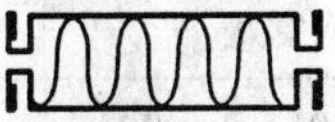	50	550	≤3 000	19.90	独立围壁
	A 型卫生板	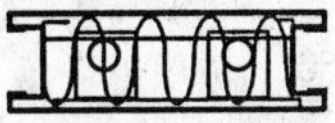	50	550	≤3 000	39.38	潮湿房间
	A 型加强板	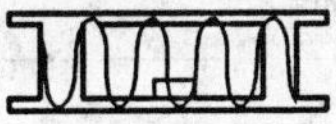	30 50	750	≤3 000	24.00 27.10	固定洗面器处
	A 型电缆板		50	550	≤3 000	22.1	安装电器开关处
	C 型电缆板	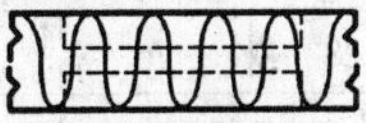	50	700	≤3 000	18.00	安装电器开关处
	C 型加强板	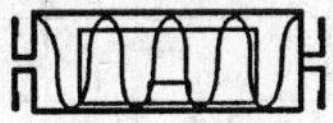	50	750	≤3 000	29.9	固定洗面器处
天花板类	A 型天花板	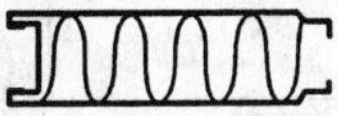	30 40	550	≤2 400	17.18 18.78	用于舱室顶部
	B 型天花板	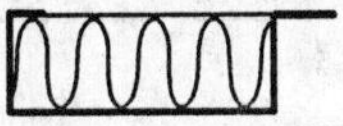	30	350	≤2 000	11.49	用于舱室顶部
	D 型天花板	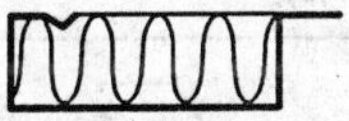	25	300	≤4 000	9.8	用于舱室顶部

表 6-11 A 型衬板及壁板的主要技术参数

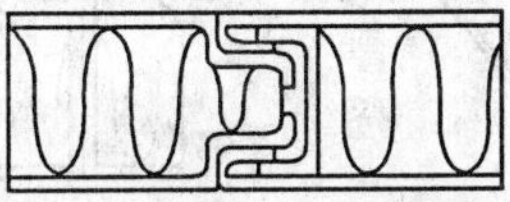

		A 型岩棉板		A 型蜂窝板		A 型玻璃棉板	
厚度/mm		50	30	40	30	50	30
标准宽度/mm		550	550	550	550	550	550
耐火级别		B15	B0	C	C	B15	B0
质量/(kg·m⁻²)		20.86	19.01	6.8	6	13.4	12
导热系数/(W·m⁻¹·K⁻¹)		0.040		0.098		0.030	
隔音值/dB		33	30	26	22	33	30
面材	材料	镀锌钢板贴 PVC		镀锌钢板或铝板贴 PVC			
	厚度/mm	0.7		0.7,0.5,铝板 0.8			
芯材	材料	岩棉		纸蜂窝		超细玻璃棉	
	密度/(kg·m⁻³)	150				80	
用 途		用于独立围壁或衬板					

表 6-12　C 型衬板及壁板的主要技术参数

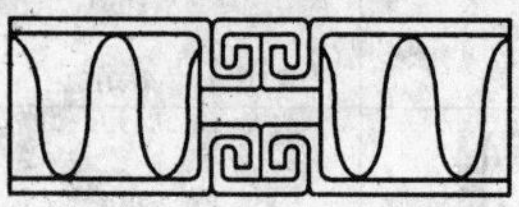

	C 型岩棉板			C 型蜂窝板			C 型玻璃棉板		
厚度/mm	50	30	25	50	40	20	50	40	20
标准宽度/mm	550			550			550		
耐火级别	B-15	B-0		C			C		
质量/(kg·m⁻²)	19.9	16.1	15.3	7	6.8	5.3	6.8~11.1	6.7~10.14	6.2~7.92
导热系数/(W·m⁻¹·K⁻¹)	0.040			0.098			0.030		
隔音值/dB	30	28	26	30	28	26	30	28	26
面材 材料	镀锌钢板贴 PVC 膜			铝板贴 PVC 膜			钢板或铝板贴 PVC 膜		
面材 厚度/mm	0.7			0.8			0.7 或 0.8		
芯材 材料	岩棉			纸蜂窝			超细玻璃棉		
芯材 密度/(kg·m⁻³)	150						60~80		
用途/mm	50,40 厚用于壁板,30,25,20 用于衬板								

表 6-13　天花板主要技术指标

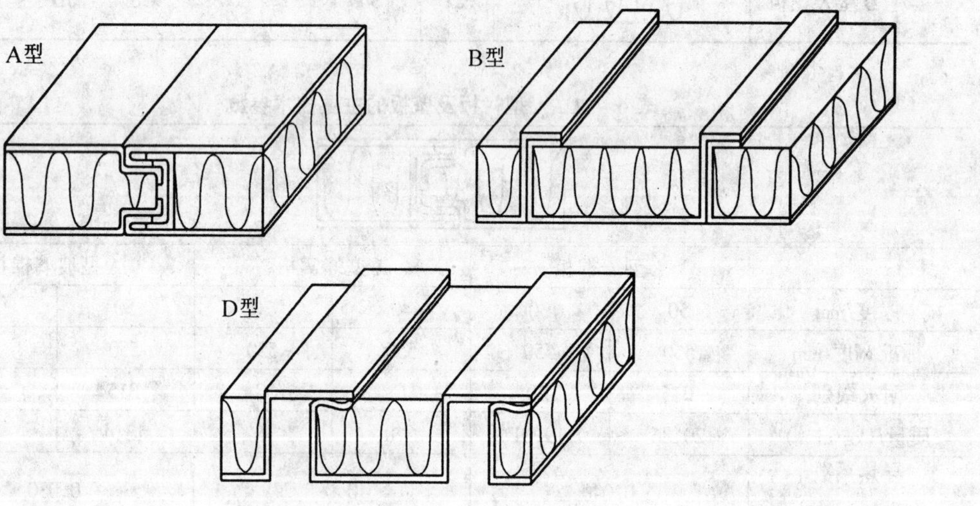

	A 型天花板		B 型天花板	D 型天花板
厚度/mm	40	30	30	25
标准宽度/mm	550	550	350	300
耐火级别	B-15	B-0	B-0	B-0
质量/(kg·m⁻²)	19.5	18	11.49	9.8

表 6－13(续)

导热系数 /($W \cdot m^{-1} \cdot K^{-1}$)		0.040			
隔音值/dB		32	30	30	25
面材	材料	镀锌钢板贴 PVC 膜			
	厚度/mm	0.7			0.5
芯材	材料	岩棉			
	密度/($kg \cdot m^{-3}$)	150			80
用　途		用于舱室顶部装饰			

(三)复合岩棉板的安装形式

安装复合岩棉板应根据不同结构形式的板材所使用的配套的构架件进行。由于各国厂家的复合岩棉板自成体系,因此板材的连接形式、连接构件、吊挂构件及装饰构件均有所不同。

图 6－19 所示为复合岩棉板典型的连接形式;图 6－20 所示为复合岩棉衬板及天花板的固定形式;图 6－21、图 6－22 所示为复合岩棉板的各种节点形式及与之相应的顶型材连接形式;图 6－23 所示为衬板及独立围壁固定形式;图 6－24 则显示了复合岩棉板系统门的安装形式。

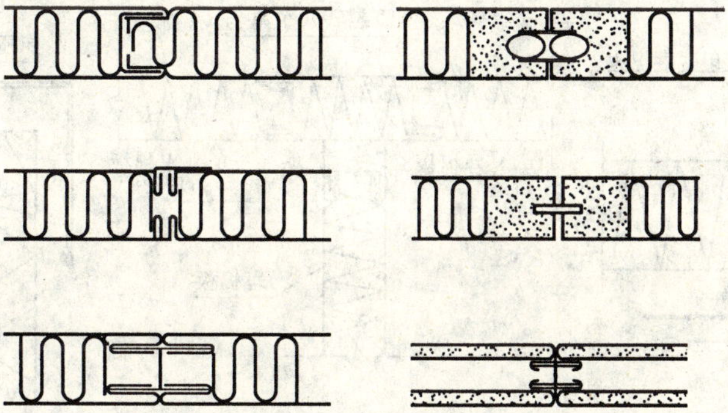

图 6－19　复合岩棉板的典型连接形式

复合岩棉板连接和固定构架件为钢质镀锌构件,装饰用的构件为复塑或涂塑钢质件。表 6－14 列出了我国复合岩棉板系统配套的构架件。

(四)复合岩棉板舱室系统设计要点

1.设计准备

(1)参考图纸包括主要技术规格书、船体结构图、总布置图、电气系统图、管系图、空调系统图、甲板敷料布置图、门窗布置图等;

(2)选定的复合岩棉板生产厂的工厂标准节点图等相关图纸资料。

2.设计图纸文件

(1)复合岩棉板排版图(包括围壁板、天花板排列图),明确板的型号、板宽、板长、板色、数量、次序以及节点号，还需要注明天花板开孔及吊顶型材布置(图6－25)。图中常以平面图形式表示排板与布置设计。

(2)复合岩棉板系统配套明细表，即围壁板明细表、围壁板用型材明细表、天花板明细表以及天花板用型材明细表，供订货及施工配套之用。

3.设计时注意事项

尽量采用标准板，以减少现场过多切割。排板次序通常从舱室一角开始分别向纵横依次排列至门框处，门框两侧板应取雌口形式。天花板由门向窗方向排列，窗框处板材应取雄的形式。吸顶灯、风口等设备布置时应尽量安排在板材中间，壁板布置电器设备开关插座开孔，应离板缝25～30 mm以上。

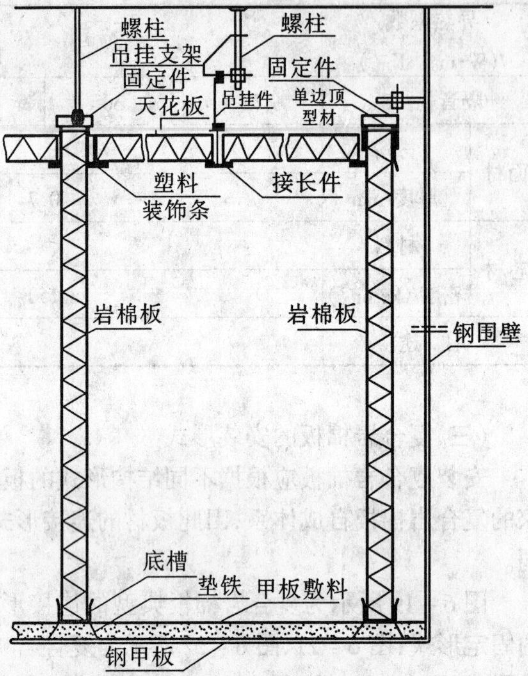

图6－20 复合岩棉板衬板及天花板的固定

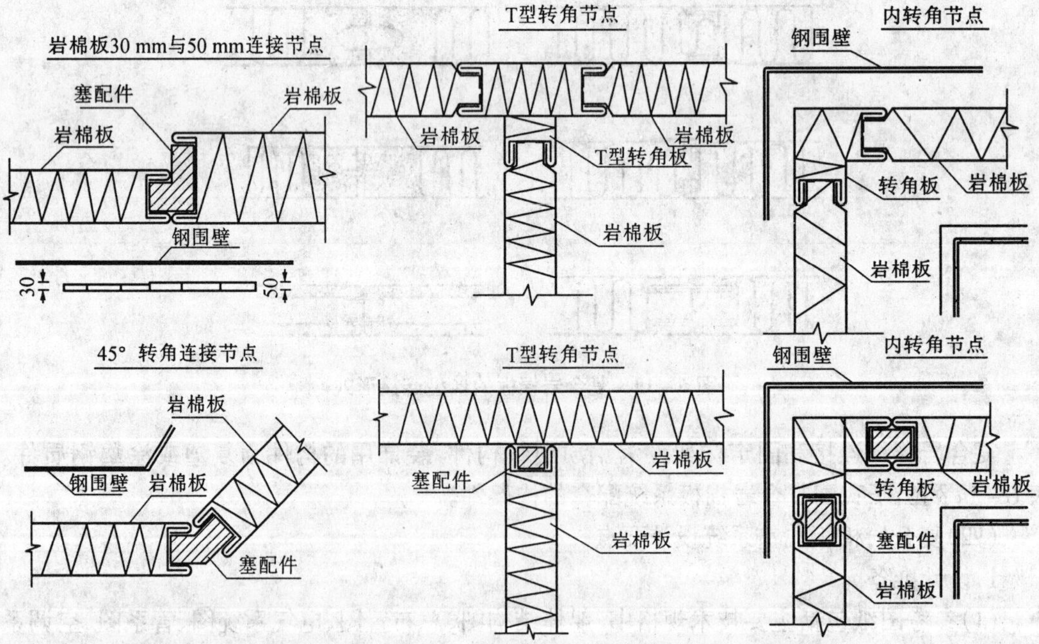

图6－21 复合岩棉板主要节点形式

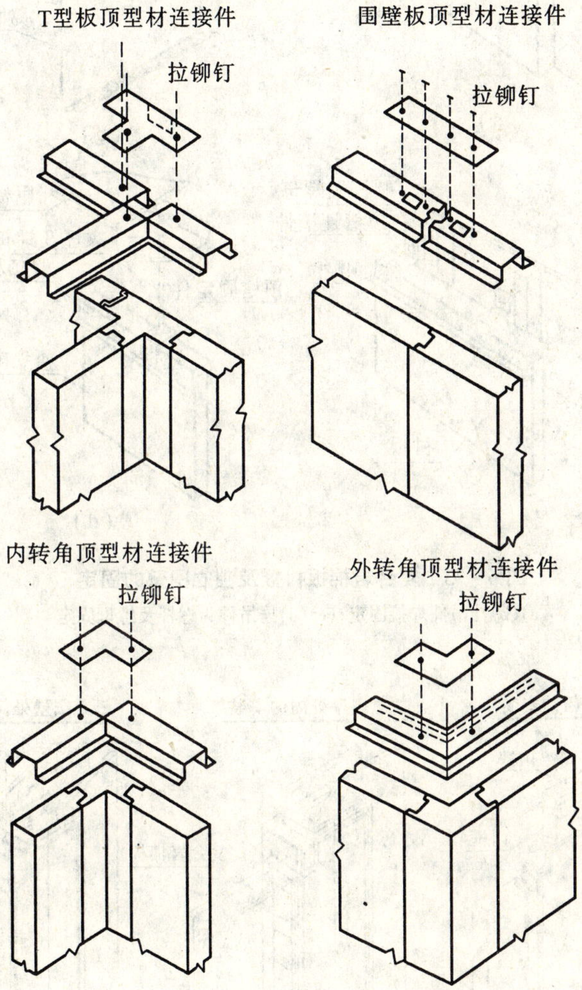

图 6－22　复合岩棉板顶型材的连接

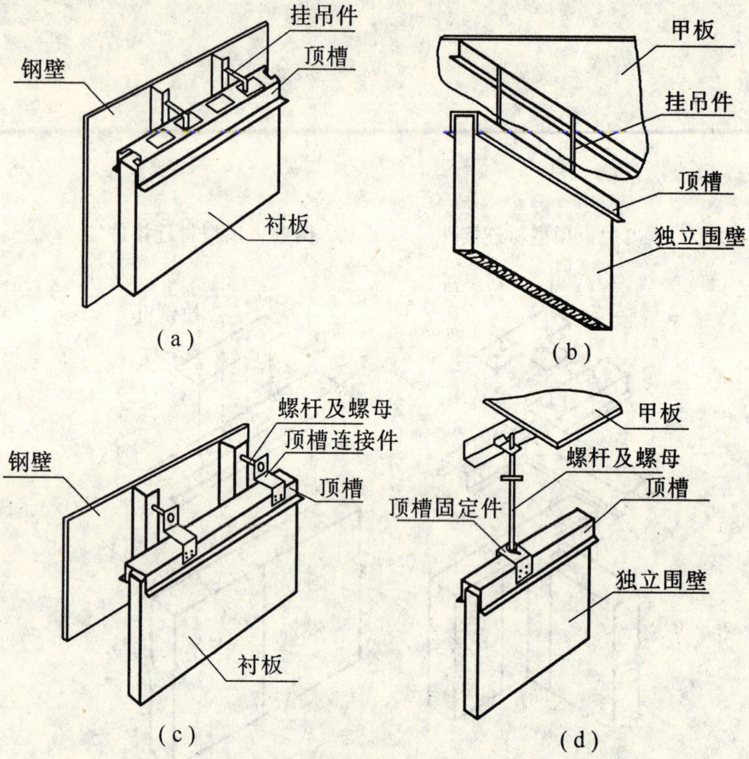

图 6－23　复合岩棉板衬板及独立围壁的固定

(a)(b)挂吊件焊接固定;(c)(d)挂吊件为螺杆及螺母固定

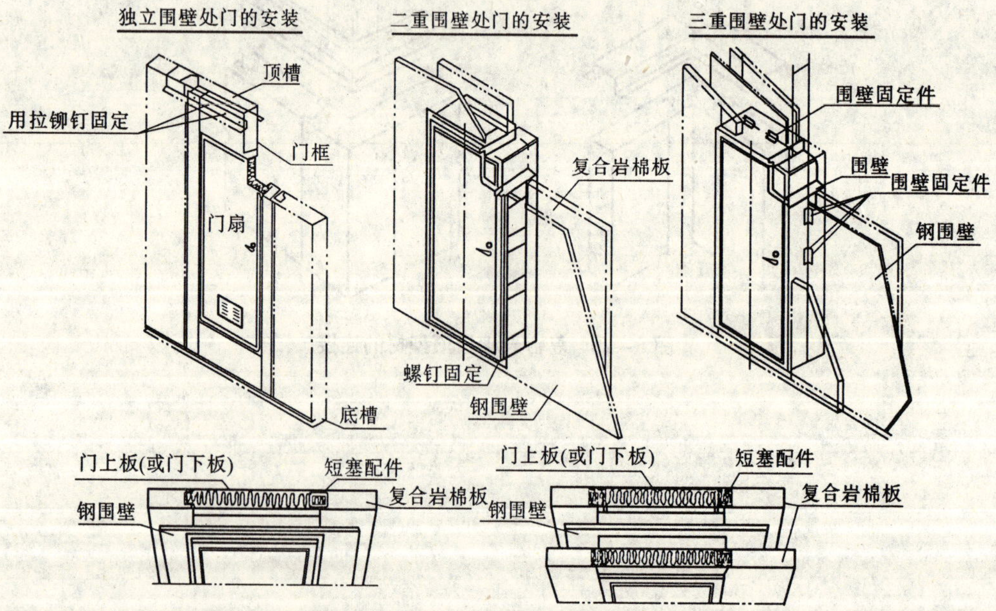

图 6－24　复合岩棉板围壁门的安装

表 6-14 复合岩棉板构架件

名 称	形 式	质量(kg/m²)	材 料	适用范围
N 适配件	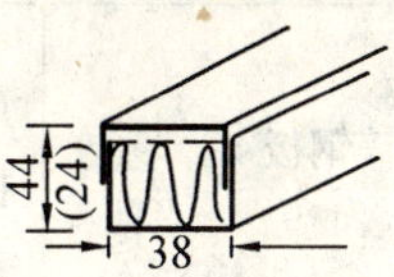	1.43 1.10	δ = 0.7 镀锌钢板表面贴 PVC	两雌口相对处
M 适配件	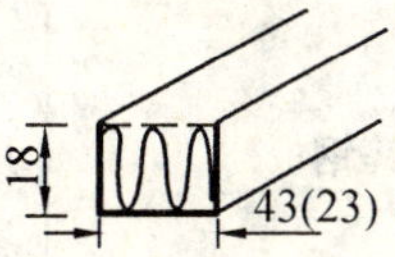	0.79 0.56	δ = 0.7 镀锌钢板表面贴 PVC	用于雌口处
吊挂梁	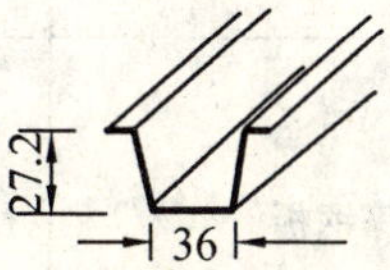	0.97	δ = 1.2 镀锌钢板	用于 D 型天花板的固定
中间梁	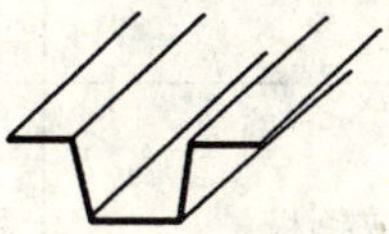	0.85	0.7 镀锌钢板表面贴 PVC	用于 D 型天花板的接长
边嵌条	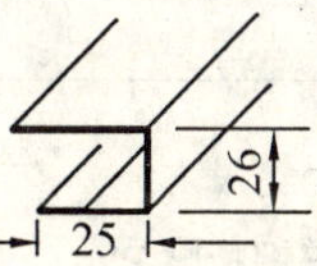	0.44	δ = 0.5 钢板表面贴 PVC	用于 D 型天花板宽度切割后的覆盖
弹簧夹	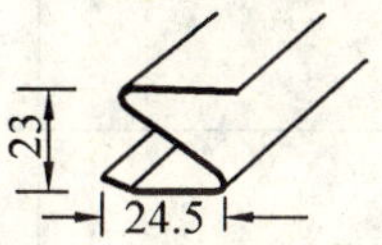	0.018/个	δ = 0.2 弹簧钢	与边嵌条联合应用
吊顶插座	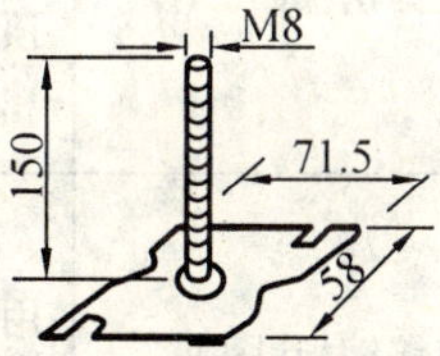	0.087/个	δ = 1.3 钢板表面镀锌	与吊挂梁连接
套 管	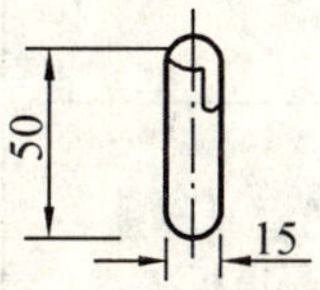	0.03/个	冷拉异形钢管表面镀锌	与吊顶插座及螺杆联合使用
螺 杆	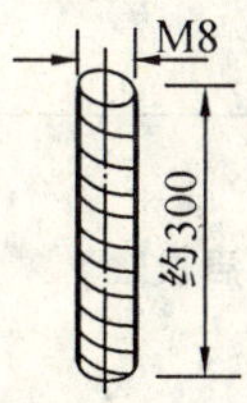	0.39	M8 螺杆表面镀锌	与吊顶插座联合使用，与顶甲板焊接

表 6-14(续一)

名　称	形　　式	质量(kg/m²)	材　　料	适用范围
底型材	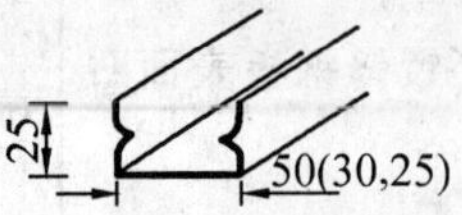	1.04 0.85 0.80	δ = 1.2 镀锌钢板	用于壁板、衬板底部
顶型材	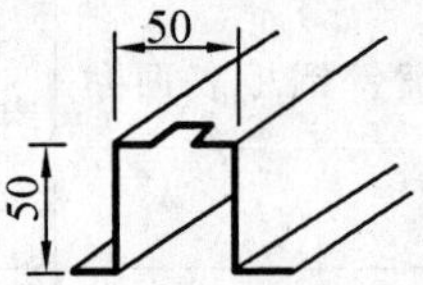	1.47	δ = 1.2 镀锌钢板	用于壁板顶部
单边顶型材	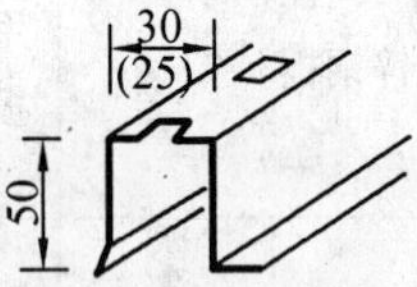	1.21 1.16	δ = 1.2 镀锌钢板	用于衬板顶部
钢壁顶型材	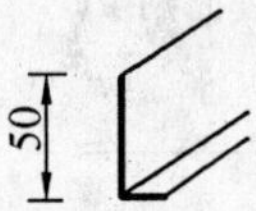	0.7	δ = 1.2 镀锌钢板	用于钢围壁处
顶型材	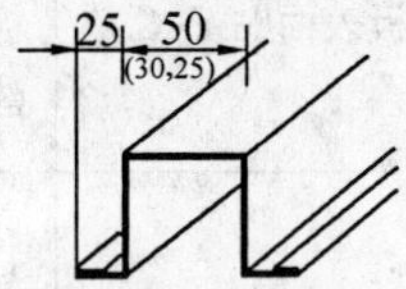	1.90 1.72 1.70	δ = 1.2 镀锌钢板贴 PVC	用于 C 型壁板顶部
单边顶型材	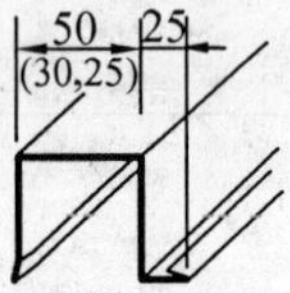	1.55 1.37 1.30	δ = 1.2 镀锌钢板贴 PVC	用于 C 型衬板顶部
钢壁顶型材	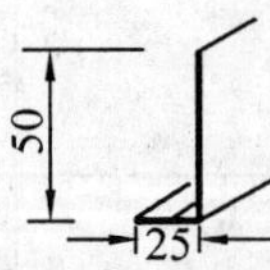	0.76	δ = 1.2 镀锌钢板贴 PVC	用于钢壁处和天花板的连接
双槽顶型材	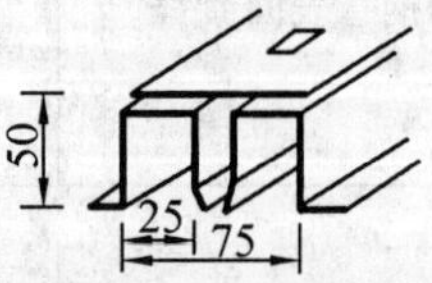	3.13	用于 C 型高隔声板	用于 C 型高隔声板
双槽底型材	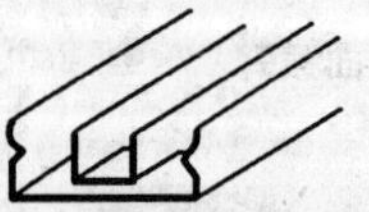	1.70	用于 C 型高隔声板	用于 C 型高隔声板

表 6－14(续二)

名　称	形　式	质量(kg/m^2)	材　料	适用范围
Ⅱ型加强材	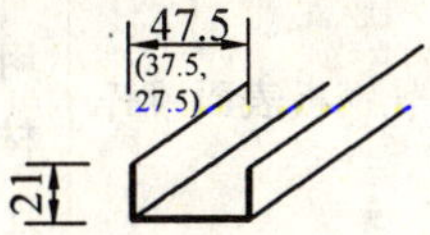	0.50 0.44 0.28	0.7 镀锌钢板	用于围壁板及衬板切割处加强
H 型材	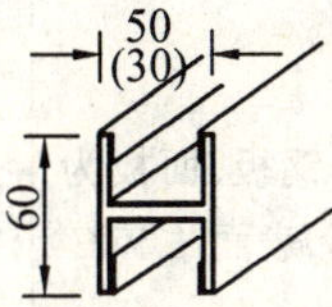	6.3 5.6	0.7 镀锌钢板表面贴 PVC	用于壁板的接高
内包角 A	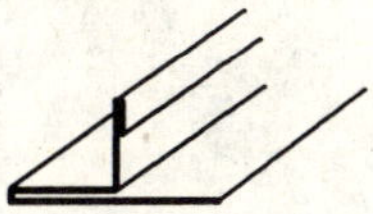	0.55	0.7 镀锌钢板表面贴 PVC	用于舱室内转角处覆盖
外包角 A	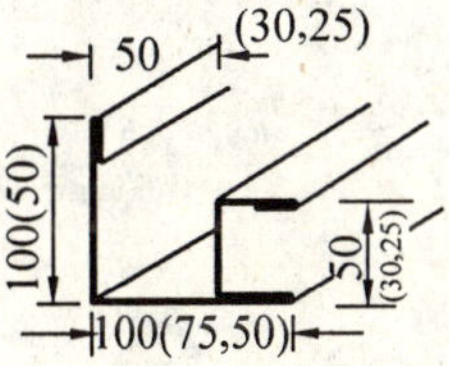	1.35 1.04 0.96	0.7 镀锌钢板表面贴 PVC	用于舱室外转角处覆盖
Ⅱ型包边	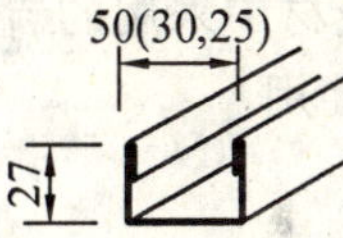	0.75 0.65 0.53	0.7 镀锌钢板表面贴 PVC	用于壁板和衬板端部切割后的包覆
垫　铁	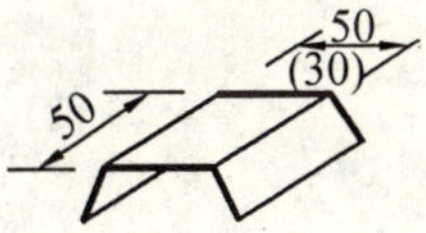		$\delta=3$ 冷轧碳素钢	用于底槽和甲板的连接
挂　吊	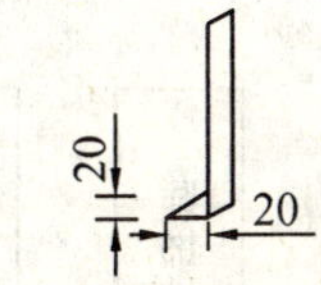		$\delta=3$ 带钢	用于顶部型材和甲板或钢围壁的连接
Ⅱ固定件	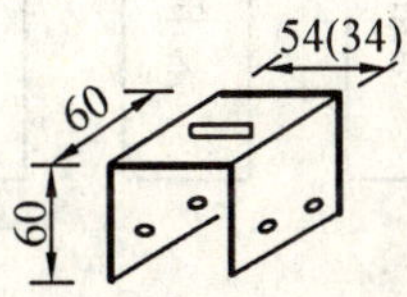	0.12 0.11	$\delta=1.5$ 冷轧钢板表面镀锌钝化	用于顶部型材和甲板的连接

表 6-14(续三)

名　称	形　式	质量(kg/m²)	材　料	适用范围
h 固定件	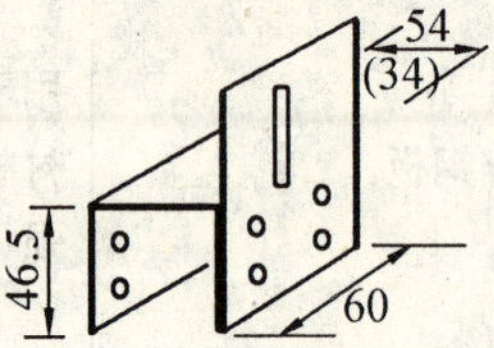	0.23 0.22	$\delta=1.5$ 冷轧钢板表面镀锌钝化	用于单边顶型材和钢围壁的连接
接长型材	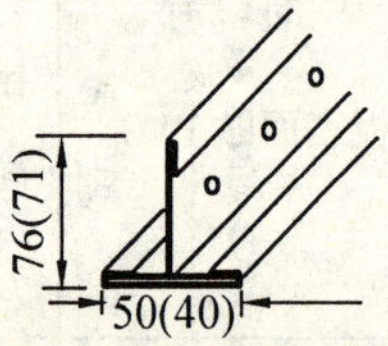	2.08	$\delta=1.2$ 镀锌钢板,面板为 0.7 镀锌钢板,表面贴 PVC	用于天花板的接长

(五)符合岩棉板舱室系统安装工艺规范

1.人员

符合岩棉板安装人员应具备安装施工经验,并经专门培训考试合格。

2.环境

施工现场要具有良好的照明。

施工现场应清除无关物品。

施工现场超高的部位应搭好跳板。

3.原材料

所用材料必须具有制造厂的出厂合格证和船检证书。对板材中采用的岩棉板、钢材和装饰件等应提交材质证书和检验报告,经检验合格的材料方可使用。

4.系统要求

舱室内各种机座及其他铁舾装件装焊结束。

上层建筑钢结构和所有钢质门、窗完整性装焊结束。

甲板上管件及电缆的穿孔套管应装焊结束。

管系、空调、电缆均应敷设到位。

防火及隔热绝材料缘安装结束。

5.本系统安装主要工艺流程

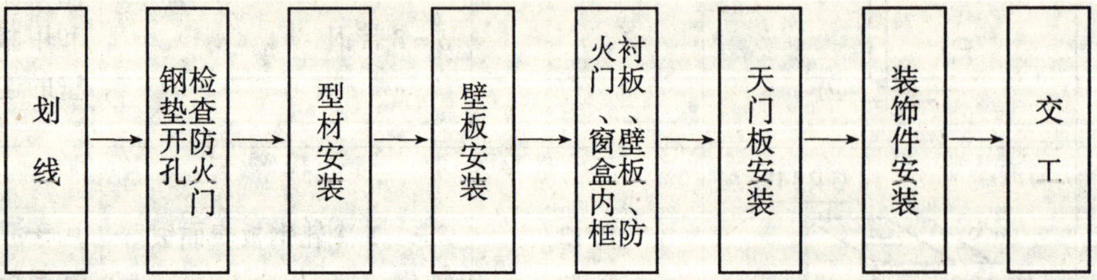

6.划线

(1)根据壁板排板图、卫生单元安装图、舱室预埋件图中所要求的各部分尺寸,对钢结构围壁尺寸进行核对,对误差进行消化处理(应保证房间内部尺寸)。

(2)底槽型材划线从横向走廊船中心线开始,向两舷延伸。

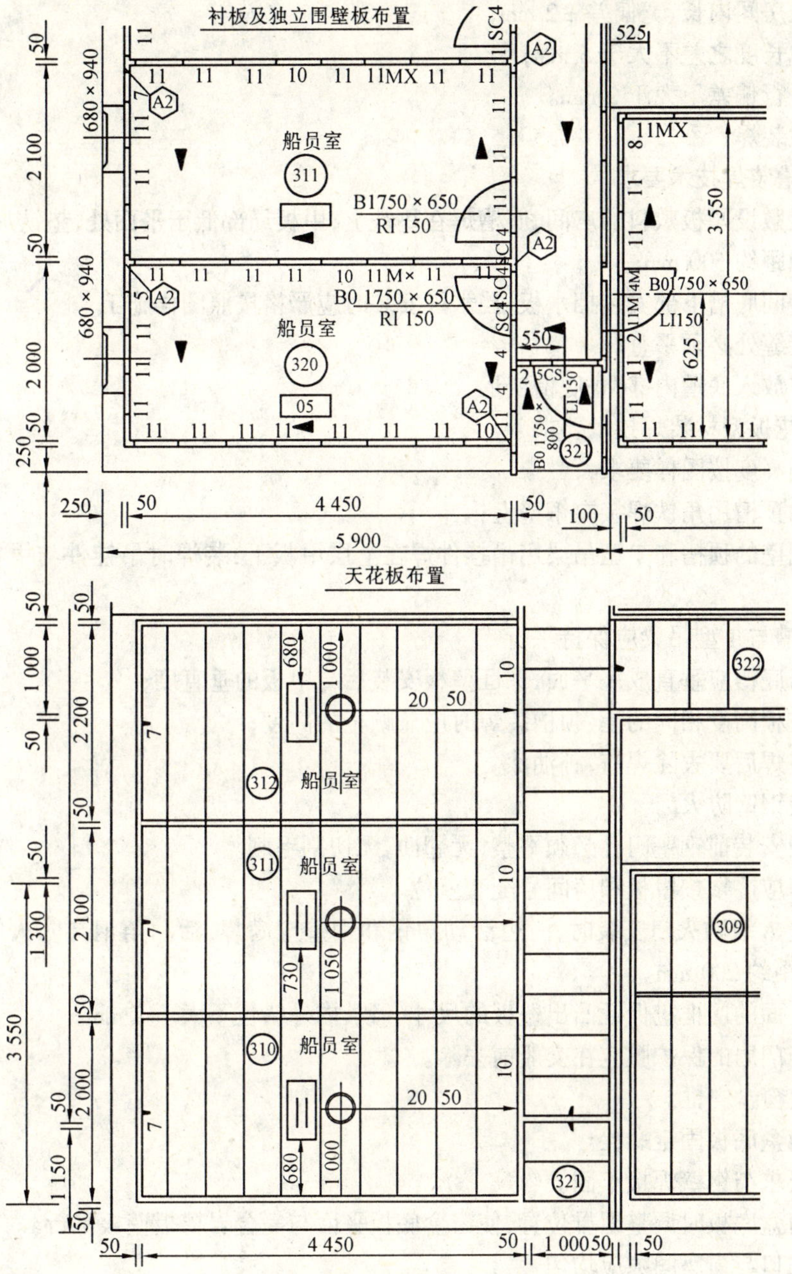

图 6－25　复合岩棉板排版图

(3)以横向走廊线为基准线过渡到纵向走廊。

(4)核对防火门钢壁开孔尺寸,确保门开孔位置准确,并保持水平、垂直。

(5)沿走廊门孔过渡到房间内部。

(6)确定卫生单元位置和敷料挡板位置。

(7)底槽划好线后,房间转角处、交叉处打洋冲标记。

(8)划线技术要求

应保证房间内长、宽偏差±2 mm;

对角线长度之差不大于5 mm;

两线平行偏差不大于2 mm。

7.型材装焊

(1)底槽装焊技术要求

甲板上敷设厚板敷料的房间,底槽焊在垫铁上,甲板局部低于平面处,垫铁加高;

垫铁间距约500 mm;

潮湿房间底槽下部安装挡水板,挡水板安装时应严格按照图样施工;

底槽接缝处必须平直;

用木方放入底槽内,防止底槽变形。

(2)天花板型材装焊技术要求

顶槽的高度按图样要求;

衬板的顶槽用角铁焊接在钢壁上;

独立围壁的顶槽和T型吊梁用吊挂件焊在上层甲板下,装焊时吊挂件与甲板焊接缝错开;

(3)顶槽与T型吊梁应保持平行

顶槽与底槽应垂直成一平面,保证壁板安装后与甲板的垂直度;

与天花板高度相同的柜、顶槽装焊时应兼顾柜的高度;

型材装焊后要去除焊渣,补油漆。

8.安装钢壁防火门

防火门安装前钢壁门孔必须平整,无翘曲,无切割毛刺。

防火门应严格按甲板和房间号配套就位。

三道壁A级防火门安装时,门边活动角钢和钢壁应满焊,活动角钢与防火门框用拉铆钉连接,间距约200 mm。

走廊一面的门框应保证凸出壁板的尺寸一致,内外错位不大于2 mm。

门框与门扇的保护膜应在交船前去除。

9.安装窗盒内框

焊接窗盒底板固定螺栓。

螺栓要求与钢壁焊接牢固。

安装窗盒底板时调整螺母位置,使窗盒底板平面与复合岩棉板壁板平行。

底板内口与窗座间隙应均匀。

10.安装壁板

有外角转角板的两面围壁,首先安装转角板,向两面延伸安装。

从与门相对的围壁的内转角板开始,逐面向门后一角安装。

独立围壁分隔的两个房间连接处安装T型转角材。

有防浪扶手加强和电缆管等特殊用途的板,应严格按图样位置安装,不允许调换位置。

有活动压框的门口,四周间隙应均匀。

切割边应安装加强材,用拉铆钉固定。超过700 mm,窗上、下板处围壁衬板内用槽型材。

潮湿房间板缝加密封胶。

11.安装天花板

天花板应按排板起始顺序安装，板缝紧密。

T型吊梁两边板缝应在一条线上。

T型吊梁两面的天花板交替安装。

灯具及布风器按实物现场开孔，切割长度超过 300 mm，切口端面需用加强材。

12.装饰件安装

天花板嵌条安装时转角处 45°对角。

天花板嵌条尽量减少平接数量，长度不足 500 mm 的不能使用。

天花板嵌条对接处不应有缝隙和错位。

待家具和塑料地板完工后再安装塑料踢脚板。

塑料踢脚板阴、阳转角处 45°对角。

安装后的踢脚板下边应压紧地面。

螺钉间距约 500 mm 均布。

13.窗盒外框及门压框安装

窗盒外框安装外边内边应与底板插口处装配妥当，不允许脱口。

窗盒装饰边上螺钉应安装齐全。

门活动压框安装时用扁圆头自攻螺钉固定，间距约 250 mm 均布。

第三节 防火门

一、防火门的类型及构造

船舶防火门设置在耐火分隔舱壁上，并且与该分隔舱壁具有等效耐火性能(包括阻止烟及火焰穿过的性能)的门，同时具有作为关闭设备所具有的功能。由于船舶的耐火分隔按其阻火性能分为“A级”、“B级”和“C级”分隔，因此防火门亦相应分为 A级、B级和 C级防火门。其中 A级又可分为 A－60级、A－30级、A－15级和 A－0级防火门；B级则分为 B－15级和 B－0级防火门。

A级防火门通常为单扇防火门，B级和 C级防火门有单扇和双扇两种。

防火门的规格以其通孔尺寸表示。单扇防火门的通孔宽度(mm)为 600，650，700，750，800，850，900，1 000 等。双扇防火门的通孔宽度(mm)为1 100～1 600。门的通孔高度(mm)为1 600，1 650，1 700，1 750，1 800，1 850，1 900等。

1.A级防火门

A级防火门的门扇和门框均应由钢材或其他等级材料制造，通常在门上不允许设置任何开口(包括通风栅)，除非该种开口配置具有相应耐火分隔的盖(如应急通孔)，每扇门应能在舱壁的每一面仅需一人即能将其开启和关闭。

客船主竖区舱壁及梯道围壁上的 A级防火门应满足下述要求。

(1)防火门应为自闭型，并能在门向关闭方向的反方向倾斜 3.5°时仍然自动关闭。在船舶处于正浮状态时，该门的大致关闭，均匀速率应为 10～40 s。

(2)遥控的滑动防火门或动力操纵的防火门应装有报警装置，该报警装置在门开始关闭前5~10 s发出警报声响,并一直持续到门完全关闭。所设计的门在关闭过程中碰到物体时应有足够大的重新开启度,其通路净尺度为0.75~1 m。

(3)所有的防火门应能从连续有人值班的集中控制站同时或成组地遥控自动释放关闭,并能在各自所在位置处就地分别关闭。在有人连续值班的集中控制站内的防火控制显示屏上,应能显示出每一扇防火门是否已被关闭。防火门的释放装置应设计成在控制系统或集中动力供应万一损坏时,此门能自动关闭。释放开关应具有通/断功能,以防止系统自动重新接通。不允许使用不能由控制站脱开的门背钩。

(4)动力操纵的防火门所用的蓄能器应紧挨着防火门,以便防火门至少能就地完成10次全开或全关动作。

(5)装有保持耐火完整性所需压紧装置的双叶门,其压紧装置应在门被释放后自动地起作用。

(6)动力操纵和自动关闭的直接通向特种处所的防火门不必装有(2)和(3)要求的报警装置和遥控释放装置。

A级防火门为了保证必需的气密性,在门框上与门扇四周接触处设有嵌条,这种嵌条可采用硅酸铝纤维制作,除A-0级防火门外,A-15、A-30、A-60级防火门的门框及门扇内部均填充绝缘材料,常用的绝缘材料有岩棉、硅酸铝纤维毡、硅酸钙板等。

图6-26所示为典型的A-0级单扇防火门;图6-27所示为A-15级单扇防火门;图6-28所示为A-30级及A-60级单扇防火门的结构。

2.B级防火门

B级防火门的门扇和门框均应为不燃材料,目前常用的材料为钢、复合岩棉板或硅酸钙板等。

在走廊舱壁内,只允许通往住室和公共处所的B级防火门的门上或门以下开设通风开口,这种开口的总净面积不得超过0.05 m^2。当这种开口在门上时,只允许设在门的下半部,并应设置不燃材料制成的格栅(通风栅)。

设于起居处所的B级防火门,通常在门扇上装置应急通孔,一旦船舶因失火等原因导致结构变形,门无法开启时,可供被围在房间内的人员逃生用,通常将通风栅设在应急通孔的盖上,B-0级防火门的门扇及门框可制成空心结构,B-15级防火门的门框与门扇内通常填充绝缘材料,如岩棉、硅酸铝纤维毡。

图6-29所示为带有应急通孔的B-0级单扇防火门;图6-30所示为带有应急通孔的B-15级单扇防火门;图6-31所示为门以下设有开口的B-15级单扇防火门。

3.C级门

C级门只要求采用不燃材料制作,对于结构形式未加任何限制,通常采用B-0级门的结构形式,主要取决于满足强度和刚度的要求以及隔声、隔热和绝缘方面的要求。

4.防火门的门框

防火门门框的构造及其厚度必须同门安装处的舱壁构造相适应。通常舱壁的构造分为单层、双层和三层等形式,相应的门框安装方式如图6-32所示,图中的D和T(T_1、T_2)值根据舱壁构造决定。

二、防火门的五金件

(一)铰链

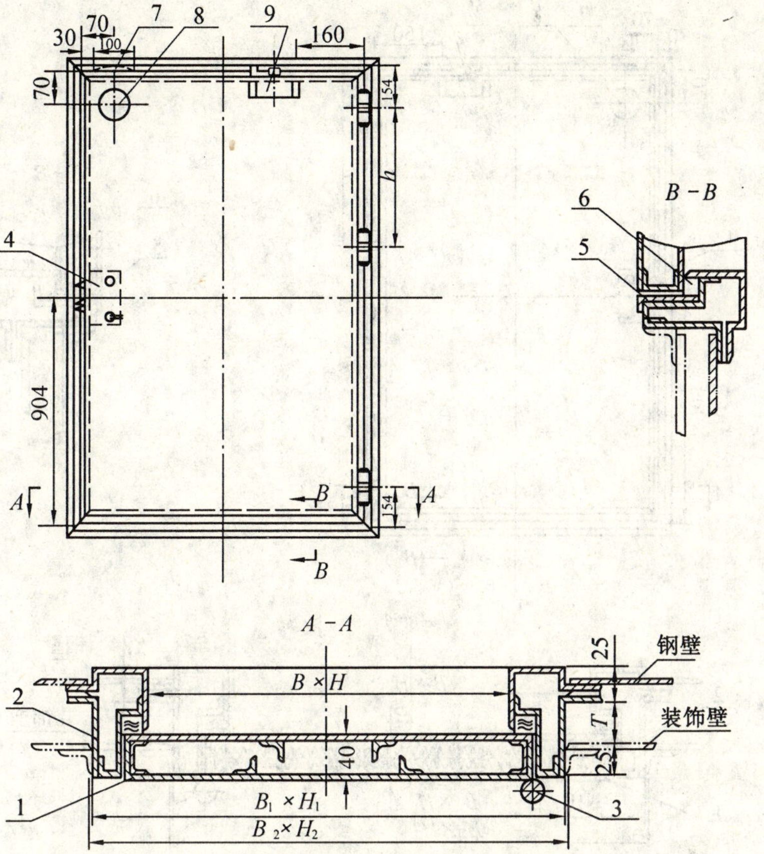

图 6－26　A－0 级单扇防火门

1—门；2—门框；3—铰链；4—锁；5—踏步板；6—嵌条；7—近接开关；8—释放开关；9—闭门器

船用防火门采用脱卸铰链，一般用 100 mm 铰链 2～3 只。防火门安装时将门先卸下，待门框装妥后再将门扇重新挂上。

（二）门锁

船用防火门配备经船检机构认可的防火门专用执手门锁。

（三）闭门器

A 级防火门除了满足耐火性能方面的共同要求外，在不同种类的船舶上使用时，还需满足各自的特殊要求，如客船主竖区舱壁及梯道围壁上的防火门应满足在向关闭方向的反方向倾斜 3.5°时仍能自闭，船舶正浮状态时门的关闭均匀速率大致为 10～40 s。这就要求 A 级防火门具备自闭功能，即要装相匹配的闭门器。安装了闭门器的防火门除经常处于关闭状态外，门的关闭速度需要时可加以控制，以防止突然关闭对人身发生不应有的危险。

（四）定门器

用于防火门上，防止开启后门随船的振动、摇晃自由摆动碰伤人而采用的一种配件。其品种很多，如磁性定门器等。

（五）带风栅逃生孔

带百叶风栅应急逃生孔主要用于 B 级或 C 级门，安装于居住舱室和工作舱室，其风栅

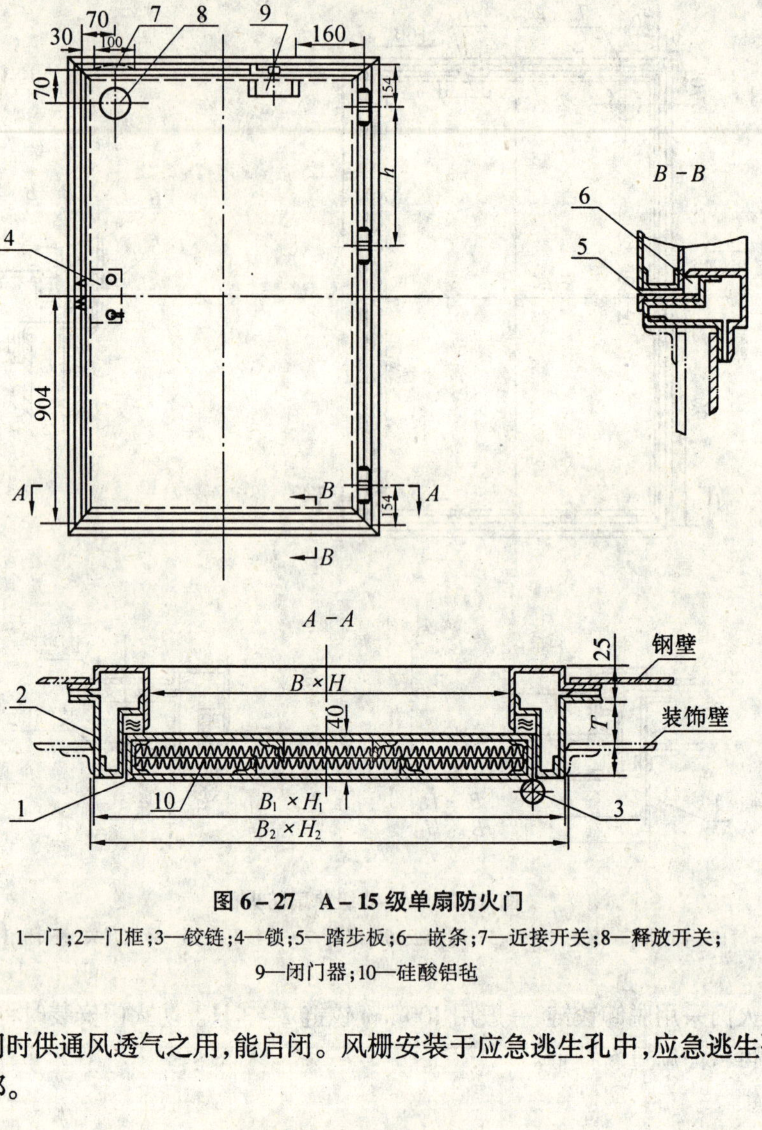

图 6-27　A-15 级单扇防火门

1—门;2—门框;3—铰链;4—锁;5—踏步板;6—嵌条;7—近接开关;8—释放开关;
9—闭门器;10—硅酸铝毡

为在门窗密闭时供通风透气之用,能启闭。风栅安装于应急逃生孔中,应急逃生孔直接安装于门的下半部。

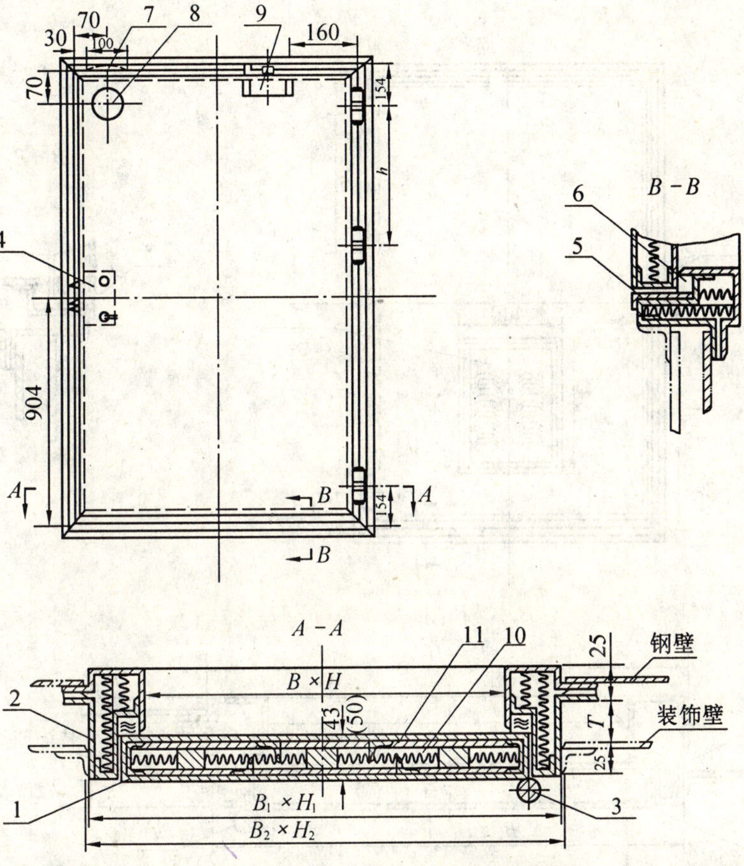

图 6-28　A-30 及 A-60 级单扇防火门

1—门；2—门框；3—铰链；4—锁；5—踏步板；6—嵌条；7—近接开关；8—释放开关；9—闭门器；10—硅酸铝毡；11—硅酸钙板

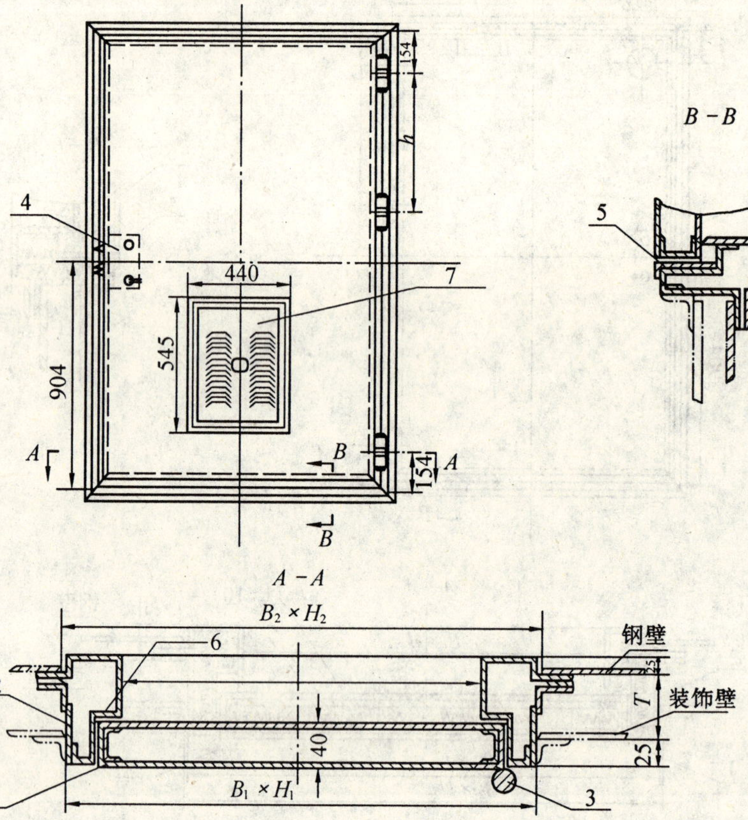

图 6－29　带有应急通孔的 B－0 级单扇防火门

1—门；2—门框；3—铰链；4—锁；5—踏步板；6—碰垫；7—应急通孔

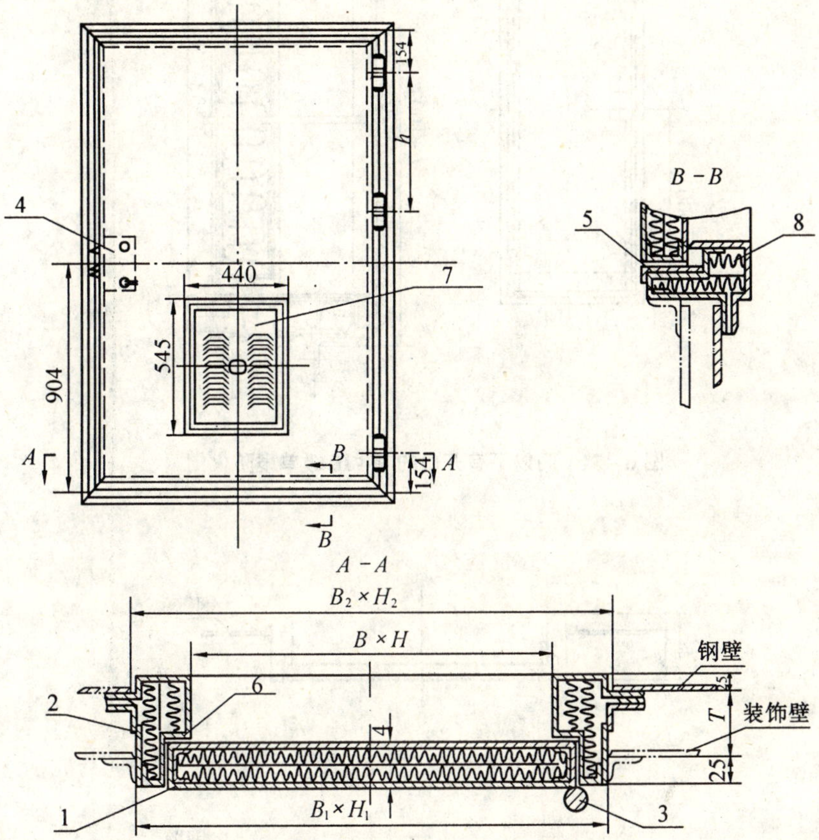

图 6-30　带有应急通孔的 B-15 级单扇防火门

1—门；2—门框；3—铰链；4—锁；5—踏步板；6—碰垫；7—应急通孔；8—岩棉(或硅酸铝毡)

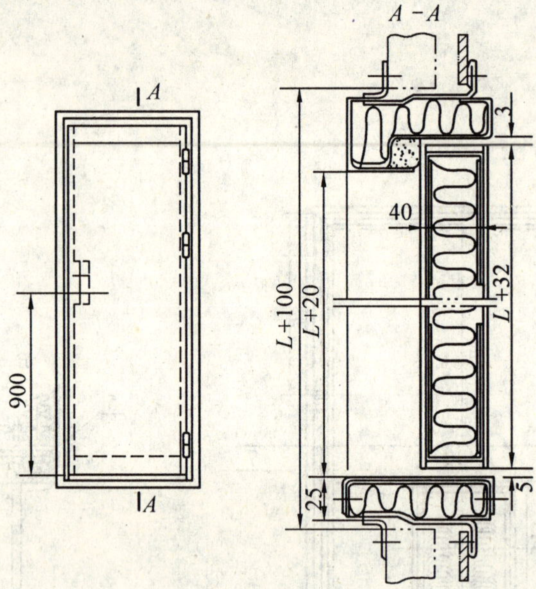

图 6－31　门以下有开口的 B－15 级单扇防火门

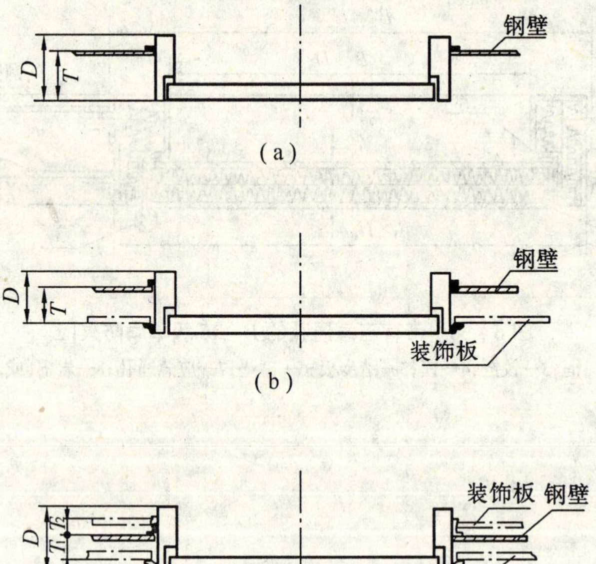

图 6－32　防火门门框安装形式

(a)一道钢围壁；(b)一道钢围壁、一道装饰壁；(c)一道钢围壁、二道装饰壁

第七章　船舶通风、舱室空气调节与船用梯

第一节　船舶通风

一、机舱通风系统

1.功用

船舶机舱的通风是保证机舱良好的工作环境、完善管理人员劳动和卫生条件的一项必不可少的重要措施。此外,为了保证主机、辅机、锅炉及某些机械设备所需空气的质量,机舱通风的必要性也就更加的突出了。为此,在大中型船舶的机舱中都有比较完备的通风管系。即便在没有专门的通风管系的小型船舶,也要利用天窗、烟窗与外界相通的通道以及自然通风头等来实现自然通风,基本原因如下。

(1)在机舱内安装有主机、辅机、辅锅炉及管系等机械设备,这些设备在运行时每时每刻都散发大量的热量,其中主机散发的热量占机舱热量的极大部分,例如在大型船舶上一万四马力(1马力=735焦)柴油机的散热量每小时可以超过40万焦,再加上柴油发电机,辅锅炉及其他辅机和管系所散发出来的热量,这个数量相当可观。同时,机舱相对来说又比较狭小,除了天窗、舱口和通道外,四周又是密闭的,这就促使机舱的温度急剧升高,甚至达到不能允许的温度。高温不利于管理人员的健康和操作,因此,必须进行通风来造成一定的空气流动速度,将机械设备散发出来的热量带走,从而使机舱温度降低。

(2)主机、辅机、辅锅炉等设备在运行时需要燃烧一定量的空气,这就要不断供给机舱空气,以保证保证这些设备的正常运行。

(3)在机舱中,各种机械设备不断散发出各种气体和水蒸气,例如:燃油、滑油在工作过程中要产生一定量的油气,辅锅炉蒸汽泵、热井和蒸汽管路会汇出和逸出一定量的水蒸气。因此必须把这些油气和水蒸气从机舱排出,以保证管理人员的健康。

(4)管理人员在工作时要不断呼出二氧化碳和吸入新鲜空气,如果机舱中空气的二氧化碳含量增加到一定程度,就会导致严重后果。所以就要利用通风来保证机舱中正常的空气成分。

综上所述,机舱通风管系的作用就是降低机舱温度,排出各种油气、水蒸气和供应新鲜的空气以保证动力装置的正常工作及改善管理人员的工作和卫生条件。

2.种类

通风方式一般分为自然通风和机械通风两大类。从通风对舱室的流向来看,又有送风和抽风之分。

(1)自然通风:自然通风是靠热压的作用来替换机舱内的空气的。所谓热压,是由于机舱内外空气容重不同而形成的压力差。热压可按下式求出:

$$H_R = h(\gamma_1 - \gamma_2)\ \mathrm{mmH_2O}$$

式中　H_R——热压,毫米水柱(1 $\mathrm{mmH_2O}$ = 9.806 Pa);

h——风管高度,m;

γ_1,γ_2——分别为舱外及舱内空气的容重,kg/m^3。

机舱内的温度比机舱外高,因而舱内空气的容重比舱外小。由于存在这种因温差而形成的压力差,舱外温度较低的空气就能从风管进入机舱下部。同时,舱内的热空气也从上部的天窗、舱口、外烟囱及排风管等排出船外,这样舱内外就形成了空气的自然交换。

所谓风压,就是利用船外风的速度通过通风头将空气送入或引出机舱。可以利用的风压为:

$$H = K\omega^2\gamma/2g \ \text{mmH}_2\text{O}$$

式中 ω——作用于通风头的风速,m/s;

K——通风头的有效系数,与风头的型式有关;

γ——空气容重,kg/m^3;

g——重力加速度,m/s^2。

可利用的风压应能克服风头本身以及与它相连接的风管内的流动阻力。阻力愈小,通过风头的空气量就愈大。

自然通风可以利用各种通风头来实现,通风效果好坏与通风头的选用有关。自然进风和排风的通风头结构型式很多,图 7-1 所示是烟斗式通风头(或称风斗)。它的优点是相对风速高,局部阻力系数较小,且结构简单,而缺点是防水性差。这种通风头装有回转装置后,既能作为进风又能作为排风。当转动风斗使斗口迎风,风就能从风斗进入机舱。当转动风斗使斗口背风,就能将机舱的热空气抽出。烟斗式自然通风头在自然通风中得到广泛采用。

其他型式的自然通风头也很多,这里不一一介绍。

自然通风的优点是不需设置通风机,因而设备简单,耗费小,仅需设置一些风筒之类的装置即可,且工作时不消耗动力。但由于它是依靠热压和风压进行的,因此与外界的自然条件有密切的关系,工作不大稳定,而且通风量也受到一定的限制。所以自然送风和排风一般仅适用于小型船舶,在大、中型船舶上自然通风与机械通风结合起来使用。

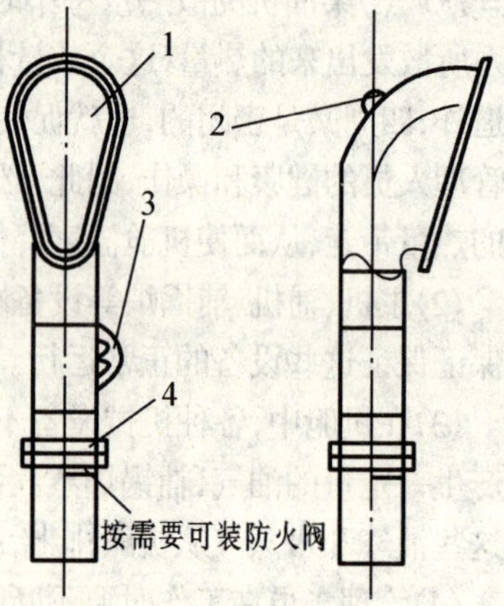

图 7-1 烟斗式通风头

(2)机械通风:机械通风是通过风机来进行送风和排风的,利用通风机将舱外新鲜的空气送入机舱即为机械送风,用抽风机抽出机舱内的热空气即为机械排风。机械通风的优点是通风量可以人为控制,不受外界自然条件的影响,且能对空气进行合理的分配和输送到各个特定处所,一般在大、中型船舶上是作为主要的通风方式,而且常和自然通风结合起来使用。图 7-2 是机械通风的示意图。

从 7-2 图看出,机舱内的新鲜空气是通过轴流式通风机从通风头吸入,然后沿着风管向下送到各个需要通风的处所。这种通风方式在一般船上应用较广。

3.通风设计要点

(1)卫生间(浴室和厕所) 采用机械抽风。抽风口应布置在天花板上或靠近天花板的壁上,进风通常是从相邻房间或走道经门下风栅或壁上开口进入,有时也可以从空调系统送一定量的空气。

抽风应直接通到外界大气,不能用于再循环。按国际劳工组织(ILO—International Labour Organization)的要求,还需与其他处所的通风系统分开。风机不应安装在浴室和厕所内,厕所的抽风系统最好能安装活性炭过滤器。

(2)病室 病室应有机械送风和机械抽风。送风可以用止回风闸隔离的空调系统送风,也可以是单独的系统并应为全新鲜风。

病室及其厕所的抽风应直接单独排至外界大气,不得用于再循环。抽风量应大于送风量以保持一定的负压。并应设一可调节风量的空气平衡开口通至外界大气,绝不允许将空气平衡开口装在门上或内走道壁上。

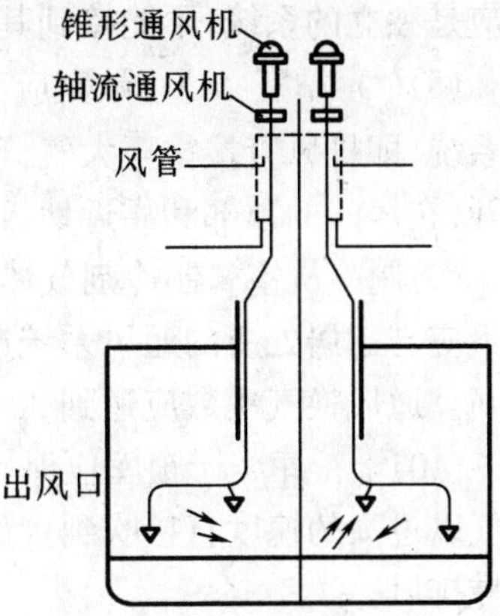

图 7-2 机械通风示意图

(3)洗衣室、烘衣室和烫衣室 在货船上洗衣室和烘衣室采用机械抽风,送风可为空调送风也可从走道或外界自然进风。在客船上的洗衣室的通风系统应为低压系统。空气预热到 13℃,送风经顶上风栅或扩散器分配。抽风口布置在有散热及散湿的上方。洗衣室的抽风口设空气过滤器。抽风应直接排至外界大气,不能用于再循环。

滚筒式烘衣机的抽风量至少为烘衣室抽风量的 20%。如果洗衣室离露天甲板很近,可直接经自然排风管排至外界大气。

(4)沙龙、餐厅、休息室、放映室、阅览室、迪斯科舞厅 在客船上的这类房间采用低压通风系统,而船员小餐厅和休息室及货船上的这类房间采用高压通风系统。其送风量与抽风量相同。

(5)厨房及有烹调设备的配餐间 厨房设机械抽风和机械送风。系统应与其他处所的通风系统分开。抽风量应大于送风量。

送风管和抽风管应安装风闸来平衡风量。炉灶上方应设吸气罩,吸气罩的风管应安装便于清洁的油脂滤器,在风管下端设防火风闸。抽风应直接排至外界大气。

(6)蓄电池室 蓄电池室应设置有效的通风系统。进风口位于房间的底部,吸风口位于房间的顶部,成对角布置,使新风流经所有的蓄电池组,避免易爆气体混合物的积聚。应根据蓄电池室的位置、蓄电池充电功率和有关规范及船东要求采用自然通风或机械通风。对自然通风风管的截面积可按下表 7-1 查取。

表 7-1 蓄电池室自然通风风管的截面积

按蓄电池充电在 $1/4I_N$* 计算			按蓄电池充电在 2 A/100 Ah 充电电流		
蓄电池充电功率/W	截面积/cm^2		蓄电池容量/Ah	截面积/cm^2	
	风速为 0.1 m/s 时	风速为 0.5 m/s 时		风速为 0.1 m/s 时	风速为 0.5 m/s 时
< 1 000	380	75	< 400	300	60
1 000 ~ 1 500	570	115	400 ~ 600	450	90
1 500 ~ 2 000	760	150	600 ~ 800	600	120
2 000 ~ 2 500	960	200	800 ~ 1 000	740	150
2 500 ~ 3 000	1 200	240	1 000 ~ 1 250	930	200
> 3 000	机械通风		> 1 250	机械抽风	

*:I_N - 蓄电池充电额定电流

(7)油漆间、灯间　油漆间和灯间的通风系统,至少应有 10 次/小时的换气次数,通风系统应是独立的系统,不能接到其他处所的通风系统。

(8)CO_2 站室　CO_2 站室应有合适的通风,换气次数为 15 次/小时。抽风系统应是独立的系统,即排风直接排至大气,不能连到其他通风系统。抽风口的布置应考虑与自然进风口错开,在房间的顶部和靠近地板处应有抽风口。风管通过起居处所时必须气密。

(9)制冷机室　制冷剂气体比空气重时,抽风口直接布置在房间地板上面。送风与抽风都不应与起居处所的通风系统连在一起。制冷机室抽风管系应气密,防止气体渗漏到其他房间。通风换气次数应达到 30 次/小时。

(10)干粮库　干粮库应保持干粮的冷却和通风。送风入库内时应确保其扩散,以避免空气以过高的速度直接吹到食品上而出现过分的干燥。通常从空调系统送风,自然排风或机械排风。

(11)储藏室　航海储藏室、餐具储藏室一般用空调,其他储藏室如干食品室和行李储藏室用机械通风。

起居处所内一些很小(面积小于 2 m^2)的储藏室,一般利用其门上通风栅透气。

(12)应急消防泵舱　应急消防泵舱应采用独立的机械通风或自然通风。进风与机舱通风系统分开。机械通风系统应由应急电源供电。

应保持应急消防泵舱在机舱发生火灾的情况下无烟进入。

(13)管隧　管隧采用机械通风、自然通风。换气次数为 5 次/小时。

当管隧的进风来自机舱时,从管隧至干舷甲板的风管应水密。应设置手动防火风闸,该风闸应有明显标记,可从机舱外便于到达的部位进行操作。

4.通风筒

(1)通风筒围板高度见表 7-2。

表 7-2　通风筒围板高度

船级社规范	通风筒安装位置		围板最小高度/mm
CCS LR GL DNV BV NK ABS	位置 1	开敞的干舷甲板 尾升高甲板 距首垂线 0.25L 以前的开敞的上层建筑甲板	900
	位置 2	距首垂线 0.25L 以后的开敞的上层建筑甲板	760

通风筒围板高度超过 900 mm 时,应加支撑板

(2)通风筒围板厚度,见表 7-3。

表 7-3 通风筒围板厚度 t

船级社规范	通风筒内径 D 与围板最小厚度 t 的关系					
CCS	$D \leqslant 200$	250	300	350	400	$\geqslant 450$
	$t=7.5$	8.0	8.5	9.0	9.5	10.0
LR	$D \leqslant 200$		$200 < D < 450$		$D \geqslant 450$	
	$t=7.5$		$t=5.5+0.01D$		$t=10.0$	
GL	$D \leqslant 200$		$200 < D < 450$		$D \geqslant 450$	
	$t=7.5$		用线性插入法计算 t 值		$t=10.0$	
DNV	$D \leqslant 80$	$80 < D < 165$		$D \geqslant 165$		
	$t=6$	$t=6+2.5(D-80)/85$		$t=8.5$		
BV	$D \leqslant 250$	$250 < D \leqslant 450$			$D \geqslant 450$	
	$t=7.5$	$t=5.5+0.01D$			$t=10.0$	
NK	$D \leqslant 80$	$80 < D < 160$		$160 \leqslant D \leqslant 330$		$D > 330$
	$t=6$	$t=6+2.5(D-80)/85$		8.5		船级社适当认可
ABS	$D \leqslant 200$	$200 \leqslant D \leqslant 460$			$D \geqslant 460$	
	$t=7.5$	$t=7.5+2.5(D-200)/260$			$t=10.0$	

5.机舱通风管路的布置

(1)对管路布置的要求如下。

①应保证机舱内有足够的通风量以满足管理人员和机械设备的需要。

②机舱内各设备及工作处所的风量应根据需要予以合理分配。

③应保证能顺利和充分地进行通风换气,尽量避免死角,尽量减少外界的干扰和影响。

④气流组织和管路安排都应合理,通风管路应占据空间小,对其他管路影响小。

⑤设备要简单,管路尽量短,弯头尽可能少。

(2)机舱通风的气流组织:气流组织得好坏对通风换气的顺利进行、风量的均匀合理分配以及管理人员的工作都有很大影响,因此在进行通风管路布置时必须注意以下几点。

①为达到机舱通风降温的目的,应采用重点局部通风,即将舱外新鲜空气以较高速度送至主要工作场所,而且应与排气道组成良好的气流系统。

②机舱中的高温层、油气和水蒸气都在上部,送风区应在高温层的下面,排风区则在其上面,这样不会将上面的热空气带入工作区域。对于没有明显高温层的机舱,排风区也应高于送风区。

③舱外新鲜空气应送到需要通风的地方。送风要保证一定的通风量,使工作地带的温度不超过舱外温度 5 ~ 8 ℃,而且要保证一定的风速,因为送风的主要方式是横向强力送风。

④不要将高速空气吹向机器,否则将加速机器余热的扩散而使工作地区的气温上升。气流的路线应先吹至工作人员,逐渐扩散后再接近到机器,气流吸热加温后即自然上升。

(3)机舱通风管路布置示意图。船舶上往往根据需要决定通风方式和管路布置,多是将机械通风、机械排风和自然通风相结合。管路布置形式一般为干管式、单管式和环管式,其中由于干管式占空间位置小、易于施工和投资少,一般在船舶上广泛应用。

风管的截面形状有圆形和矩形两种。由于矩形风管占空间小、容易布置、装置方便美观,大、中型民用船舶的机舱风管一般采用矩形风管。

图7-3为某远洋货船机舱通风管路布置示意图。

该船采用的通风方式是机械通风、自然排风。机舱共设有4台轴流式通风机,为使其负荷分配均匀,将其分别布置在前、后部及左右两舷。图示为前部左、右舷的2台风机及相应的管路布置。由图可见,通风机抽吸进来的外界空气,分别经送风总管3向下,在机舱平台A层,由干管5和支管6分别送往备料间、机修间和主空压机组处的出风头4吹出。在机舱平台B层和机舱底层,送风过程同上,如图7-3所示。对于分油机室、机修间等处,则采用了机械排风,图中仅示出了机械通风部分。该船其他的需要通风的场所,如柴油发电机组等,则由另设的工作风机供风,其管路布置也类似,故未示出。

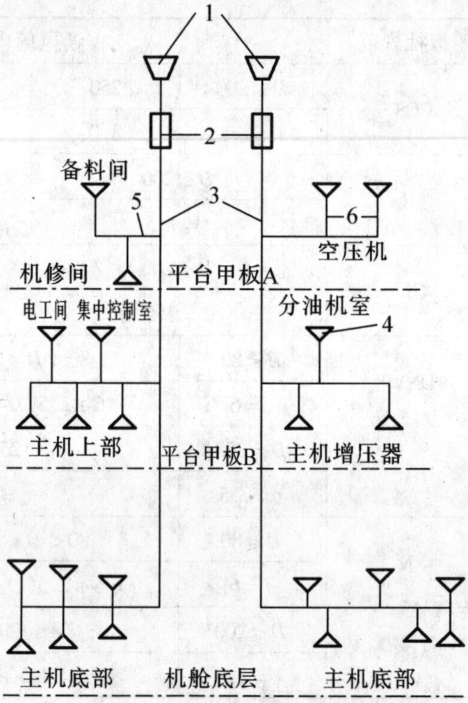

图7-3 某远洋货船机舱通风管路布置示意图

1—通风头;2—通风机;3—送风总管;
4—出风头;5—送风干管;6—送风支管

6.风雨密关闭装置

通风系统的外部进风口和排出口应设有效的风雨密关闭装置。

在开敞的干舷甲板和后升高甲板以及在距离首垂线0.25L以前的开敞的上层建筑甲板上的通风筒,其围板高出甲板以上4.5 m和在距首垂线0.25L以后的开敞的上层建筑甲板上的通风筒,其围板高出甲板以上2.3 m,均不必装设关闭装置。

7.防火风闸

防火风闸是通风系统中的重要附件,其作用是限制火灾的蔓延。防火风闸分为自动防火风闸(易熔金属元件,当温度升高至74 ℃时,自动关闭)、手动防火风闸、以及既可就地手动操作又可集中遥控的电动防火风闸和气动防火风闸。应根据不同的要求选择相适应的风闸。

防火风闸板的厚度见表7-4。

表7-4 防火风闸板的厚度

风管直径 D/mm	风管截面积 A/m^2	防火风闸板厚度 t/mm
D≤200	A≤0.03	4
200<D≤400	0.03<A≤0.13	5
400<D≤600	0.13<A≤0.28	6
600<D≤800	0.28<A≤0.50	7
D>800	A>0.50	8

防火风闸壳体的厚度为：当风管尺寸≤300 mm时，至少3 mm；风管尺寸等于或大于760 mm时，至少5 mm。

(1)主要进、出口防火风闸

在送风和抽风系统的主要通外界的进风口和出风口处必须安装用不燃材料制造的防火关闭装置，并能从被保护处所的外面进行操作，通常与风雨密盖兼用。

(2)风管中的自动关闭防火风闸

对下列情况，风管中应安装自动关闭防火风闸。这些风闸应在约74 ℃时自动关闭，还应能从舱壁的两侧手动关闭。

①A类机器处所、厨房、汽车甲板处所和滚装装货处所的风管在穿过起居处所或控制站时，于靠近舱壁穿过处的位置；

②起居处所、服务处所和控制站的风管在穿过A类机器处所、厨房、汽车甲板处所及滚装装货处所时，于靠近舱壁穿过处的位置；

③所有尺寸的风管在穿过主竖防火区的界面(舱壁/甲板)时；

④通过相邻接的主防火区的风管，有隔热而没有开口，在风管穿过处位置。但不适用于通过水平主防火区没有开口，采用与房间/处所类别一致的隔热的围壁风管、矩形风管及厚壁圆风管(如滚装甲板)及经过相邻接的主竖防火区没有开口的短的隔热弯头。

(3)风管系统中手动关闭防火风闸

对厨房炉灶抽风管要求安装手动操作防火风闸。

二、货舱通风系统

货舱通风可以是自然通风，也可以是机械通风，应根据所装货品的种类及船东的要求而定。

1.运输煤的货舱

每个货舱所有通风口的截面积至少应为下式计算值：

$$A = 10L \cdot B$$

式中　A——每个货舱通风口的面积(cm^2)；

L——货舱长度(m)；

B——货舱宽度(m)。

货舱的每一端至少设一个通风口，货舱长度大于25 m时必须共设3个通风口，货舱宽度超过15 m时，必须共设4个通风口。通风的设置应使煤的表面能有效通风。当采用机械通风时，驱动轴流风机的电动机应为防爆电机，其防爆等级至少为ⅡAT_3。

2.运输家畜的货舱

运输家畜的货舱，必须设有效的机械通风系统，换气次数至少为20次/小时。一些风管必须向下伸至距离舱底300 mm处。

3.运输危险货物的货舱

用于运输危险货物的货舱应设独立的机械抽风系统，必须保证每小时换气次数为6次。在集装箱船上运输密封的危险货物和容器集装箱，通风换气次数可减为2次/小时。按SOLAS第Ⅱ-2章第54条的规定，在集装箱内运输4类和5.1类货物时，可采用自然通风。

风机应为防爆型。电动机的防爆等级应适合运输货物的特性，至少为ⅡBT_4，常用ⅡCT_4，而当运输的危险品没有明确时，要用ⅡCT_6。

空气进口必须位于距可能着火源一个安全距离，推荐遵守球面半径为 3 m 的安全区。甲板上的排出口应安装网孔不超过 13 mm 的保护网。

风管应向下伸至距舱底 500 mm 处，货舱风管的上部和下部设吸风口，其中 2/3 的风量应从下部吸取，而 1/3 的风量从上部吸取。

4.运输冷藏货物集装箱的货船

如果货舱用于运载自带风冷式制冷机的冷藏集装箱，应提供合适的风量来带走冷凝器在货舱温度 45 ℃时的最大散热量。通常一只 20 英尺冷藏集装箱需供新风量约 3 000 m^3/h，一只 40 英尺的冷藏集装箱需供新风约 4 000 m^3/h。所需风量和同时系数的验证计算应提交船级社认可。

5.载运带有自用燃油箱的发动机车辆的货舱和滚装船货舱

应设独立的通风系统。送风从顶上进入，2/3 的风量从货舱下部抽取，1/3 的风量从货舱上部抽取。通风系统应防止危险气体的积聚。必要时采用喷射引流通风系统。

通风换气次数，航行中为 10 次/小时，装、卸货时为 20 次/小时。

通风机应为防爆型，电动机的防爆等级至少为Ⅱ AT_3。通风机应能从货舱外面进行操作，且在驾驶室有运行指示灯，当进风口的关闭装置处于关闭状态时，有限位开关停止风机运转。

三、液货泵舱通风系统

液货泵舱属危险区，必须设置有效的通风系统。各船级社规范对泵舱通风系统的型式、最小换气次数、吸排风口的布置及风机的材质等都有明确的规定。

1.通风系统的型式及风机的选择

泵舱应设置独立的永久固定式的机械抽风系统，并保持舱内负压以不使危险气体进入安全处所。

风机应是无火花型结构，具体规定有以下几条。

(1)罩壳和转动部件之间的最小安全间隙应能防止相互之间发生任何摩擦，无论在任何情况下，叶轮与罩壳之间的径向气隙在轴承处应不小于叶轮直径的 0.1 倍，但不小于 2 mm，也不需大于 13 mm。

(2)制造转动部件和罩壳的材料应是认可的防火花产生的材料，并且有抗静电特性。下列材料的组合以及在叶轮和导管处所采用的间隙可认为是不会产生火花的：

①非金属材料的叶轮和/或罩壳，但注意静电的消除；

②有色金属的叶轮和罩壳；

③铝合金或镁合金制成的叶轮和黑色金属（包括奥氏体不锈钢）罩壳，而在该罩壳上近叶轮处安装一个适当厚度的有色金属材料制成的环，在环和罩壳之间要注意静电和腐蚀；

④奥氏体不锈钢叶轮和罩壳；

⑤黑色金属（包括奥氏体不锈钢）叶轮和罩壳的任何组合，叶梢设计间隙不小于 13 mm。

铝合金和镁合金制造的固定的或转动的部件的任何组合，无论叶梢处间隙如何，均被认为有发生火花的危险性，不准用于泵舱的通风。

2.风机风量与压力的确定

风机的风量应按泵舱容积和换气次数来计算，泵舱容积应指空舱容积（包括泵舱入口通道）。换气次数通常为：油船最小为 20 次/小时；液化气船最小为 30 次/小时；化学品船最小为30次/小时，但对某些货品换气最小为45次/小时。

风机的压力应根据风管系统的阻力计算来确定，一般风机的静压选择在400 Pa～500 Pa之间比较合适，这样使风管尺寸及电动机功率都不至于过大。

3.风管系统设计及布置

(1)风管内的风速　确定风管尺寸时，要综合考虑，既不要使风管尺寸过大给布置上带来困难，也不要使风管尺寸过小而导致电动机功率过大。通常推荐风管内的风速为：风机排出侧为14 m/s～15 m/s，吸风侧的主风管风速10 m/s～20 m/s，支管风速为6 m/s～8 m/s。

(2)进风口和排风口的布置　通风系统的自然进风口应置于安全区，通常布置在泵舱入口围房的顶上，距离液货舱甲板3 m以上，使危险气体被吸收的可能性最小。进风口尺寸的确定应不使泵舱内的负压超过60 Pa。泵舱抽风排出口应为向上排出型式。对油船，排出口距货油舱主甲板以上至少3 m，或步桥以上2 m。距离通风进口与起居处所、服务处所、机器处所、控制站及货物区外的其他处所的开口，水平距离至少3 m。

对液化气船和化学品船，排风出口应位于液货甲板以上至少4 m，水平距通风进口及起居处所、服务处所和控制站及其他气体安全处所的开口至少10 m。

对化学品船，当运输有毒化学物品时，上述水平距离至少15 m。

4.泵舱内的吸气口

泵舱内的吸气口应设在泵舱底部。在泵舱下部格栅上方2 m处设应急吸气口，它可以在下部吸气口被封住时使用。该应急吸气口应设一调风闸，可从露天甲板遥控操作开启，以及从下部格栅处就地开启和关闭。通过下部吸气口每小时至少能换气20次，而当下部吸气口关闭时，通过上部吸气口能达到每小时至少15次，则可不使用调风闸。一般对大中型油船，应急吸气口都设有调风闸。调风闸可用钢丝滑轮拉索操作。其拉手置于主甲板上泵舱入口围房外壁上的铁箱中。也可采用气动操作，在泵舱入口围房外壁上和舱内下部格栅上方2 m处安装压缩空气手动三通阀。

5.风机用的电动机

驱动风机的电动机为防爆型，防爆等级一般为dⅡBT_4，安装时要很好接地。

第二节　船舶舱室空气调节系统

一、空调系统的布置

船舶需要空调的舱室一般包括船员和旅客的住舱，休息室、娱乐室和会议室等公共活动场所，以及驾驶室、海图室、报务室等工作场所。这些舱室的使用性质和环境差别很大，如有的在上甲板，有的在主甲板以下，有的在舷侧，有的在内侧；有单人居住的舱室，也有人数众多的场所，以及室内空气较污浊的吸烟室等。此外，船舶的航行情况和航行条件也常常发生变化。因此，为了满足不同部位、不同情况的各种舱室的要求，就要考虑分区供风。

1.空调区域的划分：将一些位置或要求相近的舱室划为一个区域由一台空调器负责处理该区所需的空气，并送至该区舱室。

船舶空调区域的划分原则。

(1)为便于进行温度、湿度控制，将温度、湿度等参数要求相近的舱室、使用情况也大致相同的舱室划为同一区域。

(2)为便于空调管路的布置,在全船空调范围内划分首部、尾部、中央空调区等。

(3)根据计算得到的负荷值,把全船空调舱室划分成左、右舷负荷大致相等的数个空调区,但就风管布置来讲,必须穿过多层甲板。

(4)按甲板分层划分空调区域,负荷大的那层甲板在同一层中又可划分数个区域。对于产生有害气体的实验室、工作室、病房等舱室,应各自单独配置空调装置,或仅给这些舱室送风,不再回风,以避免有害气体扩散到其他空调舱室中去。

(5)布置空调区域各管路时,应考虑全船的布置情况,特别是水密区和防火区,应尽力避免穿过防火隔堵或水密舱壁。

货船的空调舱室多为上层建筑中的住舱,且甲板层数不多,故一般是按左、右舷分区,也有的将救生艇甲板以上的舱室和餐厅、会议室等再单独做一个分区。

大型客船的空调舱室分布很广,在这种情况下,依据空调分区原则,为减少通风管的长度及避免穿越甲板层,一般均按甲板层次设置空调分区;在每层甲板,又可视情况设置若干空调分区。大型客船往往设置几十个空调分区。

2.空调系统的调节方式:根据全船空调区域的划分,在每个空调区域内,其空调系统对舱室温度、湿度的调节方式又有不同。

(1)集中调节:这种调节是将空调器设置在空调站室内,利用送风管路将经过处理的空气分别送到各个舱室,亦可回风,但不宜过多。有单风管和多风管系统之分。

单风管系统是由接至空调舱室布风器的一根送风管向舱室供风。这种系统比较简单,在货船上用得最多,但在调温调湿时,要靠改变风量进行,故有时不能保证舱室的新风供应量。双风管系统是空调器经两根送风管向空调舱室分别供应温度不同的两种空气。这种系统的空调器由前、后两个处理部分组成,具有两次处理能力。进入空调器的空气经空调器前部预处理后,其中一部分由预处理供风管送至舱室的布风器中,其余部分则再经空调器后部处理,然后通过再处理供风管也送至舱室的布风器中。调节布风器中两根风管的风门。可以改变两种空气的混合比,从而调节舱室的温度和湿度。这种系统调节范围广且不影响新风供应量,故适应性强,但要设两根风管,布置起来较为复杂。

(2)局部调节:这种系统是将空气调节器布置在需要进行空气调节的舱室内进行的调节。这种系统适用于由若干个相邻的舱室组成的一个区域,冷源或热源可由一组公用的制冷机组供应,各舱室根据自己的要求,调节空调器的量,以达到预定的空气参数。

(3)舱室二次调节:这种系统是在每个舱室的布风器(或送风管末端)装设可调节的二次热交换器,从而对每个舱室进行单独调节。该系统首先将空气在空气调节器内处理至较低温度,然后送至各舱室的送风管末端的热水、蒸汽或电加热的末端加热器,进行二次加热,通过控制末端加热器内的热源,即可使舱室温度符合要求。在高速空调系统中(主风管中空气流速在 15 m/s 以上)常常采用诱导式布风器来进行二次处理。

二、管路布置注意事项

空调系统的管路布置应注意以下几点。

1.所有暴露在舱外空气中和空调区域的甲板和围壁必须做成绝热结构,贯穿空调区域的冷、热管件等应包扎绝热外套,以减少空调系统的能耗。

2.进风口的布置,应能保证在夏季顺利地吸入清洁凉爽的舱外空气,因此,进风口必须避开主、辅机舱,储藏舱室、货舱厕所、浴室、病房等机械排风和自然排风的出口,并注意采取防浪和雨水进入的措施。

3.注意降低空调系统中的噪声，特别在高速空调系统中，应在送风管和回风管中分别装设消声器。

4.由于海上空气中含有盐分，海船空调系统的设备应注意防腐蚀，同时还应考虑整个系统的布置不能因船舶的纵倾、横摇等影响正常工作。

三、船舶空调系统的原理

图 7－4 是某船舶空调系统原理图

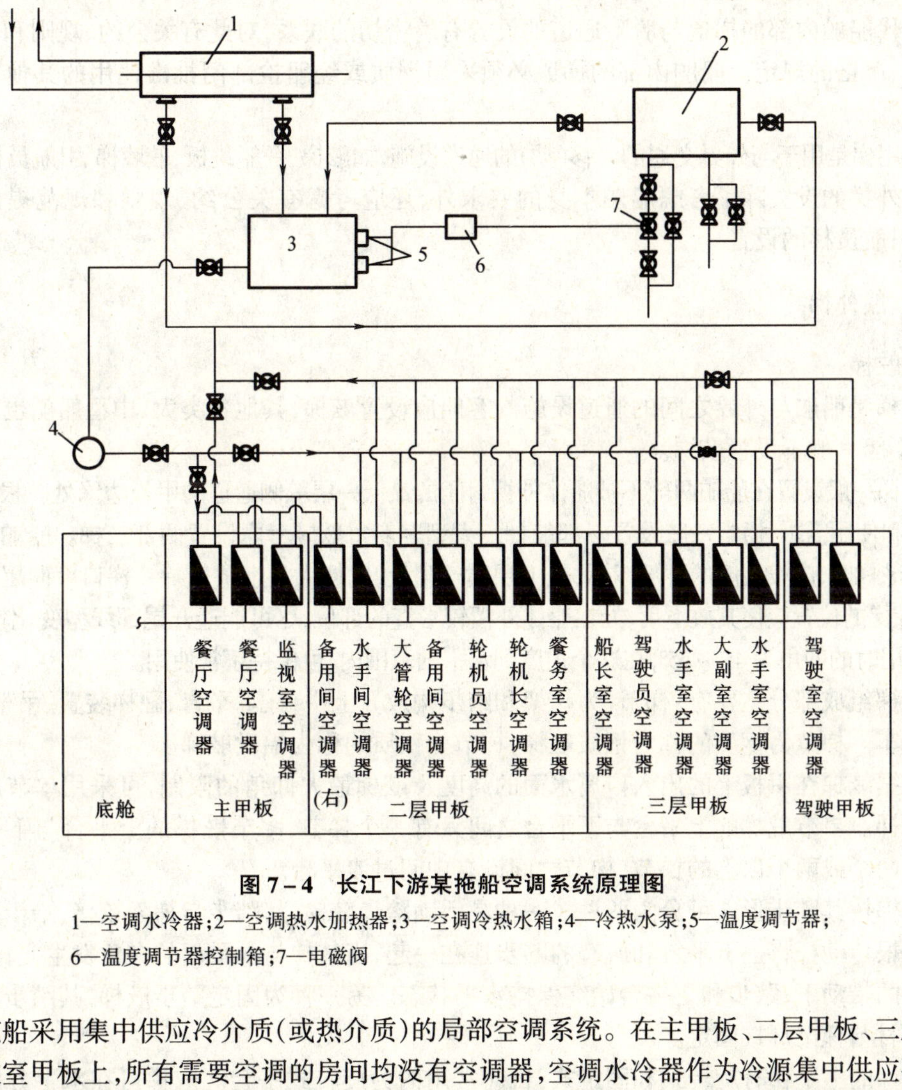

图 7－4　长江下游某拖船空调系统原理图

1—空调水冷器；2—空调热水加热器；3—空调冷热水箱；4—冷热水泵；5—温度调节器；6—温度调节器控制箱；7—电磁阀

该船采用集中供应冷介质(或热介质)的局部空调系统。在主甲板、二层甲板、三层甲板及驾驶室甲板上，所有需要空调的房间均没有空调器，空调水冷器作为冷源集中供应冷介质(冷冻水)，空调热水加热器皿作为热源集中供应热介质(热水)。夏季，在空调系统投入运行时，应将空调热水加热器 2 的进、出口截止阀关闭，将空调水冷器 1 的进、出口截止阀打开，各舱室空调器的冷水通过冷水总管进入空调水冷器，经降温后进入空调冷、热水箱 3，由冷热水泵 4 泵至各空调器。以供应冷量，从空调器中出来的冷水再次进入冷水总管，形成反复循环。冬季需要采暖时，应关闭空调水冷器的进出截止阀，各房间空调器的冷水通过冷水总管进入空调热水加热器，经过加热后送至空调冷热水箱，由冷热水泵泵至各空调器，以供应热量，冷水再次进入冷水总管，形成反复循环。同时通过温度调节器5、温度调节器控制箱6及电磁阀7，可以对空调热水器2进行自动控制，以保证加热温度。

第三节　船用梯道

船用梯是船舶的通道设施，可分为船内梯和船外梯两大类。

船内梯是设置在船上各层甲板、平台或双层底内以及桅、柱等处，便于人员上下的固定的通道设施、如斜梯、直梯、踏步等。

现代船舶内部的梯道与脱险通道的设置有着密切的联系，对此有关公约、规则和规范均有明确、严格的规定。船舶内部的梯道必须采用钢质或经船检部门批准使用的其他等效材料制造。

船用梯是用于与外界交通的可移(动)的通道设施，如舷梯、登船跳板、舷墙梯、引航员梯等。

船外梯的设置除了考虑船舶本身的要求外，还应考虑有关公约、规则和规范提出的要求，如引航员梯的设置。

一、船外梯

1.舷梯

舷梯是船舶与外界之间的通道设施。客船应设置舷梯，其他各类大、中型船舶也应设置舷梯，小船一般不设置舷梯。

舷梯一般设置在船舶两舷不被船体外板封闭的最低一层舷侧通道的甲板边缘处。根据船舶的尺度和使用需求，通常每舷设置一部舷梯。大型客船每舷应考虑设置两部舷梯。船舶每舷设置一部舷梯时，应设在船的舯部以后，或上层建筑附近，以便人员上下舷梯。梯口可向尾也可向首，但舷梯的位置应使其放下后，处在船体外板较平直的部位，尽可能避开尾部线型变化较大处。舷梯使用时的仰角为45°～55°，在这个角度到水平的范围内，可保持正常使用。

舷梯组成部分主要有：梯节(为梯架和踏步构成)、上平台、下平台、翻梯装置、吊架、栏杆以及绞车。梯节为钢质的称为钢质舷梯，梯节为铝质的称为铝质舷梯。

根据舷梯在甲板上的出入口离水面的高度及舷梯最大仰角的限制，可采用单节舷梯或多节舷梯。单节舷梯的上平台与下平台之间只有一个梯节，多节舷梯的上平台与下平台之间设有两个或两个以上的梯节，梯节之间设有中间过渡平台。

舷梯按其踏步形式可分为两种。一种是活动踏步舷梯，其踏步与梯架铰接，踏步下方中间有一根传动杆将上下平台和所有的踏步连在一起，当舷梯与水平面的夹角发生变化时，在传动杆的带动下，踏步和下平台始终保持水平状态。另一种为固定踏步舷梯，其踏步为弧形曲面型材与梯架焊接固定。

舷梯的上平台有旋转式和固定式，目前常用的为旋转式平台。舷梯可在水平方向略有转动。

舷梯使用时，下平台能达到离开水面的高度通常不小于700 mm。船舶航行时，舷梯应收起并在甲板舷侧处系紧固定。

常用舷梯的宽度为600 mm，踏步间距是指踏步突出部分沿斜线之间的距离，均为300 mm舷梯栏杆扶手顶高不小于1 m，中间栏索设置在栏杆的半高处。

(1)活动踏步钢质舷梯　活动踏步钢质舷梯通常为旋转平台式单节舷梯，如图 7－5 所示。其规格和主要参数见表 7－5，使用的最大仰角不超过 55°。这种舷梯的主要部件包括：梯架、踏步、上平台、下平台、斜撑杆、传动杆、栏杆柱和扶手等均为钢质结构。

表 7－5　活动踏步钢质舷梯规格及主要参数(mm)

规格(踏步级数)	名义长度 L_1/m	选择高度 H/m	计算长度 L_2/m	L	B	C	$D\geqslant$	h	b	t	质量/kg
12	3.6	3.6	3.8	4 995	555	260	350	220	75	5	705
14	4.2	4.1	4.4	5 595	555	260	350	220	75	5	751
16	4.8	4.6	5.0	6 195	555	260	350	220	75	5	797
18	5.4	5.2	5.6	6795	555	260	350	220	75	5	842
20	6.0	5.6	6.2	7 395	555	260	350	220	75	5	890
22	6.6	6.2	6.8	7 995	605	260	350	220	75	5	938
24	7.2	6.6	7.4	8 595	605	260	350	220	75	5	987
(26)	7.8	7.2	8.0	9 195	605	310	400	275	75	6	1 144
28	8.4	7.6	8.6	9 795	605	310	400	275	75	6	1 203
(30)	9.0	8.2	9.2	10 395	605	310	400	275	75	6	1 262
32	9.6	8.6	9.8	10 995	605	310	400	275	75	7	1 383
(34)	10.2	9.2	10.4	11 595	605	310	400	275	75	7	1 445
36	10.8	9.6	11.0	12 195	655	360	460	320	75	7	1 589
(38)	11.4	10.1	11.6	12 795	655	360	460	320	75	7	1 653
40	12.0	10.5	12.2	13 395	655	360	460	320	75	8	1 807
44	13.2	11.5	13.4	14 595	655	410	510	370	75	8	2 031
48	14.4	12.5	14.6	15 795	655	410	510	370	75	9	2 260

注：1.踏步级数包括下平台；2.选择高度 H 系指上平台上缘至水面距离；3.有括号规格尽可能不用。

(2)固定弧形踏步铝质舷梯　固定弧形踏步铝质舷梯通常为旋转平台式单节舷梯，如图 7－6 所示。其规格及主要参数见表 7－6，使用的最大仰角不超过 55°。这种舷梯的梯架、弧形踏步、扶手及栏杆柱为铝质构件，上转台、下转台及滚轮等均为钢质构件。

表 7－6　固定弧形踏步铝质舷梯规格及主要参数

踏步级数	名义尺寸 L_1	最大选择高度 H	L	h	L_1	L_2	质量/kg
12	3 600	3 600	5 290	250	850 900 950 1 000	325 375 425 475	320
14	4 200	4 100	5 890	250			330
16	4 800	4 600	6 490	250			340
18	5 400	5 200	7 090	250			530
20	6 000	5 800	7 690	250			560
22	6 600	6 400	8 290	250			580
24	7 200	6 900	8 890	250			600
28	8 400	7 900	10 090	250			780
32	9 600	8 900	11 290	250			850

表 7-6(续)

踏步级数	名义尺寸 L_1	最大选择高度 H	L	h	L_1	L_2	质量/kg
36	10 800	9 800	12 490	320	900	375 425	890
40	12 000	10 800	13 690	320	950 1 000	475 525	970
44	13 200	11 800	14 890	350	1 050 1 100	由选用者根据船型确定	1 180
48	14 400	12 800	16 090	350	1 150 1 200		1 260
52	15 600	13 800	17 290	420	1 250		1 370

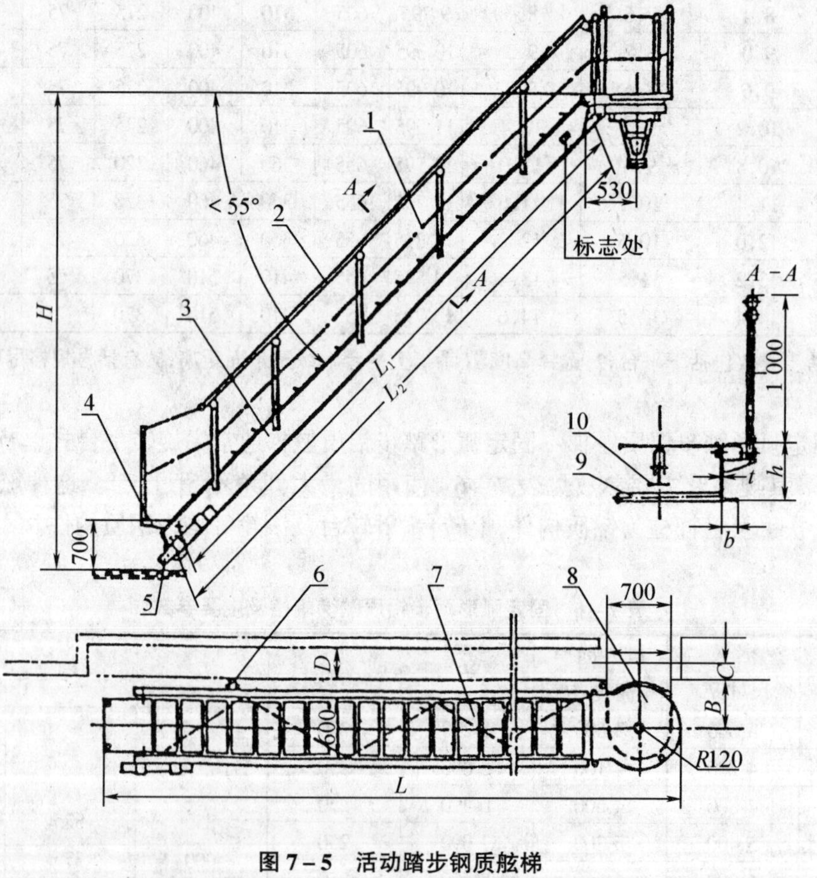

图 7-5 活动踏步钢质舷梯

1—栏索;2—扶手;3—梯架;4—下平台;5—护木;6—侧向滚轮;7—踏步;8—上平台;9—斜撑杆(仅 26 级以上舷梯设置);10—传动杆

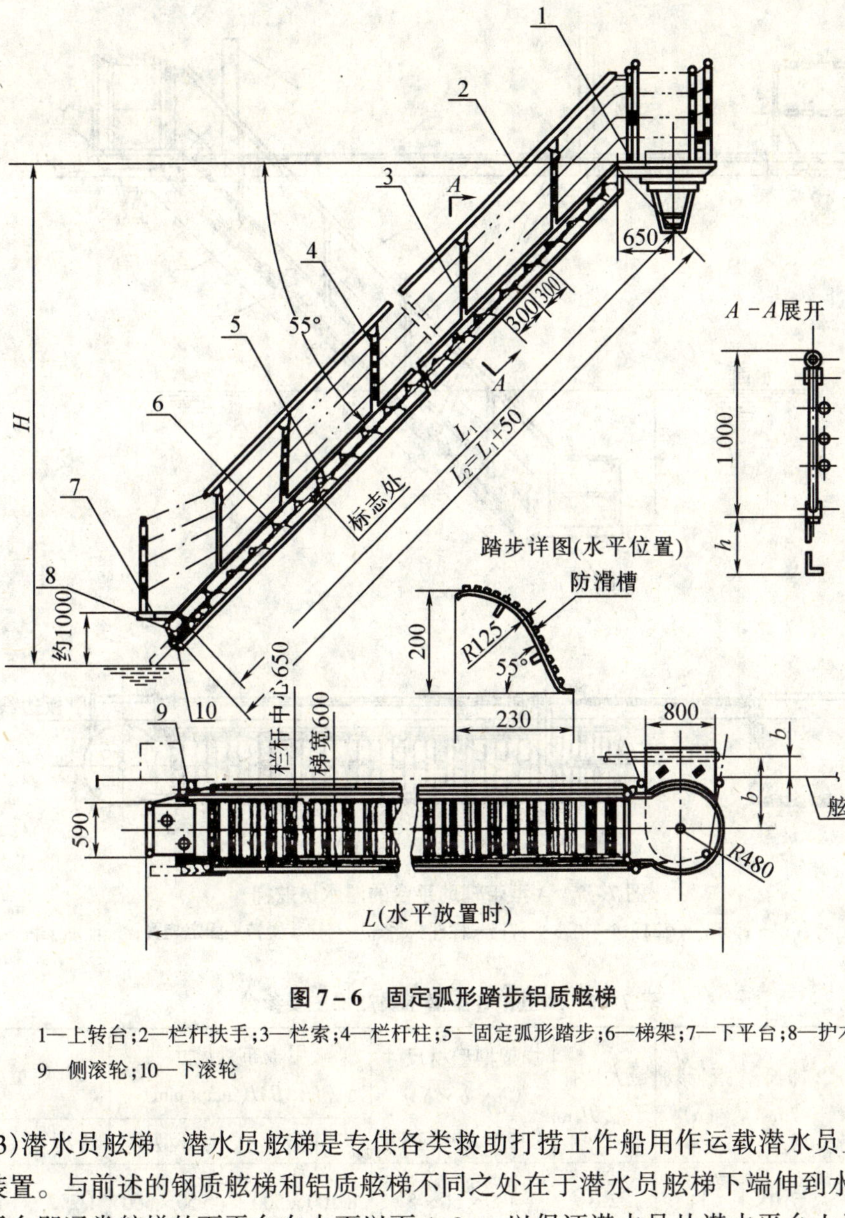

图 7-6 固定弧形踏步铝质舷梯

1—上转台;2—栏杆扶手;3—栏索;4—栏杆柱;5—固定弧形踏步;6—梯架;7—下平台;8—护木;9—侧滚轮;10—下滚轮

(3)潜水员舷梯 潜水员舷梯是专供各类救助打捞工作船用作运载潜水员上下水面的升降装置。与前述的钢质舷梯和铝质舷梯不同之处在于潜水员舷梯下端伸到水面以下,使潜水平台即通常舷梯的下平台在水面以下 1.8 m,以保证潜水员从潜水平台上进入水中或登上潜水平台出水。

潜水员舷梯有两种型式:A 型带有可翻倒伸出船外的辅助平台如图 7-7 所示,B 型则在舷边设置登梯平台,两者舷梯部分相同。潜水员舷梯不论是 A 型或 B 型,最大干舷的选择条件均为潜水平台下降到 1.8 m 水深,梯架高出甲板 220 mm,最大倾角为 60°。两型舷梯的主要参数见表 7-7。

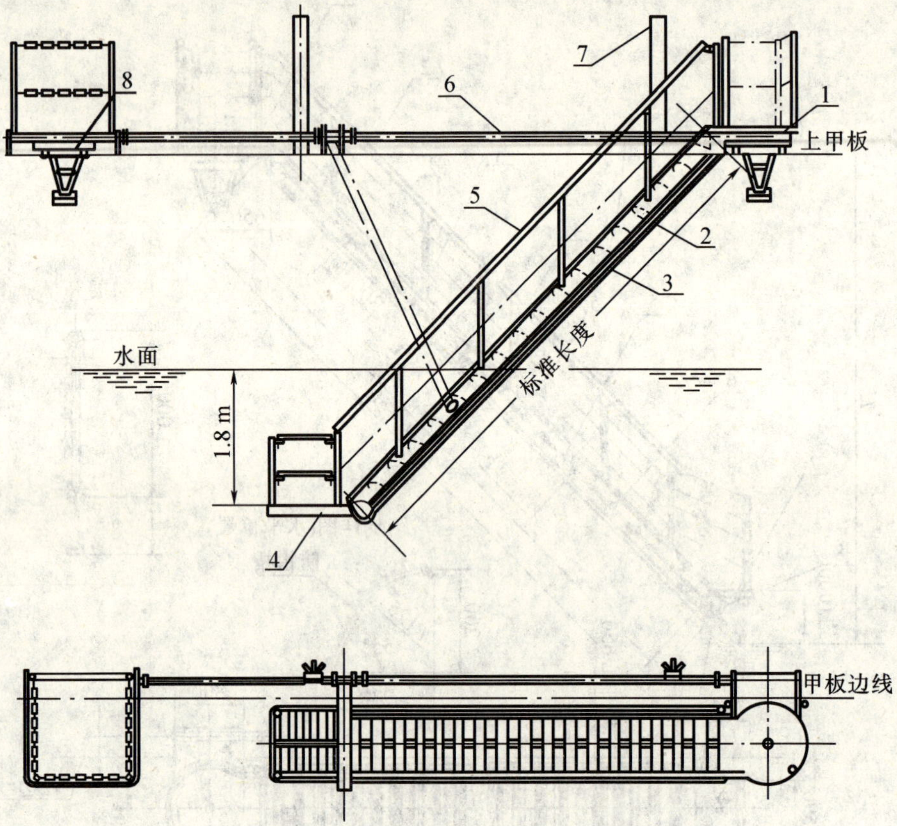

图 7-7　A 型带辅助平台的潜水员舷梯

1—上转台;2—梯架;3—拉杆;4—潜水平台;5—栏杆扶手;6—翻梯装置;7—固定装置;8—辅助平台

表 7-7　A 型和 B 型潜水员舷梯主要参数

型号		梯长 /m	踏步数 (n)	最大选择干舷 H/m	梯架槽型材尺寸 ($h \times b \times \delta$)/ (mm × mm × mm)	甲板布置尺寸 ($L \times B$)/(mm × mm)		质量/kg	
						A 型	B 型	A 型	B 型
A5.0	B5.0	5.0	14	2.3	180 × 60 × 5	8 100 × 500	6 950 × 500	1 292	1 137
A5.5	B5.5	5.5	15	2.7	180 × 60 × 5	8 600 × 500	7 450 × 500	1 340	1 186
A6.0	B6.0	6.0	17	3.2	180 × 60 × 5	9 100 × 500	7 950 × 500	1 377	1 222
A6.5	B6.5	6.5	18	3.6	180 × 60 × 5	9 600 × 500	8 450 × 500	1 416	1 260
A7.0	B7.0	7.0	20	4.05	180 × 60 × 5	10 100 × 500	8 950 × 500	1 451	1 297
A7.5	B7.5	7.5	21	4.5	180 × 60 × 5	10 600 × 500	9 450 × 500	1 483	1 328
A8.5	B8.5	8.5	24	5.35	240 × 75 × 6	11 600 × 500	10 450 × 500	1 667	1 513
A9.5	B9.5	9.5	26	6.2	240 × 75 × 6	12 600 × 500	11 450 × 500	1 750	1 595
A10.5	B10.5	10.5	29	7.1	240 × 75 × 6	13 600 × 500	12 450 × 500	1 830	1 675

(4)舷梯绞车

舷梯绞车按驱动方式可分为手动(代号:U)、电动(E)、气动(P)和液压(H)绞车;按钢索的出索数目可分为单索绞车和双索绞车,双索绞车又有隔离卷筒式和对称双卷筒式。

舷梯绞车的规格及主要参数见列表 7－8。此外,舷梯绞车应能以 1.5 倍的卷筒负荷进行 2 min 超载起升而不发生故障,动力驱动的舷梯绞车在卷筒负荷下的公称起升速度不得小于 0.1 m/s。

表 7－8　舷梯绞车规格及参数

1	2	3	4	5
公称规格	卷筒负荷/kN	支持负荷/kN	最小钢索强度 (5×支持负荷)kN	推荐钢索 直径/mm
5	5	15	75	13
6	6.3	18	90	15
8	8	24	120	17.5
10	10	30	150	17.5
12	12.5	37.5	187.5	19.5
16	16	48	240	21.5

注:1.当绞车用两根钢索工作时,2,3,4 栏所列数值应为两根钢索张力之和。
2.第 5 栏推荐钢索直径只适用于单索绞车。

2.登乘绳梯

登乘绳梯是救生艇筏的登乘装置,在船舶发生海难事故弃船时挂在舷外,供人员登乘救生船筏使用。

登乘绳梯的型式如图 7－8 所示,踏板级数为 10 级～60 级,梯长(L)为:3.1 m～18.5 m。踏板可为铝质或木质,但绳梯最下端的 4 级均应采用橡胶踏板。边索直径为 22 mm(周长 69 mm),应采用棕绳或剑麻绳,不得采用合成纤维绳制作。

3.登船跳板

登船跳板是船舶停靠码头时的对外通道设施,尤其是小型船舶,因其干舷小,不宜设置舷梯,通常设置登船跳板供人员上下使用。

登船跳板按其主要结构的材料可分为:木质、钢质和铝质跳板,也可采用钢质构架铺木板的结构。

钢质带滚轮的跳板如图 7－9 所示目前常用的规格为长度(L)4 m 和 6 m 两种。这种跳板结构坚固,设有栏杆,但不宜制作的太长,否则由于质量大,搬移很不方便,以至借用起重机才能搬移。

铝质登船跳板的优点是质量轻,耐腐蚀。常用的铝质跳板有整体式和可拆式,后者梯架可从中间拆开分为两节,便于收藏。铝质跳板的长度(L 或 $L_1 + L_2$)为 8 m～15 m。

4.舷墙梯

舷墙梯也是船舶对外通道设施。当船舶靠码头后,舷墙梯的支承架同舷墙顶板或栏杆扶手链接固定,从而与登船跳板配合使用,供人员上下。舷墙梯也可同引航员软梯配合使用，作为引航员登、离船舶的安全通道。

舷墙梯按其材料可分为钢质和铝质，结构型式大同小异。如图 7－10 所示为铝质舷墙梯，相应的舷墙或栏杆高度（H）为 1.1 m 或 1.2 m，相应的梯长（L）为 1.34 m 和 1.47 m。

5.引航员梯

引航员梯是专供引航员从引航船上安全登、离被引航船舶的通道设施。登离口距水面的高度不小于 1.5 m，且不超过 9 m 时，仅需设置引航员软梯。当登船口距离水面的高度超过 9 m 时，除设置引航员软梯外，还应设置引航员舷梯或引航员机械升降器。

引航员软梯的型式如图 7－11 所示，其主要结构同登乘软梯相似，两者的主要区别在于引航员软梯设有防扭板（止扭踏板），并配有将软梯系固于船舶上用的辅助索（引航员软梯构造的详细要求可查阅 ZC《法规》的有关规定。

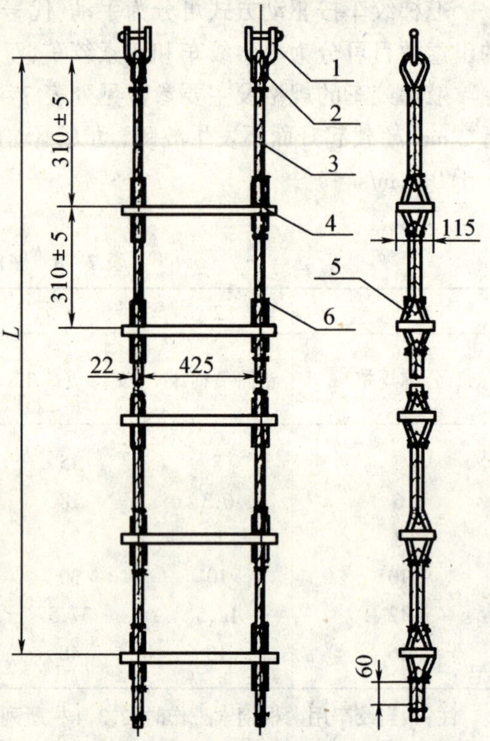

图 7－8　登乘绳梯

1—卸扣；2—套环；3—边索；4—踏板；5—嵌环；6—扎索

常用引航员软梯的踏步级数为 6 级～30 级（级距 310 mm），梯长（L）为 1.86 m～9.3 m。防扭板的长度不小于 1.8 m。它应安置在一定的间隔处，最低的防扭板应装在从梯底倒数第 5 块踏板上，两条防扭板的间隔不超过 9 块踏板。如果设有两条以上防扭板时，则最上面的一条防扭板通常设于从上向下第 3 个踏板处。

引航员舷梯的构造同普通舷梯相似，但使用时的倾斜角度保持不变（不超过 55°）舷梯的下平台在使用时应处于水平状态，舷梯及平台两边均应装设支柱和坚固的扶手或扶手索。

国内造船行业目前常用的引航员舷梯装置中的舷梯为铝质结构，上下平台、翻梯装置、托架等为钢质结构。舷梯的级数为 12 级～16 级；梯长（L）为 3.6 m～7.8 m；使用高度（H）为 3.27 m～6.4 m；限定 2 人使用。

二、船内梯

1.斜梯　斜梯是船舶内部各层甲板之间最常用的垂向通道设施。斜梯按其制造材料可分为钢质斜梯和铝质斜梯，民用船舶通常应使用钢质斜梯；按其使用处所又可分为普通钢质斜梯、货舱斜梯和机舱斜梯等。

（1）普通钢质斜梯

普通钢质斜梯通常用于露天甲板以及除居住处所以外的舱室内部各层甲板。标准的普通钢质斜梯按其梯架型式分为 A 型（如图 7－12 所示和 B 型如图 7－13 所示。A 型的梯架为角钢组合结构，B 型的梯架为球扁钢，踏步板采用花纹钢板，并设置防滑条。普通钢质斜梯的斜度为：45°，50°，55°，60°和 70°。在人员经常上下的处所使用的斜梯，其斜度应不大于 55°，斜度 65°和 70°的斜梯仅在人员很少到达的处所使用。

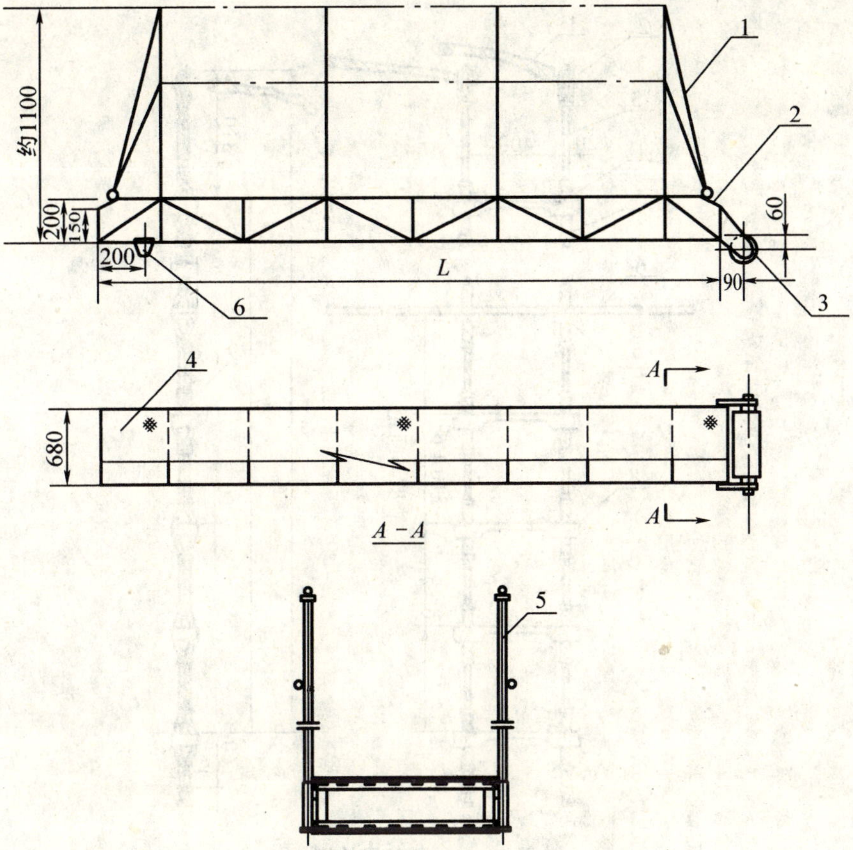

图 7－9　钢质带滚轮跳板

1—栏绳；2—梯架；3—滚轮；4—钢板网；5—栏杆；6—搁板

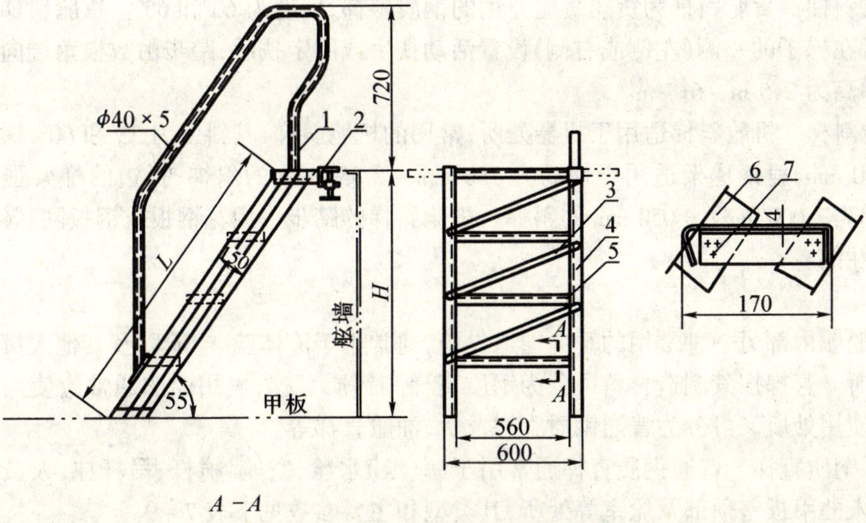

图 7－10　铝质舷墙梯

1—扶手；2—支承架；3—连接板；4—梯架；5—踏步；6—螺钉；7—铆钉

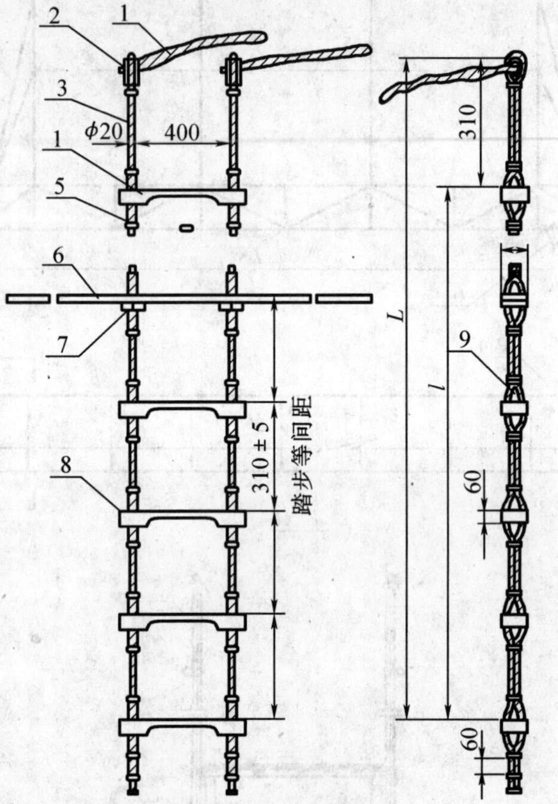

图 7-11　引航员软梯

1—辅助索；2—套环；3—边索；4—木踏板；5—扎绳；6—止扭踏板；
7—拼合板；8—橡胶踏板；9—嵌环

(2)货舱斜梯　货舱斜梯为货船货舱专用的钢质斜梯，斜度为 60°和 65°。货舱斜梯为钢质结构，通常在梯子的一侧(左侧或右侧)设置活动扶手或固定扶手，踏步由数根角端向上的方钢组成，梯高为 2.5 m～6.7 m。

(3)机舱斜梯　机舱斜梯适用于机器处所，常用的机舱斜梯，其斜度为 55°和 60°，梯宽为 450 mm 和600 mm。扁钢梯架适用于梯高为 750 mm～2 850 mm 的斜梯；折边的梯架强度较高，适用于梯高 3 000 mm～4 050 mm 的斜梯。机舱斜梯的踏步采用花钢板或钢板网制作，有一定的防滑性能。

2.直梯

直梯是船舶内部另一种常用的垂向通道设施，通常用于液体舱、空舱以及其他人员不经常出入的处所。直梯按其制造材料可分为钢质直梯和铝质直梯，民用船舶通常应使用钢质直梯。按其使用处所又可分为普通钢质直梯及货、油舱直梯等。

(1)普通钢质直梯　普通钢质直梯通常用于海(淡)水舱、空舱、桅杆、吊杆柱，人员不经常上下或出入的甲板室顶部及舱室等处所，其类型和主要参数见下表 7-9。

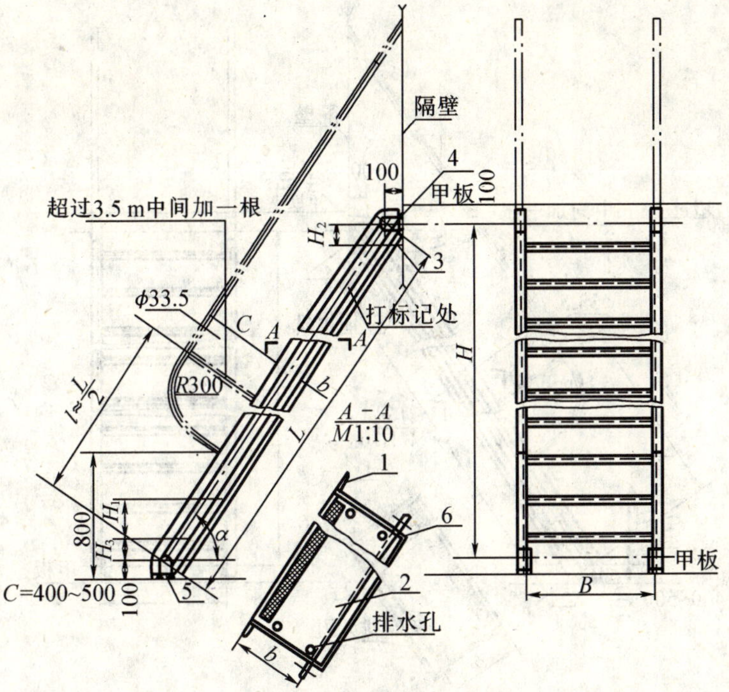

图 7－12　A 型普通钢质斜梯

1—梯架;2—踏步板;3—宽踏步板;4—上耳板;5—下耳板;6—防尘板

表 7－9　普通钢质直梯的类型及主要参数(mm)

类 型	踏 步		梯宽 B	梯长 L
A	ϕ20	圆钢踏步	300,350	600～6 000
	ϕ22		400	
B	ϕ20	方钢踏步	300,350	
	ϕ22		400	
C	ϕ22	钢管踏步	300,350	600～3 600

普通钢质直梯的踏步间距为 300 mm,其中 A 型及 B 型直梯的梯架为扁钢,C 型直梯的梯架为钢管结构。直梯安装时离开该处的壁板的距离不小于 150 mm,梯长大于 2 500 mm 时,梯架中间部位应加装固定眼板。

(2)货、油舱直梯　货、油舱直梯是船舶货、油舱专用的钢质梯,其类型及参数见下表 7－10。

表 7－10　货、油舱直梯类型及主要参数(mm)

类 型	名 称	梯架材料规格	梯宽 B	梯长 L
A	油舱直梯	100×80×10	300,400	1 200～6 000
B	角钢货舱直梯	80×50×8	300,400	1 200～6 000
C	球扁钢货舱直梯	140×35×9	400	2 100～6 000

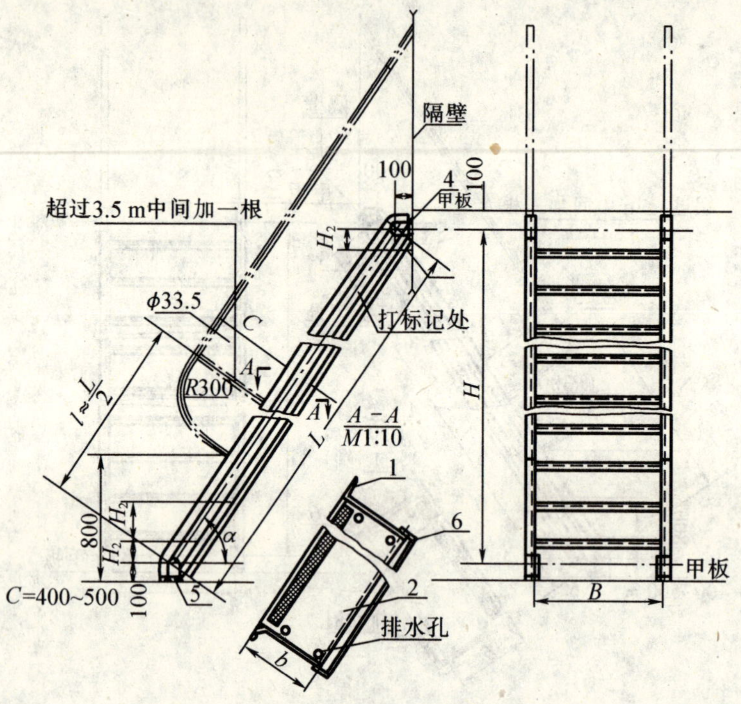

图 7-13　B 型普通钢质斜梯

1—梯架；2—踏步板；3—宽踏步板；4—上耳板；5—下耳板；6—防尘板

货、油舱直梯的踏步间距为 300 mm，油舱直梯的踏步为两根并列设置的角端向上的方钢，货舱直梯的踏步为一根角端向上的方钢。梯长大于 2 500 mm 时，梯架中间部位应加装固定眼板。

3. 钢质踏步

钢质踏步作为垂直通道设施通常用于人员很少到达的处所及桅、柱等构件上。常用的型式有 4 种，A 型方钢踏步用于平直壁板如图 7-14 所示；B 型方钢踏步如图 7-15 所示，及 C 型圆钢踏步如图 7-16 所示，用于平直壁板及大型桅、柱上；D 型方钢踏步如图 7-17 所示，用于中、小型桅柱上。踏步安装间距通常为 300 mm。

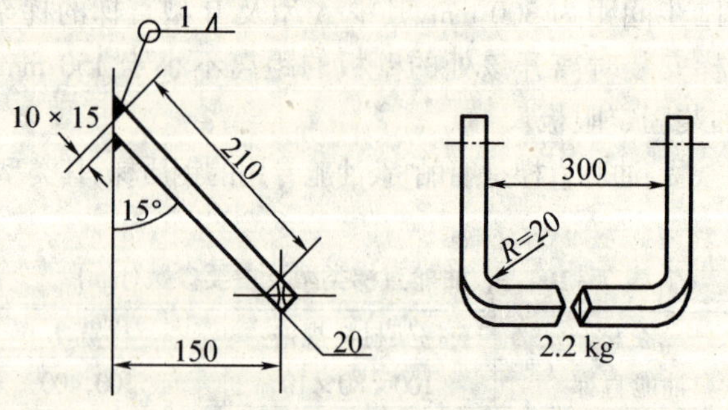

图 7-14　A 型方钢踏步

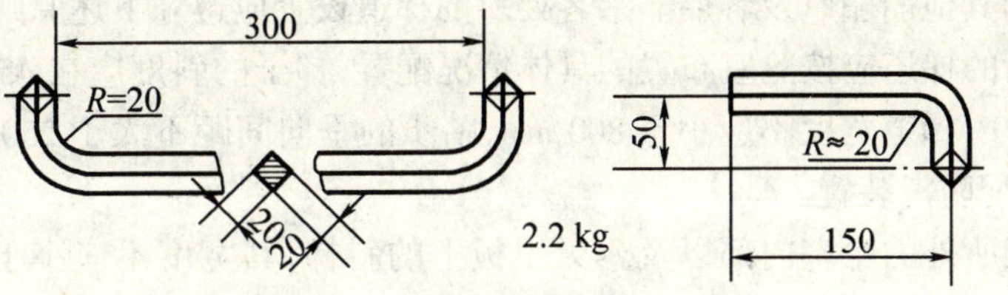

图 7-15　B型方钢踏步

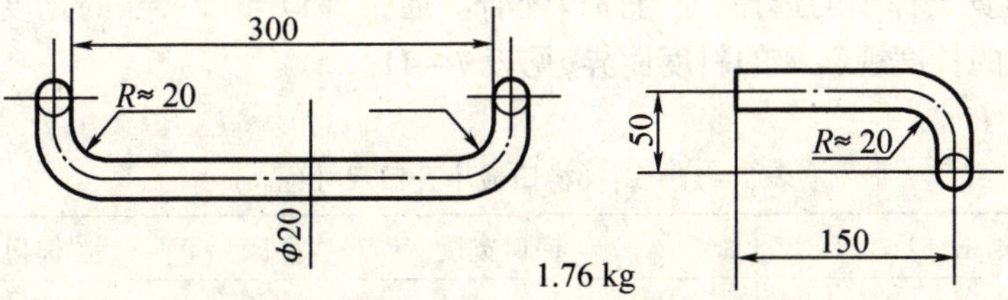

图 7-16　C型方钢踏步

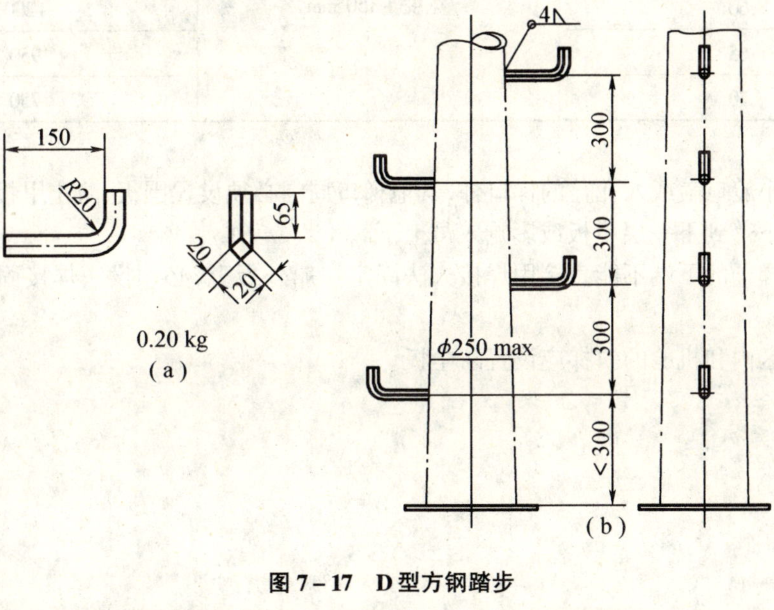

图 7-17　D型方钢踏步

三、船用梯的选择和布置

在船舶设计中梯道的布置和结构设计是十分重要的内容,因为它同安全有密切关系,它应保证:①居住处所的人员能方便地出入;②居住处所的人员易于到达露天甲板;③遇有紧急情况,居住处所的人员易于到达救生艇、筏登乘甲板。

船舶所使用的各种梯子应采用钢质或经主管机构批准的等效材料制造,这是一条基本原则。

客船内部乘客处所的梯道，应根据舱室布置的具体情况设计，并应符合有关规则的规定。

除客船外的其他船舶以及客船非乘客处所的梯道设置应遵守下述原则。

1.居住处所的梯道应按舱室布置的具体情况配置，梯子的斜度应在45°～55°之间，无论如何不应大于60°，梯道宽度不应小于800 mm，踏步的垂向间距不大于250 mm，深度不小于173 mm，踏步应配防滑装置。

2.除居住处所外的舱室内部以及露天甲板上的斜梯，其宽度不应小于600 mm，斜度应在50°～60°之间，斜度65°以上的梯子，不应作为人员经常使用的梯道。

3.无论是直梯或斜梯，长度过长时应设中间平台，并在梯架长度中间加设固定耳板。

4.斜梯应设置扶手，人员经常使用的直梯也应设置扶手。

5.梯道的布置及梯子的选择，应与梯口配合。通常梯口开口尺寸的宽度至少应大于梯宽150 mm，梯口的长度视斜梯的斜度而异，见表7－11。

表7－11　斜梯梯口最小开口尺寸(mm)

斜梯斜度 $a/(°)$	梯口宽度	梯口长度
45	不小于梯架宽度＋150 mm	2000
50		1700
55		1450
60		1200
65		950
70		750

6.除有小舱口盖或入孔盖的梯口外，其他梯口周围必须设置围板，防止甲板上的水或物体通过梯口下落到下一层甲板或影响人员上下。

7.舱内梯子的下端不能直接用焊接方法固定在船外板上，必须设法焊接固定在底部构架上。

8.居住区内和机舱的斜梯应设置防尘板。

第八章　船舶舱室设计的程序与基本内容

第一节　舱室设计程序

一、舱室设计的地位与实质

船舶内装设计是船体设计的重要组成部分。内装设计由于涉及到舱室划分与布置，所以内装设计已贯穿船舶设计的全过程(合同设计、技术设计、生产设计)。又因为内装设计是使用功能和环境美的设计，是直接为船员和乘客服务的，所以用户在合同的开始阶段就提出对内装设计的各种要求，豪华客船更是如此。内装设计的地位已从传统的后期装饰性设计进入到与船舶结构设计同等重要的全过程设计，并成为船舶设计中不容忽视的部分。

船舶内装设计的实质是由舱室功能设计和形式设计两部分构成的。首先是舱室功能设计，它是围绕着船舶总体功能来划分各类舱室的功能，满足船员、乘客活动休息的需要。舱室功能设计即船舶工程设计，它是从实用性出发划分为工作舱室、生活舱室、娱乐休息舱室，并进行具体结构和材料的设计。船舶舱室型式设计是运用美的法则，对舱室要素进行艺术设计。舱室形式设计的宗旨是创造一个美的环境，它要求舱室空间、色彩、照明、家具、陈设具有统一性，并具有鲜明的性格和艺术风格。船舶内装设计是舱室功能设计和舱室形式设计的有机组合，是工程技术与室内艺术的有机组合。在船舶内装设计中，必须贯彻技术与美的统一思想，用技术表达艺术形式，通过图纸与技术文件的设计语言，表达设计者的意图，体现技术与艺术完美结合的设计思想。

二、船舶内装设计阶段

船舶内装设计可分为三个阶段，即船舶设计三个阶段：初步设计、详细设计、生产设计。初步设计是由报价设计和合同设计所构成的，由于内装设计贯穿船舶设计全过程，所以在报价设计阶段，也是内装设计的开始。

1.内装初步设计阶段

为签定合同提供必要的报价资料，应以总体概念设计为指导，提出本舱室大体分布、数量、舱室面积、舱室定员、舱室设备选用、生活条件、工作环境、使用价值、贮蓄状况、路线分布等用文字和简要图纸表达出来，使用户对本船有所了解，形成初步印象，为建造可能性提供技术理论根据。图纸技术资料主要有舱室总布置图、内装简要说明书、舱室彩色效果图。

2.内装详细设计阶段

从合同确认到图纸送审阶段。该阶段要完成性能计算、结构规范计算，对外向船级社船东提供送审与认可图纸，对内向供应生产部门提供材料设备清单和订货技术标准。内装详细设计是生产设计的依据。该阶段设计要以《1974 年国际海上人命安全公约》及 1981 年和 1983 年修正案所颁布的内容为依据，完成以下内容：

(1)甲板区域划分与平面布置；

(2)舱室防火分隔；

(3)甲板敷料布置;
(4)绝缘材料布置;
(5)舱室内装节点布置;
(6)舱室预埋件布置;
(7)门窗布置;
(8)灯具空调布置;
(9)梯道布置;
(10)各工作舱室布置;
(11)各公共舱室布置;
(12)放置品、装饰品订货明细表;
(13)舱室供应品、备用清单明细表。

3.内装生产设计阶段

生产设计是在详细设计基础上,从工厂的生产设备能力、技术水平、实际条件出发而进行的施工图纸的设计,是生产车间内装施工的依据,需要绘制各种制作图和安装图,如天棚、围壁、绝缘敷料、卫生设备、厨房设备、各种安装图、门窗、家具制作图等,并提供色彩样品设计图。

三、舱室设计的程序

船舶内装设计是技术与艺术相结合的设计活动。第一步要了解、掌握所设计船舶的性能要求、应用情况、航区、国籍、船员及船东的自然条件,经过综合形成概念设计,并不断充实,条理化,形成具体形象的设计方案,并不断完善充实舱室设计内容,形成有实用价值的空间式样、造型、色彩、家具、陈设和结构。其内装设计程序如下。

1.编制内装总体设计技术文件

(1)船舶舱室设计说明书,它是舱室设计的总纲,是各类舱室设计制造的基础。
(2)船舶舱室各种家具、设备安装和验收标准。
(3)舱室围壁、天棚、地面安装施工标准。
(4)绝缘甲板敷料施工标准。
(5)设备使用、调试说明书。

2.绘制甲板平面布置图

根据内装设计说明书和各类文件,应用舱室空间设计各种方法,绘制比例为1:100的(施工设计为1:50)甲板平面总布置图。明确甲板层次位置、面积、用途及应用材料、设备、家具、陈设的位置和尺寸,并标明各层甲板和舱室名称。如上甲板布置图、艇甲板布置图、起居甲板布置图、轮机甲板布置图、船长甲板布置图、驾驶甲板布置图等,也有称A甲板布置图、B甲板布置图等。

3.绘制防火绝缘敷料图、编制家具明细表和订货清单

根据舱室设计说明书和甲板平面布置图中的要求,绘制出下列图纸和编制订货清单。根据规范的防火和绝缘要求绘制出防火分隔图;根据防火分隔图绘制出甲板敷料图、绝缘图;在防火分隔图、甲板敷料图、防火绝缘图的基础上编制各类材料订货清单,如甲板敷料和表面材料订货清单、绝缘材料订货清单、家具材料订货清单,并编制图纸目录。

4.绘制门窗布置图和订货清单

根据防火分隔图绘制各层甲板舱室木作布置图。根据木作图的厚度确定门、窗的厚度,并绘制门、窗布置图。在门、窗布置图中用各种符号标出门的防火等级、开向、材质、用途、有无通风栅、逃生孔等要求。门的种类大致可分为防火门、拉门、风雨密门、通路门等;窗可分为活动式、固定式两种类型,有方窗和圆窗等。

5.设备安装图和各类制作图

根据平面布置图中确定各类设备的位置和订货中的要求绘制设备安装图。在设备安装图中标明安装位置,固定方法,配件,加工件的制作与安装。

6.绘制卫生间布置安装图

根据平面布置图和订货清单绘制单元卫生间、公共卫生间、淋浴间、水房等的布置安装图。

7.绘制房间围壁、天棚典型结构安装图

根据平面布置和材料订货清单绘制各层甲板、房间围壁、天棚典型结构图,明确规定围壁天棚连接、固定形式和组装方法,以及舱室设备、五金件的固定方式。

8.绘制家具图

根据平面布置图和家具明细表绘制家具图,标明家具材料、尺寸、数量、应用位置和安装方法。

9.绘制供应品备品清单

根据内装设计说明书中的要求,编制供应品、备品清单。

10.设计房间名牌

根据平面布置图和内装说明书设计各类区域和舱室名牌。

第二节　舱室设计的基本内容

船舶内装设计的基本内容包括舱室区划与布置、防火分隔设计、甲板敷料与绝缘设计、材料设备清单编制、施工图绘制等。

一、舱室区划与布置

舱室区划即各区甲板平面的总布置设计,多指上层建筑船员和乘客舱室的划分,可根据舱室用途特点以及舱室空间设计要求进行。首先勾画总布置平面草图,并参考其他同类船型,结合防火设计要求、生活舱室面积和设备标准规定,不断修改完善。它是内装设计中最复杂最困难的工作。舱室区域可划分为居住区、工作区、休息区、公共活动区、贮蓄区、卫生区、餐饮区、路线区等。舱室布置是指家具、设备、陈设的配置。

1.居住区

可分船员居住舱室和乘客居住舱室。客船以乘客居室安排为主,进行总布置安排。商船船员舱室分高级船员、次高级船员、中级船员、一般船员四个等级,从上至下安排在上层建筑各层甲板上,驾驶部船员通常布置在右舷,轮机部船员布置在左舷。

高级船员指船长、大副、大管轮。给船长、大副、大管轮设置办公室、卧室、卫生间,并配置高级家具、设备和卫生用具。高级船舶船长居住室更为突出,设有办公室、双卧室、双卫生间、接待室、餐厅和配餐间等。

次高级船员指二副、三副、二管轮、三管轮、管事、电机员、报务主任、报务员、引水员、医生等,均为业务部门负责人。可根据业务性质、工作方便性,确定舱室位置、空间设备和环境等条件。如报务员、报务主任、二副、三副的居室设在船长同一层甲板，而二管轮、三管轮、电机员的则设在轮机长同一层甲板，引航员的居室设在驾驶甲板上，以利于工作。他们都有单人居室和独立卫生间。

中级船员指水手长、大厨、机匠长、电机长等各业务部门领班。他们是熟练操作人员，应安排在下层甲板，单人居室，面积小，家具简单，不设独立卫生间。

一般船员指水手、机匠、电工、厨工、服务员等。均属直接操作人员，安排在最下层甲板，大型船安排单人居室，中小型船安排 2~4 人居室，家具简单，公共卫生间。

居住舱室尺度设计一方面要满足面积要求，另一方面应结合家具配置考虑。客船乘客居住舱室划分，一方面与船员居住区分开，另一方面按等级分区，国外客船设特等、一等、二等三个等级；国内客船设一等、二等、三等、四等、五等、散席几个等级。世界现代旅游客船舱室设计应考虑窗口朝向问题，并大多设计成二人有独立卫生间的居室。

2.工作区

工作区包括甲板部、轮机部办公室、驾驶室、海图室和报务室、苏伊士运河工作人员室、医疗室、厨房等，它们是上层建筑内的工作区域。

甲板部、轮机部办公室是对外办公和船上业务往来的中心场所，是高级船员和次高级船员业务工作场所，设计位置应靠近高级船员和次高级船员居住区，办公室面积比较大，配置高档次家具设备和考究的陈设。驾驶室是航行的指挥场所，是船员、领航员工作要地，应设计在上层建筑最高层，光线充足，视线开阔，便于了望，空间宽敞，设备先进。海图室、报务室是专业性很强的舱室，是船舶航行中指挥系统的机关，是船长的耳目，它的业务为航行提供各项数据，设计中应把它安排与驾驶室相连。苏伊士运河工作人员室是船舶经过苏伊士运河时，为运河当局工作人员专门准备的居住、休息场所，一般设在第一层甲板上。医疗室设在离医生较近或相连隔壁位置处。厨房应与配餐间、餐厅、贮蓄室靠近，一般设在第二层甲板的后部。值班室多设在主甲板或第二甲板上。

3.公共活动区

公共活动区包括餐厅、会议室、娱乐室、吸烟室等。应注重考虑各场所用途、活动范围、对象、时间等条件，讲究形式美与功能美的结合。

商船大会议室是船员集中场所，它不但提供集会活动，也接待客人、举行仪式，所以设计应突出艺术风格，一般要采光好，空间开阔大方，具有典型性。小会议室在国外商船是比较少见的，国内商船小会议室是船长召开干部会议的场所，也作为接待客人、洽谈业务用，设计应具有典雅感和现代感。

高级船员餐厅在国外船上常见，国内船员餐厅是为中级以下船员提供就餐的场所，设计应满足就餐人员位置，注意流动路线合理性。船长餐厅是专门为船长级人员设置的就餐地点，有时作为船长接待客人的就餐餐厅，位置应离船长居室比较近，设计应比较考究，具有较高艺术性和先进性。国内普通船不设船长餐厅，豪华级旅游船设船长餐厅。

健身房是船员锻炼身体的场所，中外船员锻炼形式有所不同，采用设施也有所区别，一般应根据船东要求设计。位置多设在主甲板上，室内面积根据具体情况而定，一般应能容纳 5~8 人同时作各种不同的室内运动。

吸烟室一般油船采用较多，其他客货船现在很少设置。商店多设在楼梯口和餐厅附近，国外商船商店是为中下级船员服务的，大型客船都设置专卖店，形成商店街。旅游客船公共场所还包括主休息室、大厅、舞厅、酒吧、放映厅及游泳池，它们是重要的公共场所，其设计位置、空间形式、装饰风格都是内装设计的重点。

4.公共卫生区

是为一般船员设置的厕所、淋浴间、洗衣间、盥洗间等公共使用场所。其设计应注意使用的共性、方便性,耐久性以及清理、维护的方便性。厕所使用面积应保证不小于1 m^2,需设把手、手纸盒,采用蹲便、坐便还是槽式蹲便可根据具体要求决定。一般厕所应设洗手盆、洗槽等;淋浴间一般设淋浴喷头、洗脸盆、浴帘,每个喷头淋浴面积不小于1 m^2;洗衣间、烘衣间是同时设置的,可根据乘客定员选用洗衣机和烘干机的数量与规格,小船也可用陆用洗衣机。在洗衣间内还应设有水槽、烫衣桌等。

5.贮藏区

包括干粮库、蔬菜库、肉库、鱼库、乳品库等,区域划分应满足使用方便,路线畅通,具有相对独立性,性能应满足密封性、保温性好的要求。

6.通道与梯道

通道与梯度布置是舱室总布置设计中十分重要的问题,特别是客船,梯道与通道应满足便捷、安全、实用、节省空间的要求。首先,设计时应满足规范的规定,我国《海船乘客定额及舱室设备规范》关于走廊、扶梯数目和宽度的最低要求做了规定。扶梯应尽可能纵向布置,角度应不超过50°。《消防规范》及《1974年国际海上人命安全公约》对客船防火主竖区内扶梯数及技术条件同样做了规定。其次内部与外部之间的通道要直通,单出口走廊要短,且不超过13 m,各层扶梯应上下对齐,扶梯位置应明显易寻,乘客居室门宽不应小于0.6 m。梯道要分主次,主梯道要宽敞,登艇甲板应方便,出入口不宜集中,以便危急中迅速登艇逃生。

7.门窗布置

门窗布置是通道的连贯和延续。门位置对舱室空间利用有很大影响,同时由于门的位置与通道梯口之间设计不当,容易产生碰撞堵塞现象。窗户开设涉及安全性与水密性。船上照明应以人工照明为主,并有空调设置,所以船上窗户不宜过多、过大,窗户布置涉及到外观形式美的韵律感。同时按规范要求,门窗要有耐火等级,A-60级为走廊防火门,其他级别为各舱室防火门。除此之外,还有防风雨的水密门、驾驶室用的移门、隔壁用的拉门、折叠门等;窗有舷窗、方窗、驾驶室专用窗、观赏休息室落地窗等。门窗位置与等级首先应按防火系统图和防火绝缘图的要求来考虑。

8.家具布置

在舱室设计中,家具一般是以明细表的形式来出现的,并绘制立体图,表明使用功能、外部形态、基本尺寸,并编写文字说明,船东认可后,再绘制施工图。

以上所述设计,除家具照明外,其余均在1:100甲板平面布置图中表示出来。门窗防火等级在单独门窗布置图中出现。平面图只作位置和数量的安排。

二、防火分隔设计

在舱室区划时,一方面要满足舱室功能需要,另一方面又要满足《1974年国际海上人命安全公约》及1981年和1989年修正案中关于船舶舱室防火要求,进行防火分隔设计。

钢壁一般应用在驾驶室、海图室、报务室、电罗经室、蓄电池室、电器设备室、风机室、空调风道、电缆通道、梯道围井、公共卫生间、货油控制室、运动室、液压泵室、木工室等。

间壁板有50 mm厚的双面装饰复合岩棉板、硅酸钙板、三聚氰氨装饰板、胶合板等,可作为防火主竖区内的分隔舱壁板,用于舱室走廊及围壁等。

衬板是钢壁的装修壁板，它与钢壁结合在一起，构成围壁，有复合岩棉板、硅酸钙板，及各类贴塑装饰板、胶合板等。

另外，厨房的不锈钢板、仓库的镀锌板也是防火隔壁的一种。

三、甲板敷料和绝缘设计

在防火分隔设计基础上，需进一步明确甲板敷料应用范围、耐火等级、技术性能、结构形式，以及天棚、围壁的绝缘范围和绝缘等级，并对各舱室进行隔热、隔音和防火绝缘处理。10 mm厚乳胶水泥上铺 2 mm 厚塑料地板可用于船员居室、办公室和会议室；A－60 级甲板敷料上铺 2 mm 塑料地板用于上甲板内走廊、梯道和运动室；A－60 级甲板敷料上铺 20 mm 厚水泥及地砖，用于上甲板洗衣间、烘衣间、更衣间；A－60 级甲板敷料表面刷油漆，用于油漆库、干粮库、风机室、木工间、水手工作间及甲板仓库地面处理；40 mm 厚水泥上铺地砖应用于卫生间、厕所、浴池和厨房地面等。

隔热绝缘应用于居室天棚、围壁、公共舱室围壁及露天甲板下面；隔音绝缘应用于空调机室、集控室和广播室。围壁和天棚防火绝缘应符合《1974 年国际海上人命安全公约》及 1981 年和 1989 年修正案中的要求。

、材料和设备订货设计

根据舱室划分与设备选择布置，可提出门窗订货设计、绝缘材料订货设计、装饰材料订设计、厨房设备订货设计、卫生设备订货设计等。在编制订货清单时，应说明设备型号、尺、牌号、材质、生产厂商、应用部位和技术要求。

五、施工图纸绘制

施工图纸深度设计范围因厂而异，总之施工图纸应结合船厂生产能力进行设计。例如在厨房布置图基础上绘制厨房设备安装图；在甲板平面布置图基础上绘制天棚和围壁安装图、家具制作图、门窗图、绝缘图、甲板敷料图、卫生设备安装图等。

六、船舶内装设计说明书的基本内容

1.舱室划分　按居住区、工作区、公共活动区、储藏区、通道区进行总体布局，并确定舱室等级、数量和面积。

2.隔壁　确定类型、防火等级、材质和应用范围。

3.甲板敷料　明确应用范围、等级、技术性能、结构形式和表面材料。

4.绝缘　明确绝缘范围和等级。

5.门窗　明确类型、应用范围和数量。

6.织物　明确种类、色彩、规格、式样和数量。

7.设备　对厨房设备、卫生设备等，应写明设备名称、规格、数量和用途。

8.家具　明确各舱室家具名称、规格、数量和用途。

上述项目是我国出口商船内装设计说明书基本内容的概要，仅供参考。

参考文献

1 王朝闻.美学概论.北京:人民出版社,1981

2 朱福熙.建筑制图.北京:人民教育出版社,1978

3 封根泉.人体工程学.兰州:甘肃人民出版社,1980

4 林杰人.船舶设计原理.北京:国防工业出版社,1981

5 船舶设计实用手册编辑委员会.船舶设计实用手册.北京:国防工业出版社,1962

6 中国船舶工业总公司编.船舶设计实用手册.北京:国防工业出版社,2002

7 刘启国.船舶建筑美学.武汉:华中工学院出版社,1988

8 魏莉洁.船舶与制图.北京:人民交通出版社,2002